Collection
dirigé

DIALOGUE À DEUX VOIES

LAMA DENIS
TEUNDROUP

ARNAUD
DESJARDINS

DIALOGUE
À DEUX VOIES

LA TABLE RONDE
7, rue Corneille, Paris 6^e^

ISBN : 2-7103-0588-7.

SOMMAIRE

PRÉFACE

A l'invitation de Lama Denis Teundroup, Arnaud Desjardins s'est rendu plusieurs années consécutives * dans le centre bouddhiste tibétain de Karma-Ling, situé entre Grenoble et Chambéry. Tous deux retransmettent aujourd'hui, dans leurs voies respectives, l'enseignement qu'ils ont eux-mêmes reçu : Lama Denis Teundroup, formé dans la plus pure tradition tibétaine, appartient à la lignée Kagyupa Kyabdjé, sous la haute autorité spirituelle de Kalou Rinpoché (1905-1989) ; Arnaud Desjardins a suivi la voie d'un maître indien, de formation scientifique, Swâmi Prajnanpad (1891-1974), dont ses ouvrages retracent l'enseignement. Ensemble, ils ont répondu aux questions d'un auditoire désireux de mieux comprendre l'essence du bouddhisme et du vedânta et de savoir quelles possibilités s'ouvrent aux Occidentaux de suivre authentiquement une voie traditionnelle tout en continuant d'assumer leurs obligations professionnelles et familiales.

* Ces rencontres, au nombre de sept, se sont échelonnées de 1988 à 1993.

De la rencontre de ces deux hommes, qui assument à leur tour le rôle de guides, est né cet ouvrage, réponse détaillée aux interrogations de toute personne en quête : comment vivre la voie au quotidien dans le contexte de notre société, l'ego doit-il être considéré comme l'ennemi numéro un qu'il faut à tout prix éliminer, peut-on faire l'économie d'un maître, à quoi sert la méditation, comment faire face à ses émotions, etc.

Année après année, la récurrence de nombreuses questions d'une part, la diversité des thèmes abordés d'autre part ont nécessité de regrouper, structurer et élaguer l'ensemble des enregistrements qui ont fourni la matière première de ces pages. Cependant, nous avons tâché d'éviter un agencement trop rigide et systématique qui aurait en quelque sorte coupé la parole aux intervenants et nui à la spontanéité de leur propos : le lecteur trouvera ainsi des allusions à la méditation ou à l'ego dans des chapitres qui ne sont pas spécifiquement consacrés à ces thèmes; respecter cette fluidité permettait par ailleurs d'aborder un même sujet selon différents points de vue qui s'éclairent et s'approfondissent mutuellement.

Nous avons cherché à préserver l'aspect vivant de ces rencontres de façon à ce que le lecteur ait l'impression de faire partie de l'auditoire et que Lama Denis Teundroup et Arnaud Desjardins s'adressent directement à lui. C'est notamment pour cette raison que certains dialogues qui s'instauraient entre un intervenant et une personne de l'assistance ont été conservés, même s'ils pouvaient à l'évidence être synthétisés. Dans toute la mesure du possible, l'ordre chronologique des questions au cours d'une rencontre a été respecté quand elles s'enchaînaient autour d'un même thème. Il nous a aussi paru intéressant de préciser parfois (mais pas toujours) que les questions émanaient d'un homme ou d'une femme. Enfin, certaines imprécisions ou longueurs dans l'énoncé des questions ont été gardées à dessein chaque fois qu'elles suscitaient une réponse personnalisée de la part des intervenants et permettaient de dissiper une confusion. Signalons au passage que l'auditoire se composait en grande partie de personnes non engagées sur une voie spirituelle précise, comme en témoignent leurs questions. Cet ouvrage clarifie donc un grand nombre de malentendus auxquels s'exposent ceux qui cherchent à cheminer seuls à l'aide de connaissances hétéroclites grapillées ici ou là mais sans réelle vision synthétique.

Telles qu'elles sont, les pages qui suivent présentent un caractère composite qui en fait paradoxalement la force : au travers de questions concrètes relevant des préoccupations propres à chacun, le lecteur se trouve peu à peu confronté, réponse après réponse, aux données fondamentales de la métaphysique.

VÉRONIQUE LOISELEUR.

1

L'EXISTENCE EN TANT QUE VOIE

La vie familiale et sociale

QUESTION D'UNE FEMME. *Je trouve très difficile de concilier une recherche spirituelle avec une vie familiale et sociale. Quelle est la part que l'on doit réserver à soi-même et la part qu'on est presque « obligé » de réserver aux autres ?*

ARNAUD DESJARDINS. Donner aux autres fait partie de votre chemin.

LA MÊME PERSONNE. *Oui, mais que se passe-t-il quand notre chemin dérange les autres ? Doit-on choisir d'être égoïste, c'est-à-dire d'aller avec ce qu'on ressent profondément, à savoir ce besoin de recherche, ou répondre à la demande des autres ?*

ARNAUD. Premier point, pour progresser vraiment, il faut être à part entière sur le chemin. On peut considérer qu'un moine zen dans son monastère est à part entière sur le chemin. On peut considérer que celui qui vit la retraite tibétaine de trois ans est, pendant ces trois ans, à part entière sur le chemin. Si je suis chirurgien-dentiste, fondé de pouvoir dans une banque, menuisier ou mère de famille, quelle que soit ma situation, mon karma * actuel, il est nécessaire que toute mon existence devienne le chemin.

L'organisation de la société musulmane en est un exemple frappant : à part l'exception du monastère des derviches de Djalâl-od-Dîn-Rûmî fondé à Konya, il n'y a pas de monastères dans l'Islam ; les soufis passent simplement la nuit du jeudi au vendredi auprès de leur maître. Mais ce qui me paraît saisissant dans le plus beau visage de l'Islam – celui que j'ai connu en Afghanistan avant la tragédie actuelle, je ne parle pas d'un Islam fanatisé – c'est que la vie entière est devenue un immense monastère avec les cinq prières quotidiennes.

Il est donc impératif que nous nous sentions tout le temps à part entière sur la voie, c'est-à-dire que prendre le métro ou attendre l'autobus sous la pluie ou être réveillé la nuit par un enfant malade ou vivre un désaccord conjugal fassent également partie de notre chemin. Oui, il faut trouver la méthode, le « véhicule » qui nous convienne. Si je ne peux pas être moine dans un monastère ou yogi dans une grotte, est-ce que je me sens pourtant aussi profondément engagé ou ne suis-je qu'un amateur ? Il y a une différence entre celui qui fait une demi-heure de piano de temps en temps et celui qui s'exerce six heures par jour. La distinction entre les voies dans la vie et hors de la vie me paraît maintenant tout à fait mineure, le chemin étant toujours dans la vie, une vie de moine au lieu d'une vie de chirurgien-dentiste marié et père de famille. Je ne vois pas comment un chemin peut être hors de la vie. C'est le point le plus important.

Bien entendu, si nous sommes insérés dans des relations sociales, nous avons ce qu'on appelle en Inde un

* La notion de karma est reprise et expliquée plus loin dans ce même chapitre.

dharma, un rôle à jouer de père, d'employé, de patron, de frère, d'ami, de fils, de mari que nous essayons de remplir le mieux possible. Et tous ces rôles font partie de notre chemin, compte tenu de nos difficultés psychologiques, des erreurs que nous avons pu faire et dont nous devons assumer loyalement les fruits. Quant à savoir si je dois consacrer quinze jours de mes vacances à un séjour auprès de mon maître ou à mes enfants, la réponse dépendra du moment. Ce qui est plus sacré que tout, c'est la recherche spirituelle – comme on disait autrefois, « Messire Dieu, premier servi » – parce que c'est elle qui donnera un sens à tout le reste. Reste à savoir si cette recherche est menée par mon mental ou si elle me conduit vraiment à une progression. Si vous allez méditer quinze jours dans un ashram au lieu de les consacrer à votre femme et à vos enfants parce que c'est une solution de facilité pour ne pas affronter votre vie familiale, en ce cas vous vous trompez. Mais si ce qui passe avant tout, c'est la recherche spirituelle, tout le monde en bénéficiera autour de vous. Peut-être aurez-vous créé une certaine souffrance chez votre fils en ne lui consacrant qu'une partie de vos vacances pour vous rendre ensuite auprès d'un maître mais, en progressant, vous serez capable de vous situer de manière beaucoup plus juste en face de lui et d'avoir réellement une attitude de père avec lui quand il aura besoin de vous à dix-huit ans. Il n'y a pas d'égoïsme à faire passer en premier la recherche spirituelle mais, une fois ce principe affirmé, les modalités vont évidemment poser des questions si nous ne nous sentons pas dirigés de l'intérieur pour savoir en toute certitude ce qui nous est demandé et en assumer les conséquences.

LAMA DENIS TEUNDROUP. Oui, le plus important est la recherche spirituelle, ce qu'on appelle le dharma. C'est le cap qui doit nous guider et nous diriger. Si l'on garde cette orientation, tout le reste de notre vie s'organise et se structure autour. Une maxime de la pratique de Lodjong dit : « Change ton attitude intérieure sur place. » La question est donc de savoir en quoi consiste cette recherche spirituelle et comment la conduire? C'est d'abord une affaire de motivation : est-elle oui ou non égoïste? C'est le premier critère. Une phrase célèbre de Kontrul Rinpoché dit : « Tout ce que l'on fait égoïstement est non-dharma, tout ce que l'on fait de façon non égoïste est dharma. » Il faut donc d'abord examiner la motivation qui nous anime avant de nous engager dans telle ou telle activité. Nous sommes bien sûr exposés à l'auto-illusion, mais néanmoins si nous regardons en nous-mêmes attentivement nous développerons une intelligence qui s'affinera peu à peu. Si nous constatons que nous sommes mûs par des mobiles égoïstes, nous pouvons alors suspendre l'action en cours. Par contre, si l'on se rend compte que notre motivation relève d'une aspiration authentique à aider – à faire quelque chose qui est peut-être bon pour nous mais qui permette aussi d'aider nos proches –, si nous ne sommes pas uniquement mûs par l'ego, nous sommes alors sur une voie juste. Cette motivation s'appelle en sanscrit *bodhicitta,* c'est-à-dire esprit d'éveil, une attitude généreuse qui consiste à ne pas agir mû par un désir égoïstement personnel mais pour le bien des autres. En se dédiant au bien des autres, nous sommes alors sur une voie juste et il est possible, avec une telle motivation, de ne passer certaines fois que quinze jours avec ses enfants au lieu d'un mois et de consacrer les quinze autres jours à une pratique du dharma, entendu que cette pratique est, en fait, ce par quoi on pourra aider les autres au niveau le plus profond. Si on passe quinze jours de plus avec ses proches, cela leur apportera peut-être un léger réconfort, quelques satisfactions supplémentaires – ce qui n'est d'ailleurs même pas sûr, peut-être seront-ils fort contents qu'on ne soit pas là pendant quinze jours –, mais en tout cas, dans l'hypothèse où on les priverait de quelque chose, une pratique authentique donne la possibilité de leur offrir quelque chose de beaucoup plus précieux, profond et essentiel.

Il ne faut surtout pas dissocier la vie et la pratique. Il ne s'agit pas de trouver, de construire ou de fabriquer extérieurement des conditions favorables ou spéciales. La pratique juste est la relation juste à ce qui est déjà là, elle n'est pas dépendante des circonstances extérieures de l'environnement et elle se situe à deux niveaux : un niveau relationnel, relatif, et un niveau ultime. Au niveau relationnel, la relation juste est *bodhicitta*, le cœur esprit éveillé dont nous venons de parler et qui est une attitude de bienveillance, de douceur, qu'on appelle la compassion. Au niveau ultime, la relation juste est l'expérience immédiate.

Il existe, correspondant à ces deux niveaux, deux principaux types de méditation : les méditations qui nous apprennent à développer la relation juste au niveau relatif, c'est-à-dire à développer amour et compassion, et les méditations qui nous apprennent à développer la relation juste au niveau ultime, c'est-à-dire l'expérience directe. Si l'on peut expérimenter la situation dans laquelle on est maintenant quelle qu'elle soit avec la vision « toute simple » de l'expérience immédiate, on vit alors cette situation au-delà de nos projections, au-delà de nos constructions mentales. Il n'y a pas d'autre pratique que cette expérience immédiate de la situation, elle contient et résume toutes les pratiques. La méditation est alors ce mode d'être, cette qualité d'être, mais il faut la cultiver vingt-quatre heures sur vingt-quatre, constamment. Il faut ne pas dissocier la vie et la pratique. La pratique de la méditation peut progressivement devenir une seconde nature, si l'on peut dire, en attendant qu'elle devienne finalement notre première et unique nature.

UNE FEMME. *Les relations familiales sont celles où l'on est le plus facilement emporté. Comment faire par rapport à la famille ?*

ARNAUD. Oui, c'est difficile, parfois même très difficile. La voie est simple mais elle n'est pas toujours facile, compte tenu de la manière dont nous fonctionnons, dont nous souffrons, dont nous réagissons, dont nous nous crispons, dont nous refusons, instant après instant, que ce qui est soit. S'il n'y avait que l'aspect humain pur et simple, ce serait vraiment frustrant et dur, mais dans la mesure où je peux considérer ces situations difficiles comme un tremplin pour ma progression vers l'essentiel, la perspective se modifie. Les circonstances dans lesquelles je me trouve sont ce qu'elles sont, elles font partie de mon karma, j'essaie d'y faire face comme tout être humain tente de le faire mais, à la différence d'autres qui ne sont pas engagés sur un chemin, je leur donne un sens supplémentaire. C'est une opportunité pour moi de progresser. Mais pour cela, il faut vraiment prendre au sérieux le chemin sur lequel nous sommes engagés. Il faut que ce soit ce qui nous motive le plus, même si ce n'est pas la seule chose qui nous touche et nous intéresse. Humainement parlant, je suis perdant mais spirituellement parlant, je peux être gagnant. Humainement parlant, c'est dur, c'est difficile, on ne me comprend pas, la situation est pénible, frustrante mais, spirituellement, je peux en faire quelque chose.

Swâmi Prajnanpad, mon gourou, utilisait cependant l'expression *not at the cost of your life*, pas au prix de votre vie, qui signifie qu'il faut sentir sa limite. Si une situation est vraiment trop lourde pour vous, qu'elle devient insupportable et que vous n'êtes pas en mesure, à votre niveau, de l'utiliser pour devenir de plus en plus mûr et de plus en plus libre, mieux vaut alors y mettre fin. Si je peux faire de cette situation un point d'appui pour ma progression spirituelle, très bien; si la situation dépasse ma capacité actuelle et me détruit peu à peu, personne n'y gagne rien dans l'affaire, ni moi ni les autres. C'est plus facile à dire qu'à vivre dans la situation concrète de chacun. Mais n'oubliez pas qu'une situation humainement difficile prendra toujours un sens positif si vous la vivez avec une réelle compréhension.

Une fois, cette question m'a été posée : « Comment progresser malgré les difficultés quotidiennes? » Comme il s'agissait d'une personne que je connaissais depuis plusieurs années, je me suis permis de répondre un peu brutalement : « Comment monter au premier étage malgré les marches de l'escalier? » Aujourd'hui, si la situation dans laquelle je suis me paraît difficile, cela tient à mon niveau d'être actuel; dans des conditions similaires, un sage resterait serein : il est certain que les maîtres tibétains se sont trouvés dans des conditions cruellement difficiles vers 1959 quand ils ont dû se réfugier en Inde; mais pouvons-nous imaginer un sage tibétain, un rinpoché qui s'effondre?

Souvenez-vous : premier point, si je suis dans cette situation, cela tient à moi, j'ai attiré, créé un certain karma; deuxième point, si cette situation me paraît si lourde, si cruelle, c'est à cause de mon niveau d'être actuel. Si j'étais beaucoup plus évolué sur le chemin, libre de l'attraction et de la répulsion, je pourrais la vivre sans souffrance. Cette situation représente une marche d'escalier pour aller vers plus de liberté intérieure.

Que mon propre karma m'ait permis de passer beaucoup de temps auprès de maîtres tibétains, hindous, soufis ou autres, c'est un fait, mais j'avais à assumer une vie professionnelle, familiale et sociale comme chacun et j'ai aussi connu ce qui m'apparaissait sur le moment comme des difficultés. Ma réponse est donc fondée sur l'expérience d'un homme qui n'a jamais été moine à part entière et dont l'essentiel du chemin a été vécu dans la vie active.

Jouer son rôle

QUESTION À ARNAUD. *Vous avez dit tout à l'heure qu'il faut jouer les rôles que la vie nous demande : être un père avec ses enfants, un mari avec sa femme, mais vous dites aussi dans vos livres qu'il faut laisser tomber toutes les identifications. Je n'arrive pas à faire le lien entre les deux.*

ARNAUD. L'existence relative – le monde phénoménal pour reprendre l'expression familière aux hindous – nous demande de jouer un certain rôle mais ce rôle nous pouvons le jouer bien, tout en étant intérieurement libres et non pas comme l'acteur qui se prendrait pathologiquement pour le personnage dans lequel il est distribué. Nous pouvons jouer le rôle en étant d'abord de plus en plus détendus, de moins en moins égocentriques, en devenant un instrument au service de la vérité. Voilà ce qui doit être accompli ici et maintenant, et non pas voilà ce que je veux, ce que je ne veux pas, ce dont j'ai envie, ce dont je n'ai pas envie. Peu à peu, le « je veux, je ne veux pas » passe au second plan, et apparaît « voilà ce qui doit être fait ». Voilà la réplique qui doit être dite, juste ici, juste maintenant, voilà le jeu de scène qui doit être accompli. A ce moment-là, nous pouvons employer l'expression *jouer un rôle* non pas dans le sens d'une malhonnêteté, d'une hypocrisie ou d'une tricherie mais en lui donnant un sens heureux et positif. Je suis distribué maintenant dans le rôle du père et ma petite fille me demande : « Re-raconte-moi Blanche-Neige. » Maintenant, ce qui m'est demandé, c'est de bien jouer le rôle du père ici et maintenant et ce rôle n'est pas celui du chirurgien qui a effectué plusieurs interventions chirurgicales dans la journée. Cet aspect du chemin conduit vers un dépouillement, une liberté intérieure, un éveil. Comment vivre une situation existentielle, notre destin propre, notre karma en disciple?

Une des formules les plus célèbres du vedânta est *to know is to be,* connaître c'est être. On connaît ce que l'on EST, c'est cela la vraie connaissance. Connaître *brahman,* ce n'est pas connaître le mot brahman, c'est être brahman. Cette expression peut avoir des sens relatifs : pour connaître la natation, il faut être un nageur; si je ne sais pas du tout nager, je ne suis pas un nageur. Swâmiji m'avait dit un jour : « *You know shooting films because you have the being of a cameraman* » (« Vous savez filmer parce que vous avez l'être d'un cameraman »).

Est-ce que nous parlons du but ou est-ce que nous parlons de l'étape actuelle qui est la nôtre? Relativement, il y a un passage graduel de la primauté de l'avoir à l'être où d'abord je suis un père avec mon fils, un chirurgien dans le bloc opératoire, un tennisman sur le terrain. Le plus grand danseur n'est un danseur que quand il danse : quand il est au restaurant, il est un client; quand il est couché au lit, il est un dormeur; quand il fait l'amour, il est un amant. Ce sont différents aspects du dharma, des rôles que nous avons à jouer dans le monde relatif. Comment jouer ce rôle d'une manière de plus en plus libre, dégagé intérieurement, comme un acteur qui, même s'il joue très consciencieusement son rôle sur la scène, n'est pas vraiment impliqué au plus profond de lui-même? On gagne en détachement, en désintéressement, en liberté, on est de moins en moins égocentrique et très concrètement on a de moins en moins d'émotions.

LAMA DENIS. Dans un premier temps, il s'agit de bien jouer son rôle, selon les règles de l'art, autrement dit avec une discipline. Notre « je » joue alors un rôle et ce « je de rôle » sera d'autant plus à la hauteur du jeu qu'il sera libre de réactions passionnelles et conflictuelles. Cette façon de bien tenir son rôle s'apparente, dans la perspective du dharma au niveau de la vérité relative. Au-delà de celui-ci, le niveau ultime est précisément de ne plus être « enrôlé » c'est-à-dire quelqu'un qui occupe une place dans un rôle particulier. Plus personne n'est là pour jouer, le jeu devient spontané, un jeu non dualiste, sans rôle et sans acteur.

Il s'agit bien de ne pas s'identifier, au sens de ne pas se fixer sur « son » rôle, sur le rôle de son je; vivre son rôle sans s'identifier à celui-ci peut se comprendre à différents niveaux, et d'une manière profonde dans ce que l'on nomme « la présence d'absence ». La formulation est paradoxale mais le paradoxe, dans son expression, permet de garder quelque chose d'indéfini qui échappe à la saisie habituelle. Suivant la perspective que l'on adopte, le discours prendra l'éclairage de la présence ou celui de l'absence. Cette présence d'absence est directement en rapport avec la notion du vide de plénitude ou de la plénitude vide qui est également paradoxale, la vacuité étant en rapport avec l'absence et la plénitude avec la présence. C'est le pivot de toute la philosophie du bouddhisme et de ses différents angles d'approches et, qui plus est, c'est aussi la clé qui permet de comprendre les différences entre certaines approches à dominante théiste et d'autres à dominante non théiste.

L'acceptation au quotidien

UNE FEMME. *Comment vivre l'acceptation tous les jours sans se laisser dévorer?*

ARNAUD. Le tout, c'est de s'entendre sur le mot acceptation. Comme j'ai constaté que ce mot acceptation créait bien des confusions et des malentendus, je l'ai parfois remplacé par le mot adhésion. L'acceptation, c'est simplement la vision pure et simple de ce qui est, ici et maintenant. C'est le non-refus que ce qui est soit. C'est tout à fait indépendant de l'action. Or votre question montre une confusion : comment concilier l'acceptation et la nécessité de ne pas se laisser dévorer? En ce qui concerne l'acceptation en question, il s'agit d'accepter ce qu'il n'y a aucune possibilité de ne pas accepter. S'il pleut, je n'ai pas le choix. Il ne s'agit pas du tout d'accepter par sagesse ce que je pourrais aussi bien refuser. Par exemple, il fait très chaud mais je dispose de l'air conditionné; à dessein je ne vais pas brancher la climatisation et je vais utiliser la sensation pénible de chaleur pour ma progression, telle que je comprends du moins celle-ci. C'est une éventualité mais ce n'est pas ce sens-là que je donne au mot acceptation. Accepter – on pourrait dire aussi la non-dualité ici et maintenant dans la vie quotidienne –, c'est reconnaître ce qui est, au présent. C'est l'élimination du refus que ce qui est soit. L'action est un autre domaine. Ici, maintenant, ce qui est *est*. Sur ce qui est, il n'y a aucune possibilité d'intervenir. On ne peut intervenir que sur ce qui sera ou ne sera pas dans une seconde ou dans une minute. Il s'agit d'une adhésion à la réalité relative, instant après instant, d'un non-conflit avec cette réalité, alors que la racine du fonctionnement du mental, c'est de proposer autre chose que ce qui est, de référer ce qui est à ce qui, selon moi, devrait être et c'est là où est l'erreur de base. Mais cette pratique n'est possible que si d'abord notre compréhension est tout à fait claire : on nous demande d'accepter ce qui ne peut pas ne pas être accepté. Un objet très précieux est tombé et s'est brisé. Où est l'objet intact d'il y a une minute? Nulle part, il y a seulement des débris sur le plancher. C'est. Maintenant, est-ce que je peux recoller ces débris ? Oui ou non ? Est-ce que mes moyens financiers me permettent de racheter un objet de la même valeur pour le mettre dans ma vitrine ? Comment est-ce que je peux agir ? Les deux doivent être complètement distingués : l'adhésion à la réalité, ici et maintenant, sans discuter, c'est – et l'action.

Lama Denis. La véritable acceptation est l'attitude de non-fixation, une ouverture, une disponibilité dans laquelle l'ego devient transparent.

Si je refuse les situations telles qu'elles sont, j'entretiens et renforce la dualité, à tel point que je déforme ce qui est, vivant l'énergie de la lutte intérieure comme une menace qui vient de l'extérieur.

Certes, il est difficile, d'emblée, dans la vie quotidienne d'avoir cette ouverture véritable et non conflictuelle, cette acceptation, mais c'est un des signes de succès de la pratique. Certaines pratiques permettent d'exercer et d'amplifier cette attitude de non-agressivité fondamentale vis-à-vis de nous-mêmes, de l'autre en nous, et vis-à-vis de tout ce qui nous paraît autre dans le monde et les situations.

Avant de pouvoir accepter pleinement et véritablement les personnes et les situations de notre quotidien, nous devons nous réconcilier avec notre réalité de l'instant présent. C'est par l'acceptation de ce qui est que l'on peut accepter ce que l'on est, alors un réel travail avec nous-mêmes, nos qualités et nos faiblesses, peut commencer.

Si nous acceptons de cette façon, pleine et entière, alors personne ne dévore et personne n'est là pour se laisser dévorer. L'énergie de la lutte, du maintien de la dualité que l'on percevait par projection comme une menace émanant d'autrui, peut alors s'exprimer en qualités positives d'ouverture et de disponibilité.

LA MÊME PERSONNE. *On pourrait accepter une situation qui pourrait être changée pour faire des progrès.*

ARNAUD. C'est une autre question que j'ai évoquée au début de ma réponse avec l'exemple de l'air conditionné que vous décidez de ne pas utiliser malgré la chaleur : vous acceptez une situation que vous auriez le pouvoir de changer. Là, il y a un choix au moins apparent si on ne se place pas au niveau suprême des questions sur le déterminisme ou la liberté. Bien sûr, on peut accepter certaines situations que, par ailleurs, on pourrait changer, mais c'est autre chose que ce que j'appelle acceptation ou adhésion. Il y a là un point vraiment capital puisque nous sommes dressés, conditionnés à proposer autre chose que ce qui est et à référer ce qui est à ce qui devrait être ; cette non-adhésion à la réalité relative, ici et maintenant, dans l'instant, est la racine même du mental, de toutes les émotions, de toutes les agitations, de toutes les perturbations, des *vritti* dans le langage des Yoga Sûtra de Patanjali.

UNE FEMME. *Il y a la réalité de l'objet cassé mais il y a la cause aussi.*

ARNAUD. Chercher la cause des effets que nous avons sous les yeux est une tout autre question. Rien ne nous interdit de chercher cette cause si nous en sentons la nécessité.

Acceptation et résignation

QUESTION À LAMA DENIS. *Quelle différence faites-vous entre acceptation et résignation ?*

LAMA DENIS. L'acceptation, c'est dire oui. C'est accepter d'être exposé, une qualité dans laquelle on est réceptif, on ne lutte pas, on ne met pas de barrière, ce qui est très différent de la résignation qui suppose qu'il faut accepter ou supporter les choses comme elles sont. Se résigner veut dire s'imposer de prendre tel que ça vient. Il y a dans la résignation une dimension auto-agressive. Je me résigne. Je prends comme c'est et c'est tout. Je suis résigné. Accepter consiste au contraire à voir pleinement, à être pleinement exposé, à expérimenter totalement et jusqu'au bout et à agir s'il convient d'agir. L'acceptation ne veut pas dire une résignation stoïque, passive, inactive, aucunement.

L'acceptation est l'absence de l'agressivité qui nous fait dire « non ». Ne pas accepter la réalité telle qu'elle est est tout à fait illusoire. Sans cesse nous projetons sur le réel nos désirs, nos craintes, ce qui est une façon de refuser la réalité de l'instant présent telle qu'elle est.

Par la pratique de la méditation, on ne se fixe pas sur ce qui devrait, pourrait ou aurait dû être; accepter demande de lâcher prise par rapport à nos tendances, nos conditionnements en faisant l'expérience simple, sans fixation, de l'instant présent.

La résignation, quant à elle, n'est pas un oui plein et entier à la situation qui ferait se dissoudre l'expérience duelle, mais au contraire une attitude de conflit, de lutte intérieure, de refoulement qui nourrit la dualité.

L'approche positive : un travail avec les pensées

QUESTION À ARNAUD. *Pouvez-vous préciser ce qu'est l'approche positive des situations de la vie dont vous parlez dans un de vos livres?*

ARNAUD. Depuis quelques années, avec la vogue des thérapies d'expression, on a beaucoup parlé des émotions et on a souvent négligé un travail, une ascèse, sur les pensées. Toute pensée qui nous vient à l'esprit peut être vue, reconnue sans peur, quelle qu'elle soit, et la répression ou la négation ne seront jamais une voie de libération, mais cela ne doit pas nous faire oublier la nécessité d'exercer un certain contrôle sur les pensées pour qu'elles ne nous mènent pas inexorablement où elles veulent. Quand nous sommes dans un état émotionnel négatif ou au contraire trop heureux, trop enthousiaste – le mal est le même –, les pensées s'enchaînent dans une certaine direction et nous proposent une vision du monde qui s'éloigne de plus en plus de la réalité. Et là, un travail très fructueux peut être accompli, c'est de regarder ce que la pensée se permet de dire et d'affirmer, et de la confronter à la réalité. Est-ce qu'elle correspond à la réalité telle que je peux la voir en ouvrant lucidement les yeux?

Pour répondre plus précisément à votre question, après l'avoir resituée dans le cadre général du travail sur les pensées, je dirai que certains se laissent submerger par une approche négative de l'existence : « Tout est trop difficile, je n'y arriverai jamais, ce ne sera jamais pour moi, comment puis-je mettre en pratique alors que je vais déjà si mal? » Uniquement des propos défaitistes qui leur interdisent la voie. Il faut donc transformer ce pessimisme en une attitude positive fondamentale. Bien sûr, il ne s'agit pas de remplacer des pensées pessimistes par des pensées mensongèrement optimistes, mais de remplacer des pensées non véridiques par des pensées conformes à la vérité. Je vais prendre un exemple réel : une femme disgraciée physiquement – ce qu'il est convenu d'appeler laide selon les critères prévalant dans notre société –, et qui en souffrait cruellement depuis son adolescence, m'avait demandé en quoi pouvait consister pour elle une approche positive dans ce domaine : « Est-ce que je dois me répéter que je suis belle, jolie, ravissante? » Certainement pas. Ce que j'appelle pensée positive ne consiste pas à affirmer quelque chose auquel, au plus profond de nous, nous ne croyons pas et qui ne correspond pas à la vérité. Dans ce cas vécu, cela peut être par exemple de se convaincre : « Telle que je suis, je peux avoir une vie pleine, riche, belle, heureuse, réussie. »

Nous avons un petit pouvoir sur nos pensées, pas très grand pour commencer, mais c'est à nous de l'utiliser. Tout l'édifice d'une libération possible est fondé sur cette vérité. Nous pouvons ne pas laisser les pensées s'imposer à nous, nous pouvons cesser d'être la victime impuissante de nos associations d'idées. Ça suffit de ressasser indéfiniment les mêmes idées avec lesquelles nous nous torturons et qui ne correspondent à rien de réel. Positif, c'est ce qui affirme ce qui est, provisoirement et dans le relatif.

Lama Denis. Tout le problème et les problèmes d'une façon très générale tournent effectivement autour de nos pensées et il est vrai qu'on met beaucoup l'accent sur les émotions alors que les émotions sont en fait un cas particulier des pensées. Habituellement, on ne commence pas par avoir une émotion mais on commence par avoir une pensée, une idée. Il y a certaines pensées qui nous intéressent et captivent spécialement notre attention et dans lesquelles on investit une charge affective, un affect et ces pensées « affectionnées » nous affectent et deviennent des émotions. Les émotions sont donc un cas particulier de pensées qui ont été élevées au grade d'émotions, si l'on peut dire, par cette charge qui nous mobilise, qui est « émouvante ». Donc, tout le travail avec les situations et nos réactions émotionnelles est, en fait, une modalité du travail avec les pensées.

Il est possible au départ de travailler avec ses pensées très simplement et c'est ce que l'on apprend à faire dans la méditation assise, en reconnaissant celles-ci comme étant des pensées, en ne se fixant pas dessus et en n'étant pas, par là même, emportés par elles. En méditation assise, on apprend les mouvements intérieurs qui consistent à lâcher et à reconnaître la pensée, un peu comme lorsque l'on apprend à nager, on commence dans le petit bain là où l'on a pied et où l'on peut reprendre appui à tout instant. Lorsque l'on aura acquis une dextérité suffisante, on s'entraînera à reconnaître les pensées dans les situations courantes, à en voir la transparence, c'est-à-dire à voir les pensées comme étant simplement les productions de notre mental, ce qui diffère tout à fait de la façon dont on perçoit habituellement les pensées. Dans l'existence courante, nous finissons par prendre nos pensées pour la réalité. La pratique de la méditation consiste à reconnaître que nos pensées ou nos projections – les projections sont un cas particulier de pensées – sont simplement nos projections. Si l'on rêve et que l'on se rend compte que le monde onirique est une production de notre esprit, ou si l'on regarde un film en sachant que celui-ci n'est pas la réalité mais une illusion, à ce moment-là le pouvoir d'assujettissement qu'a le film ou le rêve se dissout. On apprend ainsi à reconnaître ses pensées puis, petit à petit, à reconnaître aussi ses émotions comme pensées. La pratique se développe en acquérant de plus en plus de stabilité jusqu'à permettre une aptitude à nager dans la tempête.

Un point très important dans ce travail, aussi bien avec les pensées qu'avec les émotions, est qu'il ne s'agit jamais de maîtriser son esprit. Cette attitude dominatrice basée sur le refus est la source de beaucoup de malentendus : « Je vais maîtriser mes pensées, je vais maîtriser mes émotions », elle provoque encore plus de remous, un peu comme si nos émotions étaient des vagues à la surface de l'eau et que l'on décide d'imposer le calme en prenant la rame et en tapant sur la crête des vagues pour les aplatir. L'attitude juste est une attitude non agressive. Si nous sommes capables de rester dans cette attitude de dégagement que nous avons déjà évoquée, on coupe en quelque sorte la source d'énergie sous la marmite qui bouillonne et, par cela même, l'énergie de la situation se décante, l'eau de notre esprit en ébullition s'apaise, ou la tempête de l'océan, de notre esprit, de nos émotions, pour autant qu'on arrête de souffler dessus, d'intervenir, s'apaise d'elle-même. Donc, le travail avec les pensées, avec les émotions, c'est-à-dire le travail relationnel avec toutes les situations dans lesquelles nous sommes, revient toujours à la même chose qui est la découverte de cette aptitude à décrocher, à lâcher prise, à déconnecter, à débrayer, ce qui est le cœur de toute pratique spirituelle et notamment le cœur de la méditation assise, comparable aux mouvements dans le petit bain qui préparent à l'action en situation, et éventuellement même dans la tempête.

QUESTION À ARNAUD. *Je voudrais revenir sur ce qui a été dit tout à l'heure à propos de l'approche positive. A votre avis, quelle est l'attitude positive d'un Juif à Auschwitz en 1943 ? Quelle est l'attitude positive d'une mère, par exemple, qui voit sa fille violée sous ses yeux et ensuite étranglée ?*

ARNAUD. Il est difficile de répondre à une question qui ne vous concerne pas vraiment parce que vous n'avez pas personnellement vécu les événements que vous évoquez, même si vous pouvez vous faire une idée de ce qu'ont connu les Juifs dans les camps de déportation ou de ce que pourrait être l'horreur pour une mère de voir, comme vous dites, sa fille violée et assassinée sous ses yeux sans pouvoir intervenir.

LA MÊME PERSONNE. *Mais la disgrâce physique, vous ne l'avez pas vécue non plus...*

ARNAUD. Non, mais c'était la vraie question de la personne que j'avais en face de moi. Je ne dis pas que votre question n'a pas une valeur, mais tant qu'il s'agit de situations que nous imaginons et dont nous n'avons pas l'expérience, nous ne pouvons être impliqués de tout notre être ni dans la question ni par la réponse.

Pour arriver à demeurer dans la sérénité en face de situations inadmissibles, inacceptables, atroces, il faut que notre vision de la réalité relative soit complètement modifiée, que la conscience que nous avons de nous-mêmes et du monde des formes – du monde changeant et de ce qui sous-tend ce monde – ait profondément changé.

Dans un premier temps, il faut que nous voyions que le refus, le non qui jaillit de nous ne change rien à la réalité et ne nous permettra jamais de voir ce qui est plus profond. Il est toujours délicat de répondre à ce type de question parce que ni vous ni moi n'avons été déportés, ni vous ni moi n'avons pesé quarante-neuf kilos à force de sous-alimentation et ni vous ni moi n'avons vu mourir autour de nous des êtres chers dans un camp de déportation. Ce que je sais, c'est que l'acceptation de l'inacceptable produit un miracle. Des hommes et des femmes, que rien n'avait préparés à la vie spirituelle, sont morts comme des saints en déportation. L'horreur de leur situation les a propulsés à un tout autre niveau de conscience et ils ont trouvé cette paix, cette béatitude incompréhensible aux autres à l'intérieur des conditions les plus inhumaines. Ceux qui ont survécu l'ont attesté. Cela nous montre que c'est possible. Mais la véritable question, c'est : qu'est-ce que nous avons, nous, aujourd'hui, à accepter, à ne pas refuser? La vraie réponse serait de vous demander : pour l'instant, quelle est votre souffrance propre à laquelle vous pouvez faire face?

La même personne. *D'une façon plus quotidienne, c'est peut-être la mort de l'être aimé.*

Arnaud. Oui, mais si nous la refusons, si nous nous débattons dans l'émotion douloureuse, cela ne nous enseigne rien sur le processus de la naissance et de la mort. L'émotion rebondit sur la surface des choses alors que la vision pénètre, un peu comme les rayons X qui nous permettent de voir le squelette à l'intérieur de l'organisme. Si nous acceptons l'inacceptable, si nous voyons l'essence sous l'apparence, chaque aspect de la réalité devient un enseignement. C'est le fondement de toute vie spirituelle aussi bien dans les voies dualistes que non dualistes. Les uns diront : « C'est la volonté de Dieu que je sois emmené en déportation » ou : « C'est la volonté de Dieu que ma fille meure » et cette adhésion ou acceptation ou non-dualité, même avec l'inacceptable, vous révèle l'essence derrière l'apparence, c'est-à-dire ce qui sous-tend ce monde. La seule possibilité de voir plus loin que la surface, c'est de commencer par accepter la surface.

La loi d'attraction

Question à Arnaud. *Vous avez écrit quelque part : « Votre être attire les circonstances de votre vie. » J'aimerais que vous développiez ce thème.*

Arnaud. Oui, ou si vous préférez, notre existence nous correspond. Vous pouvez le comprendre d'abord à un niveau tout à fait simple. Si vous êtes très timide, vous n'aurez pas le même destin que si vous êtes très sûre de vous et audacieuse. Vous êtes d'accord ? Imaginez maintenant qu'une personne inhibée et doutant beaucoup d'elle-même se mette à avoir confiance en elle, d'un point de vue c'est une transformation de son être – même s'il ne s'agit pas du sens ultime de ce mot être – et par cette transformation, son destin va changer. D'une manière plus subtile qu'on ne peut pas prouver, mais qui se vérifie peu à peu par une plus grande finesse de compréhension des événements, nous nous rendons compte que notre histoire personnelle correspond à ce que nous sommes. Si nous changeons, notre destin commence à changer. Nous rencontrons d'autres circonstances, d'autres situations, peut-être même certaines de nos aspirations trouvent-elles leur réponse. C'est une parole qu'on peut entendre à bien des niveaux qui sont tous vrais.

LA MÊME PERSONNE. *Je trouve cela un peu désespérant.*

ARNAUD. Pourquoi?

LA MÊME PERSONNE. *Parce que cela montre une insuffisance de notre part.*

ARNAUD. Si vous prenez conscience d'une insuffisance, essayez de transformer ce qui peut être transformé et acceptez ce qui ne peut pas l'être. Si vous êtes une très mauvaise pianiste, vous ne pouvez pas vous attendre à devenir une virtuose internationale jouant dans les plus grandes salles de concert et dont les disques se vendent à des centaines de milliers d'exemplaires. Très souvent, nous nous indignons, nous trouvons que le destin est injuste avec nous, sans reconnaître nos insuffisances. En fait, nous ne pouvons pas tout exiger de l'existence et cette constatation nous aide à devenir plus réalistes et finalement beaucoup moins malheureux. Est-ce que vous vous sentez culpabilisée parce que vous êtes une mauvaise pianiste, que vous jouez mal au tennis, etc.? Non. C'est une grande clé de comprendre que nos existences ne sont pas injustes comme nous sommes prêts à le décréter. « *Your being attracts your life* », votre être attire votre vie ou si vous préférez, votre niveau d'être attire votre existence, c'est-à-dire les événements qui se déroulent au cours de votre vie. Pourquoi est-ce que je me trouve ou me suis trouvée dans telle situation?

Je vais vous donner un exemple. A l'ashram de Swâmi Prajnanpad, un jeune homme des environs, qui avait étudié le français au collège, arrive un jour à l'ashram et commence à parler avec moi en français. Le lendemain, il revient, le surlendemain aussi. J'étais d'accord pour être amical avec lui, mais je n'étais pas à l'ashram pour donner des leçons de français tous les jours et j'explique donc à Swâmiji que je me trouve quelque peu en difficulté. Et Swâmiji me dit : « Vous l'avez attiré ; si vous aviez été allemand, il ne serait jamais venu, c'est parce que vous parlez français qu'il est venu. Ce n'est pas précisément en tant qu'Arnaud que vous l'avez attiré mais en tant que citoyen français. » C'est une manière de comprendre cette affirmation. Je suis français, par conséquent j'attire ce qu'à ma place un Allemand ou un Anglais n'aurait pas attiré.

Le karma

LAMA DENIS. Certainement, notre être attire nos expériences, on peut même dire d'une façon un peu plus radicale que notre être est notre expérience. Dans le dharma, on pose souvent cette notion en termes de karma : c'est le karma français d'Arnaud Desjardins d'avoir attiré cet étudiant, son karma collectif étant d'être français. Effectivement, on fait l'expérience de ce que l'on porte en soi. On explique souvent cela en disant que l'on vit le monde sur le mode de notre être en miroir : la perception que l'on a de notre monde est notre propre être en miroir, c'est-à-dire notre projection qui se réfléchit dans le monde et que l'on vit en effet retour. De ce point de vue-là, l'on vit dans nos expériences constamment ce que l'on est et nos prédispositions, nos tendances façonnent, modèlent toutes nos expériences. On attire notre monde mais on le fabrique aussi. On décrit cela en termes de karma mais ce qui est particulièrement important, c'est que nous avons, tous autant que nous sommes, la possibilité de transformer notre être, de transformer notre karma, notre existence.

Dans le dharma, nous ne parlerions pas de justice ou d'injustice car cette terminologie renvoie à une mentalité juridique qui n'est pas la sienne. En l'occurrence, il n'y a ni jugement ni juge et personne ne nous condamne. On est malade si l'on s'est empoisonné, ce n'est pas particulièrement juste ou injuste, il y a simplement une relation de cause à effet. Il n'y a pas lieu du tout de vivre cela en termes de culpabilité ni en termes de justice ou d'injustice, mais simplement en comprenant que nous vivons ce que nous sommes, que nos expériences sont le reflet de notre être et que nous avons ce potentiel, cette possibilité incroyable qui est de changer notre être, de changer notre karma. Cela ne tient qu'à nous et nous avons toujours cette part de liberté qui nous permet de transformer la situation dans une bonne direction.

Cette part de liberté dont vous parlez est-elle encore le karma ou, en d'autres termes, ce qui nous permet de changer le karma, est-ce encore le karma ?

LAMA DENIS. En Occident, circulent beaucoup de malentendus sur la notion de karma qui le font comprendre comme une sorte de fatalité, de déterminisme, comme si tout était inscrit ; dès que quelque chose arrive, on pense alors : « C'était son karma » ou : « C'est mon karma. » On en arrive à des aberrations : « Un million de personnes meurent de faim, c'est leur karma », « Un tel est malade, meurt ou a telle ou telle difficulté, c'est son karma ». Le karma devient ainsi une justification, une façon de se démobiliser ou de ne pas se sentir responsable alors que la compréhension juste du karma est en fait, aux antipodes, celle d'une responsabilité dans le présent.

Notre karma signifie que nous avons un certain nombre d'habitudes de pensées, de tendances que nous avons héritées de notre histoire mais ces conditionnements, tout en étant réels, ne sont en aucun cas et jamais absolus. Le karma est toujours vécu en même temps que la liberté. En fait, la liberté ou un état foncièrement libre est notre nature profonde, celle-ci étant de façon relative et contingente cachée, masquée, conditionnée par des prédispositions mentales qui sont le fonctionnement de ce que l'on appelle karma. Dans cette perspective, le point essentiel est de comprendre qu'à chaque instant, c'est-à-dire chaque fois que nous sommes en situation de choix, de décision, nous avons un libre-arbitre. Nous pouvons avoir certaines tendances, certaines envies, propensions, mais en même temps nous avons toujours aussi une liberté, une alternative, un choix. Nous sommes comme à la croisée de deux ou plusieurs chemins avec la possibilité de décider de la voie que nous allons suivre : c'est là qu'intervient la responsabilité au sens où un choix judicieux amènera une évolution heureuse alors qu'un choix malencontreux amènera un devenir malheureux. Nous sommes toujours dans cette situation où nous pouvons utiliser l'attention, la vigilance, où en étant présents à la situation, à sa réalité et en appliquant à celle-ci notre intelligence, nous pouvons soit aller vers la liberté foncière de notre nature profonde, vers l'éveil, soit renforcer nos conditionnements en abondant dans les fonctionnements passionnels et conflictuels.

Le karma conditionne, mais il ne fait que conditionner relativement un état qui, lui, est fondamentalement inconditionné, notre expérience, étant ainsi le recouvrement de ces deux natures, conditionnée et inconditionnée avec à chaque instant une part de liberté et de libre-arbitre. Cette liberté et ce libre-arbitre peuvent certes être plus ou moins grands. Celui qui a une certaine réalisation spirituelle, qui s'est déjà délivré des conditionnements les plus grossiers, a naturellement une liberté intérieure plus grande. Plus on chemine vers l'éveil, plus cette liberté s'accroît, mais elle est néanmoins dès le départ toujours présente. Si elle n'était pas déjà là, il n'y aurait aucune possibilité de sortir du cycle, ce qui serait alors un cycle karmique, purement déterministe. Donc nous avons un certain karma, nous naissons avec un certain karma, mais chacun de nous a la liberté de transformer son karma et finalement de s'en libérer.

Pouvez-vous expliquer comment fonctionne le karma?

LAMA DENIS. Le karma est d'une façon générale ce qui anime notre conscience. Pour comprendre comment fonctionne le karma, il est important d'abord de bien comprendre que notre expérience, ce que nous sommes, ce que nous vivons, notre vie – moi en tant que vivant et le monde dans lequel je vis, que j'expérimente –, toute cette expérience de moi et du monde participe d'une double nature. Il y a dans notre expérience une intelligence juste, saine, qu'on pourrait appeler authentique, mais il y a aussi dans notre expérience un mode de brouillage, de parasitage, de filtrage qui recouvre, masque et déforme cette expérience authentique. L'expérience authentique est ce que l'on appelle, dans la terminologie technique du dharma, l'immédiateté, et le mode cognitif qui brouille, masque et voile cette expérience immédiate, est ce qu'on appelle la conscience dualiste.

Cette conscience dualiste est ce que nous sommes en tant qu'ego et ce que nous expérimentons comme projections de notre propre ego. C'est le jeu du fonctionnement du mental conceptuel qui, dans ses conceptions, fait émerger l'expérience d'un concepteur et d'un conçu, d'un observateur et d'un observé, qui constitue précisément la dualité. Nos conceptions, nos formations mentales qui voilent l'expérience authentique immédiate sont produites précisément par ce qu'on appelle le karma, c'est-à-dire un certain nombre d'empreintes, de *vasanas*. Ces vasanas ont été induites par des faits de conscience antérieurs qui ont subsisté sous forme d'empreintes dans ce qu'on appelle la conscience de tréfonds. Celle-ci est la conscience fondamentale de l'esprit au-delà des individualités habituelles.

Une image souvent utilisée compare cette conscience de tréfonds à l'océan et les consciences individuelles aux vagues qui émergent à la surface de l'océan, modelées et animées par le souffle du karma. Les empreintes karmiques émergent de la conscience fondamentale en s'actualisant sous forme de tendances lorsque celles-ci rencontrent dans l'environnement des circonstances qui sont favorables à leur expression, qui les réveillent. D'une façon très simple, si nous avons des tendances colériques, nous nous mettons en colère lorsque l'environnement nous stimule dans cette direction. Une émotion de colère commence par une conception, une conception que quelque chose ne va pas, que du mal va nous être fait, une sorte de peur, de crainte, la perception d'une menace à laquelle on répond en essayant de se protéger maladroitement, en agressant.

On peut dire que le karma induit et anime les conceptions. On peut le définir à la fois comme polarité et circularité. Une tendance karmique qui émerge commence par éveiller une conception dans laquelle se constituent simultanément un concepteur observateur et un conçu observé. Dans cette perspective, le karma est cette impulsion, on pourrait dire énergie, qui constitue dans notre expérience une polarisation, une polarité en termes d'ici et de là, de sujet et d'objet, d'observateur et d'observé. Le karma est ainsi tout d'abord polarité et polarisation. Lorsque ces deux pôles, observateur-observé, sujet-objet, se sont ainsi posés l'un par rapport à l'autre dans la conception, l'expérience peut souvent se poursuivre et une relation particulière se développe de l'observateur à l'observé et aussi de l'observé à l'observateur car le karma se situe des deux côtés. Il y a l'observateur et sa projection mais la projection, si elle est bien produite par l'observateur, en effet retour pose l'observateur comme témoin de celle-ci. La relation qui se développe nourrit cette polarisation et elle génère une situation énergétique qui devient donc une émotion conflictuelle, c'est-à-dire une expérience qui nous émeut, nous remue, nous mobilise et nous met profondément en mouvement. Une telle expérience laisse des empreintes qui sont de nouvelles graines semées dans l'océan dont nous parlions – ou, on dirait ici, dans un terrain ; on peut employer indifféremment l'image de l'océan ou du terrain. Ultérieurement, ces graines à leur tour sont amenées à porter fruit en s'exprimant en de nouvelles tendances qui conditionneront de nouveaux états de conscience, aussi bien conscience de l'observateur que de l'observé, de moi que de mon monde.

Il y a ainsi une récurrence, un processus répétitif, un cycle d'expériences qui se perpétue souvent en mode répétitif, que l'on appelle le cycle des états de conscience, le cycle des existences – on dit en sanscrit *samsara*, en tibétain *kor-oua*, ce qui signifie littéralement cercle ou cycle. C'est pourquoi, on peut résumer le karma à ce double mouvement de polarité, c'est-à-dire l'expérience dualiste sujet-objet, et de circularité ou cycle, qui est la succession de ces états de conscience avec leurs expériences particulières : aussi bien *comment* nous expérimentons que *ce que* nous expérimentons comme monde environnant.

On vient de parler du karma comme liberté-responsabilité et d'envisager son fonctionnement comme polarité-circularité. Il y a un autre principe du karma qu'il est important de mentionner : le karma comme impression-expression. On entend par là que toutes les situations que nous vivons naissent en nous des impressions qui imprègnent la couche la plus profonde de notre conscience, comparable à l'inconscient. Un inconscient qui a d'ailleurs ici à la fois une dimension individuelle et collective, individuelle et supra individuelle. Lorsque l'environnement est en résonance avec celles-ci, ces impressions, ces empreintes s'expriment. Elles s'expriment sous forme d'habitudes mentales qui nous animent dans différentes formes de comportements et de conditionnements. La succession de ces impressions-expressions constitue différents états de conscience, différentes expériences dans lesquels nous existons. Cela donne une tonalité particulière à l'expérience que nous faisons de nous-mêmes et de notre environnement. Un état de conscience est fait aussi bien de l'expérience que l'on a de soi, « moi, je », que d'un certain environnement, les deux étant d'ailleurs interdépendants. « Moi je » se reflétant dans l'environnement ou l'environnement étant un reflet en miroir de ce que moi je suis. Ces états de conscience changent, se succèdent, en fonction des empreintes qui s'expriment et la succession des états de conscience exprimés par ces empreintes constitue des cycles qu'on appelle circularité ou habituellement dans la tradition *samsara*.

Est-ce que cette conscience de tréfonds que vous évoquez peut se rapprocher des forces dynamiques de l'inconscient ?

LAMA DENIS. De toute évidence, il y a une similitude entre les empreintes karmiques émergeant de la conscience de tréfonds et les conditionnements de l'inconscient. Je crois qu'on pourrait schématiser la situation en disant que ce que l'on entend dans la psychologie analytique moderne par inconscient et fonctionnement de l'inconscient, en tant que dynamisme et moteur de la conscience, est un cas particulier du fonctionnement karmique et de la conscience de tréfonds. En fait, dans la psychologie analytique contemporaine, on connaît bien le processus de projection, comment on expérimente en miroir les tendances latentes issues de notre inconscient; on connaît bien aussi un certain nombre de processus récurrents, comment des conditionnements inconscients nous amènent à nous retrouver dans les mêmes situations, à répéter les mêmes types de rapports, à retomber dans le même genre de scénario et donc à revivre de façon cyclique des expériences analogues.

Donc, il y a une analogie et même une conformité de sens dans la circularité du karma et dans certains aspects aussi de la compréhension du karma en tant que polarité, dans le jeu des projections, mais, là où la perspective de la conscience de tréfonds et du karma va plus loin que la vision de l'inconscient occidental, c'est que l'on ne dirait pas généralement en Occident que l'inconscient est la source, l'animateur de l'âme en tant qu'expérience dualiste. On ne considérerait pas les empreintes inconscientes comme étant la source de l'expérience que nous avons de nous-mêmes, de l'expérience de l'observateur ou même de l'expérience dualiste observateur-observé alors que, dans la perspective du karma, l'expérience dualiste est une polarisation qui repose sur les vasanas, les empreintes karmiques issues de la conscience de tréfonds. Ce qui a pour corollaire que lorsque ces vasanas sont finalement épuisées dans la pratique spirituelle et la réalisation, qui est en fait la dissolution de toutes les empreintes, lorsqu'on arrive à l'épuisement du karma, il y a, en même temps que celui-ci, épuisement de la conscience dualiste et de l'expérience habituelle. Il ne reste plus alors que l'expérience directe, immédiate, libre des conditionnements, des vasanas et cette expérience d'immédiateté est précisément celle d'un éveillé, ce qu'on appelle la réalisation spirituelle.

Le but est-il un obstacle?

QUESTION À ARNAUD. *Est-ce qu'un chemin peut inclure la recherche d'un but? En méditation zen en particulier, on recommande de s'engager dans la méditation sans rechercher quoi que ce soit. Or, dans vos livres, vous dites que Swâmi Prajnanpad vous a demandé, la première fois qu'il vous a rencontré: « Que voulezvous? » A quoi vous avez répondu: « Atma darshan. » Il s'agit bien d'un but. Faut-il ou non avoir un but dans la recherche spirituelle?*

ARNAUD. Ce n'est pas une réponse en quelques mots qui peut résoudre cette question, une des plus importantes qu'on puisse se poser, mais bien plutôt la pratique, l'expérience et la maturation. Idéalement, l'attitude juste serait l'abandon de tout but. Mais est-ce tout de suite possible? Comment éviter que nous ayons pour but d'être plus calmes, moins emportés par nos émotions? Il faut être très habile avec soi-même, avec nos peurs, avec nos désirs, avec nos illusions et faire des concessions à certains aspects de notre nature, c'est-à-dire admettre qu'il nous est difficile de comprendre tout de suite ce que signifie être *sans but*. Il est certain que l'effacement de tout but individuel, c'est la voie au grand sens du terme. Mais si nous n'avons aucun but d'aucune sorte, aucune motivation, aucune intention, nous ne ferons rien, nous ne tenterons rien. Il n'y a de mouvement – c'est vrai à tous les niveaux, dans tous les domaines – que s'il y a une attirance ou une attraction. Donc, si nous nous mettons en mouvement, ne serait-ce que pour aller rejoindre un maître ou un monastère, c'est qu'une attirance s'est exercée et cette attirance, normalement, nous la formulons en termes de but. C'est un premier aspect.

Le deuxième aspect, c'est que le but lui-même peut devenir un obstacle sur le chemin parce qu'il risque de créer une tension vers ce qui n'est pas là, vers le futur alors qu'il s'agit plutôt de l'inlassable tentative d'une réalisation ici et maintenant. En fait, c'est dans la perfection de l'adhésion à ce qui est que s'accomplit l'approche. Si nous pouvions n'avoir aucun but d'aucune sorte, pas même un but de libération, nous serions libérés. Mais comme nous avons énormément de buts par lesquels nous sommes motivés et dont le non-accomplissement est une souffrance, il apparaît normal que nous ayons comme but la liberté intérieure telle que nous nous la représentons.

Une fois admis qu'il y a au départ une intention qui nous permet de nous mettre en route, il doit être bien clair qu'ensuite nous devons chercher un silence de plus en plus profond, donc lâcher le désir même d'être réalisés, parce que cette intention d'un but à atteindre nous projette inévitablement dans le futur. En fait, il n'y a pas d'autres possibilités que l'approfondissement du ici et maintenant, comme une ligne verticale coupant la ligne du temps considérée comme horizontale. On ne peut pas, à un certain moment, ne pas être amené à un saut qui nous fait passer au-delà de toute aspiration et de tout but parce que chaque aspiration vers un but, chaque idée d'un cheminement se situe encore dans nos catégories habituelles de temps, d'espace, de causalité et, par conséquent, ne nous permet pas d'aller au-delà.

A cet égard, Swâmi Prajnanpad m'a plusieurs fois raconté une histoire bien connue en Inde, celle de deux ascètes qui méditent au bord d'une rivière sacrée, la Yamuna. Vient à passer Narada, émissaire des dieux et le premier des ascètes demande : *« Oh ! Narada, quand est-ce que je serai libéré ? »* Et Narada lui montre un cocotier avec six ou sept grandes palmes : *« Tu vois, autant de feuilles il y a à cet arbre, autant d'existences de sadhana tu as encore à vivre et tu seras libéré. »* L'ascète en question qui voulait savoir s'il serait libéré l'année prochaine ou seulement dans cinq ans est effondré. Le deuxième ascète pose la question un peu différemment : *« Est-ce que je serai libéré un jour ? »* Et Narada lui montre un arbre très connu en Inde, l'arbre de Tulsi qui a d'innombrables petites feuilles : *« Tu vois, autant il y a de feuilles à cet arbre, autant tu as d'existences à vivre et tu seras libéré. – Et je serai libéré ! »* L'ascète n'a entendu que cela. Et Swâmiji terminait l'histoire en disant : *and at once, he is free*, « et à l'instant même il est libéré » parce qu'il est passé complètement au-delà de toutes les normes habituelles de notre pensée, au-delà de l'espoir et du découragement.

LAMA DENIS. On a besoin d'un but mais aussi longtemps qu'on est dans la recherche d'un but, on est « buté ». On peut schématiquement résumer le problème en disant qu'il y a un niveau relatif et un niveau ultime. La notion de but est indissociable de la notion de cheminement et de celle de voyageur. Je suis le voyageur qui chemine vers un but et aussi longtemps que j'existe, que je suis voyageur, il est normal et il est même indispensable que je chemine vers un but. Au niveau ultime, non duel, il n'y a ni voyageur, ni cheminement, ni but.

Le problème surgit lorsqu'il y a mélange entre les deux niveaux, le niveau relatif et le niveau ultime. On trouve des tas de gens qui viennent vous dire : « Il n'y a pas de voyageur, il n'y a pas d'enseignement, il n'y a pas de but, rien ; il n'y a rien à faire, on ne fait rien, tout va bien. » C'est alors rester simplement dans la confusion et dans l'aveuglement. Aussi longtemps que nous existons, nous avons besoin d'un certain nombre de repères, d'une pratique qui nous propose un cheminement, mais ce cheminement ne solidifie pas un but comme tel. Ce cheminement ne propose pas des références solides qui se concrétisent de plus en plus au fur et à mesure que l'on progresse, mais plutôt une expérience de transparence, c'est-à-dire qu'engagé dans la voie, le voyageur et le but ne deviennent pas de plus en plus lointains, mais le voyageur s'aperçoit de son insubstantialité et il découvre aussi que le but n'était pas exactement ce qu'il se représentait comme tel au départ. Il voit en quelque sorte l'immatérialité du but. Le but et le voyageur apparaissent transparents et la distance entre le voyageur et le but se réduit. Dans cette interpénétration, cette transparence, la distance entre l'autre et moi, entre moi, le voyageur, et le but à atteindre se réduit jusqu'à une transparence totale où il n'y a plus l'autre posé comme différent de moi et moi comme différent de l'autre. A ce moment-là, le départ est le but et le problème ne se pose plus en termes duels de moi et l'autre. C'est alors le but sans but, la réalisation de quelque chose qui n'est pas différent de ce que l'on a toujours été. Le but s'avère avoir toujours été ce qui était là depuis le début. Mais cet état d'absence de but, d'irréalité du but n'est réalisé qu'au terme du cheminement.

ARNAUD. Nous touchons là une des vérités doctrinales fondamentales communes au bouddhisme et à l'hindouisme, à savoir que nous sommes déjà ce que nous cherchons à devenir. Toute notre expérience d'un but se situe dans une perspective causale – des causes produisent des effets –, que ce but relève manifestement de l'avoir – je voudrais posséder une résidence secondaire, j'épargne de l'argent ou je fais un emprunt et un jour j'achète enfin cette résidence secondaire – ou que ce but me paraisse s'exprimer plus en termes d'être – je ne suis pas aujourd'hui ce que je voudrais être et, par certains efforts, je vais le devenir. Mais ce qui a un commencement a une fin, ce qui est produit par certaines causes peut être détruit par d'autres causes. Et si la sagesse pouvait être créée, produite, elle pourrait aussi bien être détruite. Il s'agit donc simplement d'un éveil ou d'une réalisation de ce que nous sommes déjà, une réalité qui n'a pas de commencement, qui n'a pas de fin, qui n'est créée et produite par rien, qui est simplement découverte, comme le soleil est découvert – image bien connue – quand les nuages se dissipent.

Donc, l'affirmation de tous les maîtres, presque insupportable quand on se débat dans ses problèmes et ses souffrances, c'est que nous sommes déjà libérés, notre seule erreur étant de croire que nous ne le sommes pas. Nous sommes déjà nus sous nos vêtements. Si nous sommes maigres, la belle musculature dont nous rêvons se situe dans le futur au terme d'un an de culture physique mais la nudité est déjà là, recouverte par les vêtements. Le chemin peut être envisagé comme un dénuement qui consiste à enlever ce qui recouvre jusqu'à ce que nous découvrions cette réalité essentielle que nous avons toujours été ou plutôt – car il faut le mettre à l'éternel présent – que nous sommes intemporellement.

UNE FEMME. *Ne faut-il pas aussi se libérer de l'idée de progrès sur le chemin ?*

ARNAUD. Vous n'éliminerez pas tout de suite l'idée de progrès. Nous avons beau entendre de la bouche des sages : *il ne faut rien vouloir, ne rien désirer, ne rien demander, n'aspirer à rien,* cela contredit tellement toute notre manière de fonctionner que nous ne pouvons rien en faire. Mais l'idée de progression doit certainement être mise en cause et en tout cas être regardée de très près. C'est assez délicat. Nous sentons bien que nous pouvons progresser, au sens le plus classique du mot, que nous pourrions humainement faire des progrès dans certains domaines. Nous admettons aussi qu'il y a des progrès sur la voie. On parlera d'un disciple très avancé sur le chemin ou d'un disciple débutant.

Nous devons être très prudents avec cette notion de progrès parce que fondamentalement nous ne pouvons pas nous accepter tels que nous sommes. Étant enfant nous avons eu l'impression que, pour être vraiment aimé, admiré, il aurait fallu que nous soyons le plus beau, le plus intelligent, le plus remarquable, en bref que nous ayons toutes les qualités et tous les dons. La comparaison, la souffrance de se sentir moins aimé qu'un frère ou une sœur, les humiliations, auxquelles s'ajoute l'idéal prôné dans notre famille et que nous n'arrivions pas à atteindre, tout cela fait que nous nous demandons encore aujourd'hui l'impossible, que nous ne pouvons pas nous accepter tels que nous sommes et, pire, que nous ne pouvons pas nous aimer tels que nous sommes. La plupart des êtres humains se détestent, ne peuvent pas se pardonner de n'avoir été que ce qu'ils étaient et de n'être que ce qu'ils sont. C'est une impasse tragique.

L'essentiel n'est donc pas de progresser parce que si nous voulons progresser, nous allons rester attachés à ce personnage que nous sommes, avec ses succès et ses échecs, son histoire, son insertion dans la société. En tant qu'être incarné, nous serons toujours incomplets, limités. Comment pourrions-nous par exemple jouer de tous les instruments de musique aussi bien que les grands virtuoses? C'est cette identification fondamentale à un certain Arnaud Desjardins progressant ou ne progressant pas qui doit être mise en cause jusqu'à ce que nous acceptions complètement que nous sommes ce que nous sommes, c'est tout, que cette entité ne peut pas être améliorée indéfiniment et que l'essentiel, c'est de se détacher intérieurement d'Arnaud Desjardins. Cette perfection à laquelle nous aspirons et qui justifie peut-être la parole du Christ :

Soyez parfaits comme votre père céleste est parfait, ne peut se trouver que dans ce détachement intérieur, au niveau où il n'y a plus ni attraction, ni répulsion, ni comparaison, un niveau qui dépasse toutes les formes. Mais l'idée de progresser, même peut-être avec la meilleure bonne volonté du monde, est souvent l'essentiel de la prison. Lama, est-ce que vous êtes d'accord sur cette manière de dire ?

LAMA DENIS. Tout à fait. Le progrès, ce n'est pas de s'enrichir mais de s'appauvrir. Et c'est dans l'appauvrissement de son ego que l'on progresse. Le problème est assez clair.

UNE FEMME. *Donc en fait, dans la pratique, c'est le vouloir qui, petit à petit, va disparaître et laisser la place simplement à l'être ?*

ARNAUD. Oui. Dans la pratique, ce qui lâche peu à peu, c'est d'être mené par *ce que j'aime, ce que je n'aime pas, ce que je veux, ce que je ne veux pas, ce dont j'ai envie, ce dont je n'ai pas envie.* Progressivement, cette initiative de nos actions fait place à une évidence qui vient de l'intérieur : ici, maintenant, dans le relatif, compte tenu de mon imperfection, qu'est-ce qui doit être fait ? C'est ce que les hindous appellent *spontanéité* et j'ai remarqué que Lama Denis utilisait également ce mot qui ne signifie pas impulsivité, manque de contrôle et de maîtrise de soi mais désigne le geste, la parole, le regard, l'action qui s'imposent. Notre comportement devient une réponse à la nécessité de la situation dans laquelle nous sommes insérés d'instant en instant.

LAMA DENIS. Il ne s'agit pas de devenir sans but, il ne s'agit pas de refuser le but, il ne s'agit pas non plus de ne plus vouloir, il ne s'agit pas de ne plus progresser. Si l'on essaie d'être sans but, on pose le non-but comme un nouveau but : ce qui revient exactement au même. Si l'on essaie de ne pas vouloir, on fera beaucoup d'efforts pour être sans volonté. On passe alors complètement à côté du problème. Et si l'on essaie de ne pas progresser, on fera beaucoup de tentatives pour essayer d'avancer dans l'aptitude à ne pas progresser, dans le renoncement au progrès.

Aussi longtemps qu'il y a quelqu'un qui existe, il y a un autre, quelque chose qui est perçu comme but, de même que, aussi longtemps que l'on existe, il y a une volonté. En aucun cas il ne s'agit de refuser ou d'abandonner le but, de refuser ou d'abandonner la volonté. Le problème est à prendre dans l'autre sens qui est d'acquérir cette *transparence* dont on a parlé tout à l'heure. Lorsque l'on devient, soi, plus transparent, l'autre devient plus transparent en même temps, car le moi a la solidité de l'autre. Et la solidité de l'un est dépendante de celle de l'autre et proportionnelle à celle-ci. En étant soi-même de plus en plus pauvre, de plus en plus léger, de moins en moins dur et de plus en plus transparent, l'autre, l'altérité, devient à son tour de plus en plus transparente. Le but à atteindre se dissout alors jusqu'à ce que, finalement, nous ne soyons plus et, à ce moment-là, il n'y a plus personne pour aller au-delà d'un but quel qu'il soit. Mais aussi longtemps que cet état, qui est l'état de non-appui – non-appui étant sans moi ni autre –, aussi longtemps que cet état n'est pas une réalité, une réalisation effective, il est juste d'avoir un but, étant entendu que cette réalisation n'a absolument rien d'intellectuel, qu'elle n'est pas non plus quelque chose que l'on a obtenu, ni même quelque chose que l'on a réalisé. Il y a de bons buts et de mauvais buts – le bon but étant de suivre la méthode qui nous permettra, ultimement, d'arriver à cet état dans lequel la notion de voyageur, de chemin et de destination n'a finalement plus cours.

Le bonheur face aux situations changeantes

UNE FEMME. *Quel peut être l'équilibre entre le bonheur et la relation qu'on a avec les situations changeantes ?*

ARNAUD. C'est une des quelques questions fondamentales. Tous les êtres humains aspirent au bonheur, un bonheur aussi parfait et définitif que possible. Bien entendu, l'un pense que son bonheur dépend entièrement de la réussite professionnelle, un autre que ce bonheur ne peut lui venir que par la rencontre de Dieu dans la vie contemplative; l'un cherchera son bonheur dans des poursuites qui nous paraissent égoïstes et l'autre dans des activités qui nous paraissent altruistes comme le service du prochain d'une Mère Teresa ou d'une Sœur Emmanuelle. Si nous ne compliquons pas une vérité simple, nous serons d'accord pour reconnaître que le moteur de toutes les existences, c'est d'éviter la souffrance et de chercher le bonheur et que ce moteur se ramifie dans toutes les craintes et tous les désirs propres à chacun d'entre nous.

Or, l'affirmation des voies spirituelles, c'est que ce bonheur véritable existe et qu'il est indépendant des circonstances. Il ne dépend plus de ce que la vie nous donne, nous refuse ou nous enlève après nous l'avoir donné, autrement dit, il ne dépend plus de l'avoir mais il est inhérent à l'être, intrinsèque. C'est une qualité ou une propriété de la conscience d'être. C'est pourquoi les hindous disent communément *sat-chit-ananda* qu'on traduit par être-conscience-béatitude. Dans la vie ordinaire, ce qui nous intéresse avant tout, ce sont les objets, c'est-à-dire tout ce dont un sujet peut prendre conscience alors que, du point de vue spirituel, ce qui devient essentiel, ce ne sont plus les objets mais le sujet, celui qui veut, ne veut plus, aime, n'aime plus, désire, refuse. Quand on parle ainsi, la première objection qui vient à l'esprit est de qualifier d'égoïsme l'intérêt pour ce sujet. « Il ne faut pas s'intéresser à soi-même, c'est de l'égocentrisme, il faut au contraire s'intéresser à tout ce qui nous entoure, notamment les autres êtres humains. » Si on y regarde de plus près, on s'aperçoit que cette approche, loin d'être égoïste, va au contraire nous permettre une attitude beaucoup moins dépendante, donc beaucoup plus libre, puisque nous serons moins à la merci de l'extérieur et notamment des autres. Moins on dépend des autres en ce qui concerne cette poursuite fondamentale du bonheur, plus on peut se tourner vers eux d'une manière réellement désintéressée – ce n'est pas qu'on ne s'intéresse plus aux autres mais on cesse d'être « intéressé ». Bien entendu, cette réponse n'envisage pas la méthode, la voie qui permet d'accéder et de s'établir dans ce bonheur non dépendant.

LAMA DENIS. Je ne puis que confirmer en apportant quelques éclairages du point de vue du dharma. Comme vous le savez, le fondement du dharma part de l'expérience du mal-être, de *duhkha*. Dans son premier sermon au Parc des Gazelles, le Bouddha énonça les quatre nobles vérités : la réalité du mal-être comme expérience, l'origine du mal-être, la possibilité d'une émancipation, d'une libération et la voie qui y conduit. Donc, la problématique de notre vie et du cheminement spirituel tourne autour du bonheur ou, si vous voulez, du mal-être. En fait, le bonheur est clairement l'antithèse du malheur. L'origine des problèmes est effectivement en nous. Plutôt que de chercher le bonheur dans les objets extérieurs en les possédant et d'en être donc dépendant, il s'agit de découvrir en soi les causes de la souffrance et, par une pratique qui constitue précisément le cheminement, de dissoudre peu à peu celles-ci. C'est ce qu'on appelle la pratique du dharma et aussi la pratique de la méditation. Il y a donc un recentrage vers l'intérieur au sens où nous portons en nous les causes de nos conditionnements et, par là même, de nos souffrances : l'accession au bonheur est possible par la compréhension de ce qui nous aliène. Mais, au niveau essentiel, il ne s'agit pas tant d'une question d'objet ou de sujet que d'une question de relation, de type de relation qui se développe entre moi, en tant que sujet, et les circonstances, les événements du monde qui m'entourent.

Donc, toute la pratique est d'apprendre à développer une relation juste aux situations du quotidien. La relation juste est d'abord une relation qui n'est pas conflictuelle, qui n'est pas fondée sur les passions, les pulsions agressives, sur des attitudes égotiques, sur les appétits de l'ego. Dans une attitude d'amitié, de réconciliation, de sérénité par rapport aux objets – objet recouvrant tout ce avec quoi on peut être en relation – se découvre la possibilité d'une paix et d'un bonheur, celui-ci, du point de vue du dharma, ne dépendant pas des situations mais de la relation que l'on entretient avec celles-ci. On peut être nanti matériellement, avoir, au niveau conventionnel, tout ce qui devrait amener un « état paradisiaque » et être profondément angoissé, malheureux. Et à l'inverse, des personnes qui, selon nos normes occidentales, sont dans un état misérable, peuvent être rayonnantes, joyeuses et imprégnées de bonheur. Donc, le point essentiel me semble qu'il ne s'agit pas tant de la situation en elle-même que de la relation que l'on a à la situation. Et le bonheur se trouve dans la découverte de la relation juste et finalement, au niveau ultime, dans le dépassement même de toute relation.

Dans le quotidien, ce qui constitue justement la relation c'est l'émotion. Comment la relation peut-elle exister sans l'émotion ?

LAMA DENIS. En ce qui concerne le bonheur, un premier point important semble de voir que celui-ci, tout en étant relativement dépendant de l'environnement, est surtout dépendant de la façon dont on se place dans cet environnement ou la façon dont on vit la relation à celui-ci. On pourrait dire que le bonheur vient de l'harmonie que l'on est capable de développer avec l'environnement. Harmonie ici signifiant l'adaptation, le fait d'être en adéquation avec la situation, le vécu de notre environnement. Cet environnement en soi n'est fondamentalement ni bon ni mauvais, il y a toujours dans un environnement une qualité positive et la capacité à être heureux, le bonheur découlant de notre capacité à être en harmonie avec ce qu'il y a de sain, de positif dans cet environnement. Les situations peuvent toujours être vécues en positif ou en négatif, non pas ici particulièrement en termes de jugement et d'évaluation conceptuelle mais en termes d'expérience directe, d'expérience immédiate. Même dans un environnement qu'on qualifierait habituellement de difficile, si l'on expérimente cet environnement de façon très simple, très directe, sans surimposer à celui-ci notre confusion, notre attitude conflictuelle, il y a une capacité à traiter de façon simple les problèmes qui se posent à nous. Il ne s'agit pas tant de fuir, de refuser les problèmes que de savoir les traiter de façon essentielle, fondamentale. Le bonheur ne réside pas dans le fait de n'avoir aucun problème mais dans la capacité à bien gérer ceux-ci.

Une relation avec ou sans émotion dépend largement de ce que l'on entend par émotion. Il peut y avoir une relation juste, une relation conflictuelle, il peut y avoir une émotion saine, il peut y avoir une émotion conflictuelle. Une émotion conflictuelle est celle dans laquelle il y a une relation dualiste à notre environnement, en termes d'attraction, de répulsion ou même d'indifférence, de refus d'expérimenter la situation. Les émotions conflictuelles viennent du refus d'expérimenter la situation telle qu'elle est, dans sa réalité foncière et elles amènent une disharmonie, un décalage. C'est cette absence de synchronisation de notre personne, de notre corps, de notre parole, de notre esprit avec la situation qui amène le conflit et, dans le conflit, douleur, malheur. Le bonheur venant à l'inverse d'une synchronisation, d'une harmonisation dans laquelle il y a une relation qui est une ouverture à la réalité de la situation, de l'environnement, une acceptation de celui-ci. Dans l'acceptation de l'environnement tel qu'il est, dans l'ouverture de notre esprit à l'expérience de l'environnement tel qu'il est, vient une sorte de participation, de communion avec la situation, une relation dans laquelle on « participe avec », que ce soit agréable ou désagréable, et il y a dans cette participation une intensité, une densité d'expérience que l'on peut aussi appeler émotion mais à ce moment-là émotion par participation. Émotion qui vient d'une rencontre authentique de l'autre, comme personne ou comme environnement en général. Il y a donc une relation qui va dans le sens de la participation, de la communion, et finalement aussi de l'absence de relation en termes de moi et d'autre, d'expérimentateur et d'expérimenté. Cette ouverture-participation est aussi une intelligence de cœur, une sagesse du cœur en laquelle nous avons une capacité très aiguë à travailler avec la situation et à être en harmonie avec celle-ci, ce qui permet d'amener la solution la meilleure, la plus intelligente qui puisse être.

ARNAUD. A ce sujet, Swâmi Prajnanpad, disait : *Everything is in the taking in,* tout est dans le fait de prendre au-dedans et dans la manière dont on prend. D'ailleurs, nous avons la même expression en français, quand nous demandons à propos d'une nouvelle annoncée à quelqu'un : « Alors, comment l'a-t-il pris ? – Eh bien, il l'a très mal pris », ou, au contraire : « Il l'a plutôt bien pris. » Idéalement, le mieux serait de ne pas prendre, de laisser les choses être là, à leur place, de donner à chaque événement, à chaque situation, le droit d'être ce qu'ils sont, d'en être conscient et de répondre à la situation si celle-ci demande une intervention de notre part. Cette manière de s'exprimer peut paraître surprenante mais, si on l'approfondit, elle peut conduire assez loin. Ne pas prendre, laisser chaque réalité, chaque phénomène à sa place : ni se projeter sur lui ni s'en emparer. C'est une façon de pointer vers une relation libre. Est-ce que vous êtes d'accord avec cette manière de dire ?

Lama Denis : Tout à fait. C'est dans la présentation classique du dharma ce que l'on appelle les deux niveaux de réalité. Il y a d'abord l'apprentissage d'une relation juste au niveau relatif ou relationnel ; et à ce niveau relationnel, il s'agit de bien prendre, de prendre ce qu'il est juste de prendre et de l'appréhender de la façon adéquate, on peut dire aussi de bien faire. On appelle cela traditionnellement « le développement de bienfait » qui consiste à agir de façon juste et à bien prendre les événements qui se présentent à nous. On les prendra bien dans la mesure où on sera capable de les accueillir d'une façon qui n'est pas passionnelle. Plus l'on met de passion et d'agression dans la relation à l'événement, moins on le prend bien.

Le niveau ultime est l'apprentissage du dépassement même de la prise ou de la saisie. Il s'agit de ne plus être fixé du tout sur les choses ; c'est dans cette non-saisie, non-fixation que se développe une expérience immédiate au-delà de la relation. Cette expérience est le niveau le plus profond du bonheur, qui n'est pas un bonheur dans lequel quelqu'un est là pour jouir de cet état mais qui est, précisément, l'absence même d'une satisfaction au sens relationnel. C'est une libération du cadre relationnel dans lequel on existe et que l'on expérimente habituellement.

Laissons de côté cette perspective ultime si vous le voulez. Au niveau relationnel qui nous concerne habituellement, il s'agit donc d'apprendre une relation juste. On le fait avec certains points de repère qui nous dirigent dans nos actions et, ensuite, une qualité d'attention, de vigilance s'éveille petit à petit dans ce qu'on appelle la méditation, ce qui nous permet de bien prendre, de prendre simplement sans investir d'agressivité passionnelle.

L'harmonisation à l'autre ou aux situations est-elle synonyme d'acceptation ?

LAMA DENIS. Il ne s'agit pas tant de s'harmoniser à l'autre de façon consciente, sciemment, qu'effectivement d'accepter la réalité telle qu'elle est. C'est une approche réaliste, l'acceptation permettant l'ouverture, au-delà du refus, de l'appropriation, de la manipulation, une expérience dans laquelle on accepte pleinement d'être dans la situation, d'être avec la situation, et même encore plus d'être la situation. Elle est notre expérience et notre expérience est ce que nous sommes. C'est dans cette participation que se trouvent le sentiment juste et la possibilité d'une réponse intelligente.

Si on est en adéquation avec la situation, est-ce que des émotions habituellement négatives peuvent être justes, comme la colère par exemple ?

LAMA DENIS. On peut facilement mal comprendre ce que signifie « être la situation ». Il ne s'agit pas de s'identifier à la situation mais on pourrait dire à l'inverse que c'est en laissant tomber notre individualité, notre identité, les réactions de notre ego que l'on entre profondément dans l'expérience de la situation et, à ce moment-là, différentes réponses sont possibles. Il ne s'agit pas, nous l'avons vu, d'accepter au sens d'une résignation, d'une acceptation auto-agressive mais d'une ouverture dans laquelle il y a une intelligence beaucoup plus vive qui permet de danser avec les situations. Il peut y avoir une réponse forte, néanmoins cette réponse ne sera pas de la colère au sens habituel. Pour celui qui arrive véritablement à l'expérience de ce dont il s'agit, ce qui aurait été une énergie de colère devient une énergie de sagesse. Maintenant, de toute évidence, ce n'est possible que pour quelqu'un qui a une profonde expérience de la méditation; sur la voie, en attendant que celle-ci devienne une réalité, on a besoin d'une discipline, d'une pratique avec la vie quotidienne qui fasse appel à des références, des points d'appui qui nous guident. C'est le sens de la discipline extérieure et de la discipline intérieure qui gouvernent nos actions, entendu que la discipline juste, extérieure ou intérieure, va toujours dans le sens de cette discipline essentielle qui, dans sa nature, est finalement l'harmonisation et la participation immédiate à la situation de l'instant. La discipline dans ce qu'elle a de conventionnel émerge de la discipline essentielle, c'est un moyen de rencontrer celle-ci. La discipline relative est un ensemble de points de repère qui permet au niveau relatif d'aller dans le sens de la discipline essentielle.

La discipline essentielle est-elle l'absence de fixation ?

Lama Denis : La discipline essentielle est cette participation-harmonisation qui se réalise spontanément dans l'état de non-fixation qu'est l'expérience authentique.

Les désirs

Question à Arnaud. *A propos de l'extinction des désirs, j'ai lu dans vos ouvrages que Swâmi Prajnanpad conseillait de tenter la satisfaction intelligente de ceux-ci. Dans ma vie, c'est ce que j'ai l'impression de faire mais le désir revient ensuite quinze jours plus tard. Faut-il encore aller jusqu'au bout de ce désir et quand cela va-t-il s'arrêter ?*

ARNAUD. Là, vous posez une question de base. Toute voie spirituelle ne peut pas ne pas tenir compte des désirs, de leur diminution et de leur extinction mais ce thème demande une étude et une réflexion poussée. En quoi les désirs sont-ils un obstacle sur la voie de la réalisation et de quelle réalisation s'agit-il? Tout est mis en cause dans une question comme la vôtre puisque la donnée première, c'est que l'homme est constitué de ses désirs. Cette question de l'érosion des désirs, qui est une traduction possible du sanscrit *vasanakshaya*, est un point très délicat qui demande de bien comprendre la méthode. Ce qui est sûr, c'est que, à défaut d'être sans désir, les désirs peuvent diminuer, être de moins en moins contraignants afin que nous soyons de plus en plus libres, même s'il reste encore certains désirs et, par conséquent, certaines peurs. La diminution de la puissance des désirs est un processus progressif.

LA MÊME PERSONNE. *J'ai pris conscience qu'effectivement cette source des désirs était inépuisable et cela m'a déjà fait progresser.*

ARNAUD. La source des désirs est inépuisable parce que chaque désir est l'expression limitée du désir d'absolu, de plénitude que chacun porte en soi. Comme nous venons de le dire, nous croyons à tort que nous allons trouver le bonheur dans les situations, dans les objets et pendant un moment, en effet, nous sommes heureux quand nous accomplissons un désir sans réaliser qu'en fait le bonheur est intrinsèque, inhérent à l'être et que les désirs ne font que nous exiler de cet état de bonheur. Au moment où le désir est accompli, il se produit une détente qui nous met en contact avec cette qualité d'être qui est le bonheur et nous en concluons que si nous avons été heureux, c'est parce que nous avons atteint notre but ou accompli notre désir. Cette émotion heureuse ne dure pas et nous projetons, de nouveau, notre bonheur dans l'accomplissement d'un autre désir ou, inversement, dans le fait d'éviter des situations qui nous paraissent fâcheuses.

LA MÊME PERSONNE. *Je trouve que ça développe en moi la dualité parce qu'il y a celle qui voudrait être et celle qui dit, non, j'ai encore envie de...*

ARNAUD. Naturellement il ne suffit pas de se dire : « Arrête, ça ne sert à rien d'accomplir indéfiniment les désirs. » Il faut une compréhension beaucoup plus profonde pour qu'un désir perde de sa puissance et lâche prise, mais cette compréhension du jeu des désirs, de leur diminution et finalement de la liberté par rapport aux désirs représente des années de mise en pratique et de réflexion.

LA MÊME PERSONNE. *Est-ce qu'il ne s'agit pas, plutôt que de ne plus avoir de désirs, d'avoir un non-attachement par rapport à ses désirs. Par exemple, quand vous écrivez un nouveau livre, c'est à partir d'un désir mais si votre livre ne marche pas ou si, pour une raison ou pour une autre, vous n'arrivez pas à le finir, vous n'en serez pas peiné pour autant. Prendre conscience qu'on a envie de faire une chose peut être une étape mais si on n'y arrive pas, on peut ne pas en souffrir au lieu de se dire « je suis nul parce que je n'ai pas réussi ». Au moins, on a essayé. Mais là, il y a quand même désir.*

ARNAUD. Je suis d'accord avec vous. Swâmi Prajnanpad m'a beaucoup aidé, un jour où j'employais l'expression hindoue habituelle, *desireless*, qui veut dire sans désir, en me corrigeant : « *not desireless, desirefree* », pas sans désir mais libre du désir. Cela nous paraît déjà plus accessible et c'est exactement ce que vous dites. Le désir est là, s'il peut être accompli, très bien, s'il ne peut pas être accompli, très bien. Il faut aussi s'entendre exactement sur le sens que nous donnons au mot désir. Par exemple, le fait d'écrire un livre ne procède pas forcément d'un désir.

LA MÊME PERSONNE. *J'ai l'impression qu'avant de faire quelque chose, on le désire. Quand on mange quelque chose, avant de le manger, on a désiré manger.*

ARNAUD. Votre remarque est très illustrative de la difficulté inhérente à tout chemin concernant le sens des mots. Quel sens donnons-nous au mot désir? Si vous avez très besoin d'uriner, allez-vous parler d'un désir de faire pipi? Oui ou non? Auquel cas le plus grand sage n'est pas libre des désirs. Faut-il dire en l'occurrence désir, besoin, nécessité? Ces questions ne peuvent pas trouver de réponse en quelques minutes. Il faut vraiment payer le prix en réflexion, en observation, en mise en pratique, celle-ci soulevant ensuite de nouvelles questions, pour comprendre le contenu des mots sur un chemin. Le sage agit mais peut-on dire que le moteur de ses actions soit le désir? Qu'est-ce qu'on appelle pure spontanéité, *spontaneous action*?

LA MÊME PERSONNE. *Pour moi, le mot désir suppose une pulsion très forte. Pour reprendre l'exemple de tout à l'heure, lorsque j'achète quelques vêtements, je me fais plaisir et je reste tranquille quelque temps. J'ai aussi tenté de mettre en pratique la vigilance pour être libre du désir, ce qui m'a fait beaucoup de bien, mais arrive un moment où resurgit la pulsion et j'ai de nouveau envie d'acheter des vêtements malgré mes essais de mise en pratique.* (Rires.)

ARNAUD. Exactement. Ce que nous pouvons en conclure, c'est qu'il n'y a pas une méthode passe-partout qui s'appliquerait à tout le monde, comme si on disait à tout le monde « vous voulez être libre un jour du désir, je vous donne un mantram, vous répétez ce mantram et vous serez libre du désir. » Chacun doit se confronter à ses propres désirs et trouver comment s'en libérer peu à peu. C'est une tâche immense sur laquelle on pourrait écrire un livre entier. Dans quelle mesure l'accomplissement des désirs d'une manière beaucoup plus consciente peut-elle nous amener progressivement à ce que ces désirs tombent d'eux-mêmes, quel rôle doit jouer, dans cette approche, la compréhension profonde, aiguë du mécanisme même du désir ? Être libre du désir est un processus qui va prendre des années et seule une vaste démarche d'ensemble nous permettra d'émerger de ce monde des désirs changeants, parfois contradictoires, que nous acceptons ou condamnons plus ou moins au nom de notre propre éthique. Si vous me demandez ce que je peux dire d'important à ce sujet en une phrase, je dirai : surtout pas cette division, cette dualité dont vous avez parlé qui condamne un désir ou qui s'en veut d'éprouver un désir.

La même personne. *Je me souviens de l'exemple que vous donnez dans un de vos livres à propos du petit déjeuner que vous preniez avec deux croissants, opération que vous renouveliez ensuite parce que vous aviez envie d'un second petit déjeuner...*

Arnaud. Si je prends trois petits déjeuners tous les jours, je finirai par m'en repentir... *(Rires.)*

La même personne. *Il faut assouvir ce désir-là...*

Arnaud. Dans certains cas, à certaines conditions, assouvir le désir sera bénéfique mais, à soi tout seul, cela ne suffit pas. Ensuite, à quelle condition est-ce que j'assouvis le désir ? En ce qui concerne ce que j'ai pu dire ou écrire moi-même, j'ai vu, malgré les précautions que je prends dans mes livres, qu'ils sont souvent mal compris. Beaucoup trop de personnes qui lisent les livres d'Arnaud Desjardins en ont conclu qu'il fallait « accomplir les désirs pour en être libre ». Simplement, il suffit de rajouter une petite formule magique : « J'accomplis mes désirs mais *consciemment* et pour en être libre », moyennant quoi vous pouvez devenir vraiment l'esclave de vos désirs pour une bonne série d'existences. On ne sait pas trop en quoi consiste ce « consciemment » et, quant au fait d'être libre du désir, c'est toujours remis à plus tard.

En face de tout désir, vous pouvez déjà vous poser la question : est-ce que le fait de ne pas accomplir ce désir représente vraiment une mutilation, une frustration ou est-ce le mental qui considère que ce désir est si important, auquel cas, en regardant lucidement, il se peut que le désir tombe. Si déjà vous emportez cette idée, cela peut vous aider.

LAMA DENIS. Le désir, dans le dharma, est effectivement la racine de tous les problèmes. Désir en tibétain se dit *deutcha, deu* signifiant aussi bien vouloir que désirer, aspirer à et *tcha* qui signifie attachement. Donc, le désir, c'est l'attachement au vouloir. C'est l'attachement au vouloir posséder, au vouloir avoir, au vouloir ne pas avoir, au vouloir rencontrer, au vouloir éviter, au vouloir être ou même au vouloir ne pas être, désir d'existence, désir de non-existence ; l'on n'est libre du désir que lorsque l'on est libéré de l'existence et de la non-existence. Quiconque est a des désirs, au sens large, c'est-à-dire des pulsions de l'ego dans le sens de l'attraction, dans le sens de la répulsion, désir de possession, désir de rejet. N'est finalement libéré du désir que celui qui est... « personne ».

Pour ce qui est du cheminement par rapport au désir, il s'agit effectivement de ne pas le réprimer car en rejetant le désir, en le refoulant, il réémerge avec d'autant plus de violence. Maintenant, savoir accepter un désir et éventuellement l'accomplir comme une façon de ne pas le refouler est une chose, mais le pas qu'on aurait facilement tendance à franchir, c'est le passage à l'acte de tout désir. La relation face au désir est la même dans la pratique que la relation face aux émotions – le désir est une émotion – qui consiste donc à le voir, à l'accepter, mais simplement, sans jugement, sans idée telle que je ne devrais pas avoir de désirs. A ce moment-là, dans une relation très simple, on a une attitude beaucoup plus saine.

L'attitude de neutralité face au désir ne signifie pas du tout devenir des personnes mièvres. On dit souvent : « Le désir est le sel de la vie, vouloir travailler avec les désirs dans le sens du dépassement de ceux-ci, c'est affadir la vie, on ne vit que par ses désirs. » On n'est pas conditionné que par ses désirs mais avoir une relation dégagée par rapport aux désirs permet de vivre pleinement l'énergie de la situation sans être prisonnier de celle-ci. La pratique méditative nous apprend d'abord à accepter le désir, à avoir une attitude transparente sans se fixer et, à ce moment-là, l'acceptant dans sa réalité, on peut travailler avec la situation. Ensuite, lorsque véritablement il n'y plus de fixation, il n'y a plus quelqu'un pour s'approprier l'énergie qui était initialement celle du désir, le désir n'est plus alors à proprement parler un désir mais devient une expression de la sagesse. Ainsi, dans la tradition tantrique, on parle de la transmutation du désir en sagesse du discernement. C'est une énergie qui permet de discerner, mais ce discernement n'est pas fondé sur des fixations. Si l'on peut aller jusque-là, le désir devient, suivant une image souvent utilisée, du bois qu'on apporte au bûcher de la sagesse, d'où certaines fois, une utilisation sacrée du désir. Mais cette transmutation de l'émotion et du désir n'est possible que par la perte de celui qui veut jouir du désir, la perte de toute fixation, la perte du possesseur et de l'observateur.

Désir-attachement

Est-ce qu'on peut dire qu'à côté du désir-attachement, il existe un désir moins aliénant qui nous pousse à nous dépasser sans cesse, à aller vers plus d'ouverture, et peut-on encore alors parler de désir ?

LAMA DENIS. C'est ce qu'on pourrait appeler le désir de non-désir. C'est certainement encore un désir mais dans le dharma on dirait que c'est un bon désir. Il y a des désirs aliénants comme les passions et il y a des désirs qui sont des aspirations vers l'au-delà des passions, vers l'au-delà des illusions, vers l'éveil. Nous avons évoqué ce thème précédemment à propos de la question : « Faut-il abandonner tout but, tout désir de progrès ? » Il est nécessaire d'avoir sur la voie un désir d'éveil ou de libération mais, arrivé à un certain point, ce désir peut devenir un obstacle. Dans la pratique essentielle de la méditation, il s'agira donc de développer l'expérience d'être sans espoir et sans crainte, sans désir que quelque chose n'arrive, sans désir que quelque chose n'arrive pas. Le désir anime la relation dualiste à l'autre, qu'elle soit positive ou négative. C'est toujours une relation de désir. Donc dans un premier temps, au niveau relatif, il est bon et pratiquement inévitable que se développe le désir de libération mais ensuite, dans l'expérience profonde de la pratique, il s'agit que s'éteigne tout désir, vouloir dépasser les désirs étant encore un désir de dépassement. Dans la pratique essentielle, sans être attisé par le mental, le désir s'éteint et cette dissolution, cette extinction du désir est celle de l'expérience non dualiste, ce qu'on appelle aussi le nirvana, la libération.

Est-ce qu'on pourrait l'exprimer en disant que le désir

n'est plus l'expérience du manque mais que par la pratique de la méditation il devient plénitude ?

LAMA DENIS. Il y a dans tous les désirs une expérience de manque et de plénitude. Déjà dans un désir habituel, il y a le manque de ce que l'on désire, la satisfaction d'un désir amenant temporairement une plénitude relative, transitoire et évanescente. Au niveau profond, c'est en passant par l'expérience du manque, de la perte telle que nous pouvons l'éprouver dans l'ennui, qui est une absence de distractions, ou à un niveau encore plus fondamental dans l'expérience du manque ou de la perte d'identité, de références, de ce comme quoi nous nous vivons habituellement, que peut naître une expérience non conceptuelle qui est celle de l'éveil. Dans cette perte radicale naît l'expérience de l'éveil, qui est l'expérience de la richesse et de l'énergie de toutes les qualités éveillées.

ARNAUD. En dehors de cette idée d'accomplir consciemment le désir pour en être libre – la libération ne pouvant pas être le fruit de la frustration – une autre ligne essentielle est celle de la réflexion, de la compréhension de la nature même du désir et de l'investigation sur celui qui désire. Tout désir se ramène à une tentative pour supprimer la dualité. S'il y a deux, je me sens limité : ici je m'arrête et là le non-moi commence. Or nous n'acceptons pas la dualité et nous tendons tous – même ceux qui n'ont jamais entendu parler de spiritualité – vers la non-dualité. Cette dualité est vécue en mode d'attraction et de répulsion : j'aime, je n'aime pas. Dans l'attraction, j'essaie de m'emparer de ce qui se présente comme autre que moi et, si je parviens à le faire mien, à l'unir à moi ou à m'unir à lui, l'impression de dualité est momentanément effacée. L'enfant prend les choses et les met dans sa bouche, ce qui est une belle manière de supprimer la dualité. L'attraction est une pulsion, pour reprendre le terme utilisé dans la question de tout à l'heure, visant à supprimer la dualité qui me fait sentir ma limite.

En mode de répulsion, il faut que je fasse disparaître ce que je n'aime pas. Et pour cela, il y a deux possibilités : l'une, c'est la destruction – si on pouvait avoir le rayon laser des films de science-fiction, comme ce serait agréable de volatiliser ce qui nous dérange! –; l'autre, c'est la fuite – si je peux mettre trente mille kilomètres entre ce que je n'aime pas et moi, de nouveau la dualité a disparu. Seulement, c'est chaque fois au coup à coup, si je puis dire, aussi bien en ce qui concerne l'attraction, prendre, s'approprier de mille et une manières, qu'en ce qui concerne la répulsion, détruire ou fuir – avec toutes les formes d'agressivité, telles qu'une parole blessante bien envoyée ou détruire purement et simplement en tuant.

Tous les désirs se ramènent à l'une de ces trois modalités : supprimer la dualité par l'union ou supprimer la dualité par la fuite ou la destruction. Cela va durer combien de temps? Est-ce que je vais passer ma vie à essayer d'éliminer ce qui me gêne ou de l'éviter à tout prix et d'acquérir tout ce que je convoite dans une poursuite toujours à recommencer jusqu'à ce que je sois mort? Et pourquoi ne pas recommencer dans l'existence suivante? Cela n'aura jamais de cesse. Précisément, est-ce que cela pourrait cesser? Si j'arrive à faire disparaître la conscience de la dualité, je n'aurai plus besoin ni d'acquérir, ni de fuir, ni de détruire. C'est une approche possible. Je sais combien cette manière de voir m'a aidé à une certaine époque, peut-être pourra-t-elle aider l'un ou l'autre d'entre vous.

La sexualité

UNE FEMME. *J'aimerais maintenant que vous parliez de la sexualité. Peut-on en parler ici sans tabou?*

ARNAUD. Je suis d'accord avec vous que c'est un thème dont personne ne peut faire l'économie, pas plus un moine ou une moniale que qui que ce soit d'autre. Mais le sujet est si vaste que je ne vois pas par quel côté l'aborder pour ne pas faire un exposé didactique général, sans intérêt pour vous, sur le rôle de la sexualité sur la voie.

LA MÊME PERSONNE. *Peut-être pourriez-vous parler alors de la nécessité de s'octroyer le droit d'être heureux avec cette sexualité.*

ARNAUD. L'énergie sexuelle, au sens large du mot, c'est l'énergie fondamentale de la manifestation. Dès qu'il y a manifestation, qu'on n'est plus au plan de l'absolu, apparaît la sexualité au sens large, c'est-à-dire la dualité, la bipolarité, la complémentarité, la relation. Comme je le disais à l'instant à propos du désir, dès qu'il y a deux, il y a tentative pour dépasser cette dualité et retrouver la non-dualité. La sexualité et les sentiments affectifs qui l'accompagnent sont une modalité particulière de cette grande loi.

Cependant, nous ne pouvons pas immédiatement nous situer au niveau métaphysique, même s'il existe des yogis ou des moines capables de canaliser toute leur énergie sexuelle dans la méditation. Tout être humain est animé par cette force sexuelle, masculine ou féminine, et il a toujours été reconnu que l'on ne pouvait pas tricher avec cette énergie. On peut l'utiliser autrement que dans la vie sexuelle normale mais la sexualité mal vécue, réprimée, refoulée, associée à des peurs et à des mauvais souvenirs éventuels, peut faire des ravages. Une recherche intransigeante alliant le réalisme et le courage est donc indispensable dans ce domaine. Mais je tiens à préciser qu'il n'y a pas que la vie sexuelle habituelle, c'est-à-dire l'accouplement de l'homme et de la femme, qui permette un épanouissement. L'énergie sexuelle peut être utilisée dans d'autres directions.

Ce qui prédomine pour l'enfant, c'est la nécessité de grandir, donc d'être protégé par le milieu familial; il fait bien des incursions au dehors mais, pour lui, le centre c'est le foyer. Et à partir de la puberté, apparaît le désir d'aller à la rencontre du monde, de s'exposer, de prendre des risques et de se dépasser. En résumé, de rencontrer et pas seulement de se protéger. C'est l'énergie sexuelle qui est à l'œuvre dans tout ce qui est rencontre ou découverte depuis celle, en effet, du sexe opposé jusqu'à la passion de la mer ou de la montagne. L'important, c'est qu'il y ait une utilisation normale de l'énergie sexuelle qui ne conduise pas au refoulement, aux inhibitions et aux utilisations désordonnées de cette pulsion. L'énergie sexuelle est une grande force qui, si elle n'est pas utilisée comme elle devrait l'être, est consommée, si je puis dire, par la pensée, par l'émotion, par la gesticulation avec une tendance aux excès allant de la virulence dans les propos à la violence pure et simple et à toutes sortes de comportements complètement inutiles. Elle ne doit donc pas passer dans n'importe quels fonctionnements sous peine que ceux-ci ne deviennent névrotiques.

Lama Denis. Lorsque l'on parle de tabous, il ne me semble pas qu'à l'heure actuelle la sexualité soit le tabou majeur. C'est même souvent un sujet dont on parle relativement aisément et il est d'autres sujets qui sont plus tabous comme, par exemple, la mort. Il y a, dans la perspective du dharma, différentes façons de traiter de sexualité, suivant la maturité intérieure que l'on a. Dans la tradition tantrique du vajrayana, la sexualité est envisagée comme le moteur de la manifestation ou comme la manifestation elle-même. Il y a l'énergie fondamentale de la dualité, la polarité de l'ego qui est utilisée pour décrire le monde dans une perspective sexuée. Dans la perspective des tantras, le cheminement spirituel et la méditation donnent à la sexualité une dimension sacrée.

Certains d'entre vous sont peut-être familiers de l'iconographie tantrique dans laquelle on voit Heruka et Dakini, c'est-à-dire le principe masculin et féminin, en union sexuelle. Cette union sexuelle est le symbole de la non-dualité – masculin-féminin réunis dans une union qui est génératrice de ce qu'on appelle *mahasukha*, la grande félicité. Cela est susceptible, en fait, d'applications à différents niveaux et la perspective du tantra est d'utiliser cette énergie potentielle latente dans toute relation et dans toute expérience dualiste comme un moteur du cheminement spirituel – plutôt que de refuser ou de refouler cette réalité, elle est utilisée. Comme dans les arts martiaux qui utilisent la force de l'adversaire pour le faire culbuter, ici la force du désir et de la passion est utilisée pour aller au-delà même de la passion dans sa dimension ordinaire et dualiste et arriver à l'expression de la passion pure, de la passion non dualiste qui est l'énergie même de l'éveil.

La pratique de la méditation est une histoire d'amour, non pas d'un amour possessif dans lequel on veut s'approprier et garder l'autre, le faire rentrer dans son territoire et le tenir prisonnier, mais un amour dans lequel on s'abandonne à l'aimé, on se donne à lui. Et dans cet abandon se développe une expérience de participation à l'autre, vous pourriez dire de communion mais il vaut mieux, pour éviter les malentendus, dire de participation. On est un avec l'autre en s'étant donné, abandonné à lui. Certaines approches de la méditation utilisent justement la relation sexuelle et cette relation d'amour comme support de méditation. Le tantra est la voie de l'énergie et de la transmutation de celle-ci. Ses différentes pratiques permettent d'utiliser l'énergie des passions et de la sexualité et d'en faire, par leur transmutation, un facteur d'éveil. Dans l'expérience, on peut approcher la non-dualité entre deux pensées ou encore dans le sommeil profond ; il est d'autres circonstances, comme par exemple le moment de l'orgasme qui est le prototype du lâcher-prise et, dans ce lâcher-prise, d'une expérience d'un instant de participation pleine, de non-dualité.

Donc les méditations du tantra utilisent des supports symboliques, cette perspective amène à une expérience dans laquelle on dit que le vajra de l'esprit, le sceptre qui est un symbole masculin, pénètre, dans une union non dualiste, le lotus qui est le symbole féminin par excellence de la vacuité. Et dans cette pénétration du vajra, de la connaissance immédiate, en le lotus de la vacuité, tout mouvement est *mahasukha*, grande félicité, et l'éveil dans cette perspective est un orgasme éternel. C'est une façon différente de parler de mêmes réalités mais elle a un pouvoir évocateur, transformateur et profondément dynamique.

La passion pure

Comment la passion peut-elle être non dualiste si ce n'est dans le sens d'une totale aliénation où je ne vis que par l'autre ?

Lama Denis. Vivre par l'autre est une forme d'expérience totalement dualiste dans laquelle l'autre devient l'unique point de référence pour moi. C'est une situation dans laquelle notre existence est complètement dépendante de l'autre et aliénée à celui-ci, ce qui est totalement différent d'une expérience d'ouverture à l'autre, de rencontre de l'autre, de partage avec celui-ci, ce qu'on peut appeler l'amour. L'amour authentique n'est pas une attitude de passion, de possession, de fixation sur l'autre mais réside dans la capacité à s'ouvrir à l'autre, à s'abandonner à celui-ci, à vivre l'autre comme plus important que soi et à se laisser partir vers lui et en lui. Il y a dans l'amour authentique cette qualité d'ouverture, de participation, de lâcher-prise qui permet une rencontre véritable, une communion, une rencontre de l'autre en laquelle on n'est plus deux. Cet amour de participation, de rencontre non dualiste, revêt une intensité, une force beaucoup plus grande qu'un amour passionnel habituel.

Dans la passion ordinaire, on semble aussi ne faire qu'un mais c'est quand même une forme d'aliénation ?

LAMA DENIS. En fait, quand on est un, on est toujours deux, c'est un point souvent mal compris. Le sentiment d'être un se vit dans l'expérience d'un observateur qui est un avec ce qui est là, mais ce qui est là et l'observateur qui est un avec font deux. L'expérience de l'un est une expérience dualiste. Ce à quoi nous faisons allusion est l'expérience dans laquelle précisément l'observateur n'est pas là même pour vivre, juger et évaluer l'expérience qui serait sienne en termes d'un. C'est l'absence du possesseur de l'expérience, du témoin de celle-ci. Certaines fois, on utilise de façon métaphorique la notion « d'être un avec », ce qui est juste, bien compris mais mal compris peut amener toutes sortes de confusions et de déviations. Il y a une grande différence entre être un avec et ne pas être deux, entre l'observateur témoin qui s'identifie à l'expérience et l'absence d'observateur témoin qui laisse l'expérience être telle quelle.

Être un, ce n'est pas être identifié avec ?

LAMA DENIS. Être non deux c'est finalement être absent

de l'expérience en tant qu'observateur, témoin, juge, appréciateur, évaluateur. C'est l'expérience sans nous, sans ce point de référence selon lequel nous nous vivons habituellement, qui se positionne au centre d'un vécu en se l'appropriant.

ARNAUD. C'est la même idée qu'on retrouve dans les Upanishads majeures où le mot *maïthuna*, qui signifie accouplement sexuel, est utilisé aussi dans un sens spirituel. La divinité est représentée comme un homme et une femme si complètement enlacés que l'homme ne sait plus s'il est homme ou femme et la femme ne sait plus si elle est femme ou homme. On rencontre aussi dans les Upanishads des comparaisons de l'état d'accomplissement intérieur avec un orgasme permanent.

Il y a une question qu'on peut aussi se poser. Dans notre monde occidental où les mœurs facilitent la vie sexuelle, où les ouvrages sur la sexualité ou la sexologie abondent, où presque chaque numéro de *Elle* ou de *Marie-Claire* consacre un article à l'orgasme féminin, comment se fait-il qu'il y ait tant d'êtres humains qui ne soient pas vraiment heureux dans leur vie sexuelle ? Tous les psychothérapeutes le savent, la vie sexuelle est une source de problèmes.

La fonction sexuelle en elle-même est simple, on la retrouve dans toute la nature, jusque dans les fleurs qui sont les organes sexuels des plantes. Et l'énergie sexuelle en elle-même demeure toujours intacte. Ce n'est pas la fonction sexuelle qui est perturbée, ce sont les autres fonctions, physique, émotionnelle et mentale qui ont été perturbées à cause de blocages, de traumatismes refoulés dans l'inconscient. Et la pulsion sexuelle naturelle, qui existe chez tout être humain, dès qu'elle est un peu réveillée établit une connexion malencontreuse avec les perturbations de la fonction physique, de la fonction émotionnelle et de la fonction mentale. Parfois, il peut s'agir de marques très fortes d'une éducation religieuse associant la sexualité à la notion de péché ou bien de peurs gravées en nous et difficiles à guérir. Par exemple une femme peut se sentir attirée sexuellement par un homme et projeter en même temps sur lui une peur de l'homme qui vient de ce que son propre père était très coléreux quand elle était enfant. Et la femme ne comprend pas du tout pourquoi, alors qu'elle commençait à se sentir stimulée sexuellement, que tout d'un coup tout se bloque, et elle éprouve un rejet de son partenaire. Ce n'est pas dans la sexualité proprement dite qu'il faut chercher la cause de la névrose sexuelle, c'est dans les à-côtés avec lesquels la stimulation sexuelle nous connecte immédiatement. Ce qui compromet l'épanouissement heureux de la sexualité n'est pas un traumatisme sexuel particulier, c'est un traumatisme d'un autre ordre mais avec lequel la sexualité connecte nos différentes fonctions.

Il faut signaler enfin la peur de se laisser aller, de ne plus contrôler. Certaines personnes, qui ont osé au cours de *lyings* * laisser l'expression profonde se manifester, ont ainsi retrouvé des blessures enfouies qui n'avaient rien à voir avec la sexualité et ont eu ensuite une capacité à lâcher prise dans la sexualité, à lâcher complètement l'intervention de la tête là où elle n'a rien à faire. Il ne s'agit plus de penser mais de ressentir et beaucoup d'êtres humains ne veulent pas lâcher la pensée et être uniquement dans le ressenti. C'est aussi un empêchement à une vie sexuelle heureuse.

UNE FEMME. *Comment arriver à équilibrer une voie spirituelle avec l'activité sexuelle du couple ?*

ARNAUD. Si tout était aisé et harmonieux dans cette vie sexuelle, il n'y aurait aucun conflit, aucun problème. La

* Travail sur l'inconscient spécifique à la voie de Swâmi Prajnanpad. Ce thème est développé dans le chapitre : « Travailler avec les émotions ».

sexualité serait une part de la vie spirituelle et, peu à peu, tout naturellement, la sexualité proprement dite perdrait de son importance sans qu'il y ait sacrifice ou renoncement héroïque. Malheureusement, l'épanouissement dans ce domaine est souvent entravé par les difficultés psychologiques d'une part et la plus ou moins bonne qualité d'amour entre les partenaires d'autre part. La sexualité est-elle vécue de façon pure ou est-elle la compensation à des manques, à des frustrations qui, en fait, n'ont rien à voir avec la fonction érotique ? Si un homme a besoin de retrouver la paix et le bonheur extatique du petit bébé dans les bras de sa mère, il n'aborde plus la relation avec la femme en adulte mais en cherchant à revivre un bonheur d'enfant toujours gravé au fond de sa mémoire inconsciente et la spontanéité s'en trouve faussée. Beaucoup dépend de la relation qu'on noue avec le partenaire puisque des émotions inutiles peuvent se greffer sur la spontanéité sexuelle.

UN HOMME. *La méditation, telle que vous l'avez abordée dans les méditations guidées *, c'est l'apprentissage du oui et du lâcher-prise. Et la sexualité, je la vis bien quand je suis aussi dans cette attitude de lâcher-prise. Mais le milieu social et beaucoup de choses dans le vécu sont des empêchements à cette attitude de lâcher-prise. En fait, dans la méditation comme dans la vie sexuelle, je crois que c'est l'acceptation, le relâchement, le oui qui fait qu'on va pouvoir le vivre bien.*

ARNAUD. Je vais vous raconter une petite histoire vraie pour illustrer ce que vous dites. En 1974, je suis retourné une dernière fois sur un plateau de télévision après avoir arrêté mon activité de producteur-réalisateur à la télévision. Au moment où j'arrive, je vois tous les techniciens

* Les sessions de questions-réponses alternaient avec des méditations guidées tantôt par Lama Denis Teundroup, tantôt par Arnaud Desjardins.

groupés. Je m'approche. Ils écoutaient un enregistrement supposé être uniquement érotique. Il s'agissait d'une actrice française de grand talent qui avait enregistré l'activité sexuelle de A jusqu'à Z uniquement en modulant le mot *oui*, de toutes les manières et avec toutes les vibrations possibles et imaginables. C'était très évocateur, si je puis dire, puisqu'on arrivait à suivre tout le déroulement de l'acte sexuel depuis les premiers frissons jusqu'à l'orgasme le plus accompli à travers ce simple oui. C'était un morceau de bravoure, comme on dit, superbe et ce oui prononcé sur tous les tons m'a fait beaucoup philosopher. La question que chacun peut se poser, c'est de savoir si dans sa vie sexuelle des « non » tout d'un coup se lèvent.

Sexualité et amour

QUESTION À ARNAUD. *Marquée par une éducation catholique contraignante, j'ai été impressionnée de lire dans votre livre* Pour une vie réussie *que l'acte d'amour était proche de l'état méditatif et pouvait conduire à un état de conscience élevé. Est-il indispensable d'avoir fait un grand travail méditatif pour vivre un couple réussi ?*

ARNAUD. Ce qui est certain, c'est que le discrédit porté sur la vie sexuelle dans une éducation religieuse est un non-sens. Consacrer sur certaines voies toute l'énergie sexuelle à la recherche spirituelle est une chose, mais, vouloir imposer à tous ce qui ne concerne que quelques êtres particulièrement qualifiés, est manifestement une erreur. A partir du moment où des êtres humains ont une demande sexuelle et auront une vie sexuelle, il est criminel de les névroser au départ en créant toutes sortes de *samskaras*, pour prendre le mot technique hindou, c'est-à-dire d'impressions qui se gravent en eux et qui vont contredire d'une manière ou d'une autre une vie sexuelle normale, naturelle, simple, spontanée.

Ce qu'on peut dire de façon générale, c'est qu'à mesure qu'on se transforme soi-même, qu'on devient plus unifié, plus libre, qu'il y a moins de peurs à l'arrière-plan, donc plus de détente, la vie sexuelle évolue. Apparemment, l'acte sexuel est assez semblable d'un couple à un autre, quoiqu'il puisse y avoir des modalités érotiques variées, mais intérieurement le niveau d'être des partenaires intervient beaucoup. Et s'il y a un progrès sur la voie, il y aura inévitablement de nouvelles découvertes dans la vie sexuelle. D'après toutes les confidences que j'ai entendues, je peux aussi vous dire que certaines personnes qui n'ont jamais pratiqué la méditation ont eu la chance de vivre de grandes réalisations dans leur vie sexuelle ; je pense notamment au cas de certaines femmes qui n'avaient aucune expérience spirituelle ou méditative et qui ont témoigné d'un dépassement momentané du mental et de la limitation dans l'union avec leur mari ou leur compagnon.

Lama Denis. Souvent, il y a effectivement dans notre mentalité une sorte d'interdit ou de discrédit par rapport à l'activité sexuelle, ce qui amène les personnes à éprouver un malaise dans l'acte d'amour et à vivre la situation presque en termes de transgression. Cela crée sans aucun doute beaucoup de névrose et c'est un immense obstacle à un épanouissement dans une vie sexuelle normale.

Bien comprise, l'activité sexuelle présente un parallèle avec la pratique méditative. Dans les deux cas, cela demande un dépassement, un lâcher-prise ; une relation sexuelle vécue uniquement sur l'attachement ou sur une attitude de fixation n'atteindra pas un véritable épanouissement. La relation demande une capacité à s'abandonner, à être capable de s'ouvrir à l'autre, à être un en participant à sa présence, soi-même se donnant, s'effaçant et on retrouve là, très précisément, une attitude qui est au cœur même de la pratique méditative. Un certain nombre de problèmes sexuels – la frigidité par exemple – viennent du traumatisme ressenti par rapport à cette sorte d'interdit et à une attitude intérieure de malaise, de refus, qui empêche de se laisser aller, de s'abandonner. Dans le dharma, on considère la relation sexuelle comme une offrande, non pas comme quelque chose que l'on s'approprie. On ne prend pas l'autre pour jouir de lui mais on fait une offrande de bonheur, de plaisir à celui qui est notre partenaire. Cela est développé, sous des formes plus élaborées, dans les tantras où l'on établit un parallèle entre les différents niveaux de bonheur, de plaisir qui peuvent être éprouvés dans une relation sexuelle et différents niveaux d'expérience spirituelle, entendu que le bonheur véritable vient dans l'abandon et que l'on peut mettre en parallèle l'abandon découvert dans une relation sexuelle et l'abandon qui est celui de l'approche de la vacuité.

Il existe toute une série d'enseignements fondés sur cette approche et, dans ce cadre, la sexualité revêt une valeur sacrée, le partenaire étant envisagé non pas sous son aspect ordinaire mais sacralisé. On reconnaît en celui-ci la présence divine et la relation elle-même prend un caractère d'offrande. Il est possible de dépasser cette mentalité répressive dans laquelle on ne vit sa sexualité que comme transgression et finalement en termes de culpabilité.

Arnaud. Les approches tantriques – qui ne sont pas du tout ce qu'on imagine au premier abord mais une ritualisation très complexe de la vie sexuelle – fascinent d'autant plus à l'heure actuelle qu'on est plus mal à l'aise par rapport à une sexualité qui serait tout simplement normale et naturelle. Un point qui me paraît frappant, c'est qu'on se pose à notre époque beaucoup plus de questions sur la sexualité que sur l'amour. Je ne dis pas qu'on ne puisse pas, dans certaines conditions, dissocier l'acte sexuel de l'amour conjugal dans un couple mais, d'une manière générale, la vraie réponse aux difficultés sexuelles se situe avant tout au niveau de la qualité d'amour entre les partenaires. Avec la liberté sexuelle actuelle, il arrive souvent que l'acte sexuel proprement dit vienne trop vite. Autrefois, la plupart des êtres humains étaient d'abord fiancés et n'avaient pas de relations sexuelles avant le mariage. Cette préparation qui manque aujourd'hui jouait un rôle indéniable. Même en dehors des fiançailles, un homme et une femme qui étaient amoureux ne faisaient pas l'amour dès la deuxième rencontre pour peu qu'ils se plaisent. Une relation affective se créait d'abord et avait le temps de grandir entre eux. Je suis de plus en plus convaincu que la facilité avec laquelle les relations sexuelles ont lieu presque immédiatement n'est pas heureuse et qu'il manque le plus souvent cette préparation qui vient par le cœur, par l'esprit, par une connaissance plus profonde de l'autre.

Lama Denis. Le travail est donc dans le sens de la réunification. Bien vivre la relation sexuelle est expression d'amour. Non pas d'un amour captatif mais de l'amour dans lequel on se donne, on s'abandonne à l'autre, on s'ouvre à l'autre. La difficulté est que le mot amour est couramment employé avec des connotations inadéquates et la qualité d'amour, à laquelle je fais allusion ici, n'est pas du tout un état d'attachement, de possessivité, mais une capacité à ouvrir les frontières qui nous séparent de l'autre et à établir une communication authentique dans laquelle, en s'exposant, on accueille l'autre et, dans cette ouverture, on peut se donner. Cet amour est une attitude de participation à la réalité de l'autre, à l'être intime de l'autre.

Une femme. *Cela ramène au non-attachement ?*

Lama Denis. Il y a effectivement un rapport étroit entre l'amour, en ce sens, et l'attitude véritable de non-attachement, c'est-à-dire de disponibilité et d'accueil. Ce que développe la pratique authentique des tantras est cet amour de non-attachement tel qu'il peut s'exprimer pleinement dans la relation sexuelle. La pratique réelle de cette approche nécessite impérativement comme préliminaire cette qualité de non-attachement. Autrement, cela devient une perversion ou simplement une expression incontrôlée de passion.

Une femme. *Est-ce qu'on peut dire que l'amour, c'est tout ?*

Arnaud. Si c'est vraiment l'amour, oui. Mais comme vient de le dire Lama Denis, dans ce mot amour, nous mettons toute une gamme d'émotions ou de sentiments plus ou moins purs, plus ou moins égoïstes, plus ou moins possessifs. Et pour être capable du véritable amour, il faut beaucoup de maturité. Mais si c'est le véritable amour, je suis d'accord avec vous, l'amour suffit.

Une femme. *N'y a-t-il pas un problème de temps dans notre monde moderne ? On est harassé toute la journée et, quand on rentre le soir, on n'a peut-être pas réellement le tonus nécessaire pour que cet amour transparaisse au quotidien.*

Une personne dans l'auditoire. *Il ne faut pas tout mettre sur le compte de la société moderne !*

Arnaud. C'est vrai, la société ne nous facilite pas une certaine qualité d'être, donc qualité de vie. Ce qu'on appelle aujourd'hui la qualité de vie, expression à la mode, n'est sûrement pas celle que l'on peut préconiser sur un chemin spirituel réel et transformateur. Mais ce que nous voulons vraiment, nous réussissons à l'accomplir quelles que soient les conditions. Si vous voulez le temps, vous trouverez le temps. Cela suppose une réorganisation de notre existence qui, dans une certaine mesure ou plutôt dans une mesure certaine, est possible même dans ce monde. Il est exact qu'il y a beaucoup de précipitation, que tout va très vite et qu'on ne prend plus le temps – c'est un point qui ne concerne pas seulement la vie de couple ou la vie sexuelle mais qui influe inévitablement sur la relation entre un homme et une femme. Mais on pourrait, bien plus qu'on ne l'imagine, être parfaitement inséré dans ce monde moderne, ne pas se mettre en porte-à-faux avec lui, sans pour autant en subir toutes les contraintes. Il suffit de se demander ce qu'on pourrait modifier dans sa vie sans devenir marginal, sans devenir même bizarre ou étrange aux yeux de ceux qui nous côtoient. Il existe une réelle possibilité de trouver sa place dans ce monde tel qu'il est, de jouer le jeu, d'avoir l'air comme les autres extérieurement et, en fait, de mener une vie de plus en plus différente en examinant de plus près ce à quoi on consacre son temps et son énergie.

Lama Denis. Tout à l'heure, nous parlions du non-attachement. Un texte bouddhiste dit que le non-attachement constitue les jambes de la méditation, les jambes de la pratique. C'est la même idée. Nous n'avons pas le temps car nous faisons trop de choses et il est nécessaire dans notre vie de redéfinir nos priorités. Pour établir ces priorités, il faut avoir au préalable certains critères de choix, donc de valeurs par rapport auxquelles on les définira, c'est-à-dire s'interroger sur ce qui est essentiel. Qu'est-ce qui vaut vraiment la peine d'être fait dans notre vie? Prendre conscience de la précarité de notre vie, de son caractère impermanent, transitoire, suggère la nécessité de faire l'essentiel maintenant, sans toujours remettre à plus tard, sans plus atermoyer et donc d'avoir beaucoup plus de temps. Si vous passez au crible d'un examen fin votre emploi du temps mensuel, hebdomadaire ou quotidien, en vous demandant « qu'est-ce qu'il y a de vraiment important dans tout ce que je fais ? », vous verrez qu'il y a beaucoup de plages pour lesquelles vous pouvez mettre : pas important, inutile. Si vous osez, à ce moment-là, dans une attitude de non-attachement, libérer ce temps, vous aurez le temps – et notamment le temps d'aimer.

UNE FEMME. *Peut-on dire que l'amour, c'est ce qui reste quand il n'y a plus rien d'autre ?*

ARNAUD. Si vous pouvez perdre d'une manière ou d'une autre tout ce qui vient limiter, souiller, corrompre votre vérité ou votre état de pureté, il reste l'amour. L'amour, c'est ce qui subsiste quand tous les empêchements intérieurs à l'amour ont été dissous. A cet égard, je peux rapporter une remarque qui m'a beaucoup frappé. Nous savons tous combien le mot amour est important dans la terminologie chrétienne : « Dieu est amour. » Or, un jour, à propos de l'expression *satchidananda*, être-conscience-béatitude que les hindous emploient pour pointer vers l'atman, j'ai demandé à un swâmi : « Comment se fait-il qu'il n'y ait pas le mot amour dans cette expression ? » Il m'a simplement dit : « Parce que vous pouvez concevoir la béatitude sans l'amour ? » Cette réponse a été illuminante pour moi. Il n'y a pas d'autre béatitude réelle que d'être en état d'amour. On peut considérer que ce sont deux termes synonymes.

La solitude

UN HOMME. *Pouvez-vous nous parler de la solitude affective et sentimentale ?*

ARNAUD. Quelle est votre vraie question? En disant : « Est-ce que vous pouvez nous parler de », vous donnez le titre d'une conférence.

LA MÊME PERSONNE. *Est-ce qu'on peut trouver la paix et la sérénité si l'on ne parvient pas à avoir une vie sentimentale et affective alors qu'on en éprouve le besoin ?*

ARNAUD. Vous demandez, en modifiant à peine votre question : « Est-ce qu'on peut trouver la paix quand on aspire à ne pas être seul et qu'on est dans la solitude? » N'engagez pas l'avenir. « Jusqu'à présent j'ai été seul, jusqu'à présent mes demandes affectives n'ont pas été satisfaites » mais n'engagez pas l'avenir. C'est une erreur très courante du mental d'hypothéquer l'avenir. Il est certain que dans cette existence-ci, si vous êtes européen, vous ne serez jamais sénégalais ni mongol ; là, l'avenir est engagé. Mais quand on est seul ou qu'on n'a pas d'accomplissement dans tel ou tel domaine, il faut toujours réserver la possibilité d'un changement, même au niveau humain. Il arrive souvent que la situation que nous ressentons comme cruelle dans le monde relatif – solitude affective, échec professionnel – se modifie si nous changeons intérieurement. Je le redis parce que c'est une vérité importante, en fonction de la loi d'attraction notre existence correspond à notre être ou notre être, ce que nous sommes, attire notre existence ; et si notre être, relativement parlant, se modifie, se transforme, notre existence change. Le but d'une thérapie, si elle est réussie, c'est d'apporter un certain changement dans la profondeur de notre être qui permette une transformation dans notre existence. Je l'ai observé en ce qui me concernait et en ce qui concernait d'autres qui, à la suite d'un réel changement fondé sur l'acceptation, ont vu du même coup leur existence se modifier.

L'acceptation est le point de départ. Tant que nous considérons que le monde extérieur est injuste par rapport à nous et que nous nous plaignons intérieurement, rien ne changera. Par contre, si nous prenons conscience que notre destin tient à ce que nous sommes, qu'il n'y a pas d'injustice, même si nous ne comprenons pas tout, loin de là, alors beaucoup de changements réels peuvent se produire. Mais la première démarche, c'est de ne plus considérer que l'existence a une dette à notre égard. Peut-être avons-nous eu de grands manques dans notre jeunesse, n'avons-nous pas été aimés comme un enfant a besoin de l'être mais la première démarche, c'est, comme dit l'Évangile, de remettre la dette que, selon nous, l'existence a à notre égard – comme si j'avais une créance et que je la déchire. Je n'en veux plus à l'existence. Et parce qu'une nouvelle attitude s'est établie en nous, ce que l'existence nous avait longtemps refusé, elle nous le donne. Cela dit, l'existence ne vous donnera pas tout, toujours, et je ne peux pas vous promettre que la pratique de la méditation ou une meilleure compréhension intérieure seront la baguette magique qui accomplira toutes vos demandes.

Il est vrai aussi qu'il est possible de trouver peu à peu une plénitude, un accomplissement, une richesse – l'opposé d'une frustration – par la pratique spirituelle même si l'existence nous refuse au moins une part de ce dont nous avons rêvé quand nous étions jeunes. Mais de toute façon, quelles que soient vos frustrations, n'impliquez pas l'avenir. Jusqu'à présent, voilà ce qui s'est passé. Ne posez pas la question comme si vous étiez condamné à être toujours seul. Peut-être cela va-t-il changer demain.

LA MÊME PERSONNE. *Autour de moi, je constate qu'il y a un grand nombre de personnes qui sont aussi seules affectivement, qui sont très mal dans leur peau et qui souffrent de ce manque d'amour.*

LAMA DENIS. Le désarroi que vous signalez vient aussi d'une solitude spirituelle. La solitude quotidienne est vécue d'autant plus cruellement qu'on est dans une situation de déracinement spirituel. On ne sait plus à quoi s'accrocher, on se sent abandonné, désemparé. Et le cheminement spirituel, dans un premier temps, nous propose, en plus de tout ce qui vient d'être dit, un point d'appui à un niveau essentiel. On n'est plus tout seul dans un désert, en train de tourner en rond sans savoir où l'on va ; on sait au contraire comment l'on y va, pourquoi l'on y va, même si, dans l'instant présent, on est dans cette démarche isolée. Face à cette solitude, la découverte d'un enracinement spirituel authentique est un support essentiel, bien au-delà du conjoint, de l'ami, du club ou de la congrégation sur laquelle on peut s'appuyer. Pour un bouddhiste, le point d'appui fondamental est ce qu'on appelle les trois joyaux, le *Bouddha*, l'éveil, le *dharma*, l'enseignement, le *sangha*, la communauté. Par-delà les difficultés de la solitude psychologique que l'on peut traverser temporairement, cette référence fondamentale subsiste sur laquelle on peut s'appuyer aussi longtemps qu'on n'a pas découvert le véritable sens de la solitude. La voie spirituelle, au niveau le plus profond, est l'expérience de la solitude, non plus une solitude négative vécue comme un manque et une frustration mais une solitude de plénitude. La solitude peut être aussi bien une situation d'emprisonnement qu'une situation de libération et d'expérience de plénitude.

ARNAUD. Cette question de solitude concerne la plupart des êtres humains, y compris ceux qui ne sont pas particulièrement seuls. On souffre d'autant plus de la solitude comme adulte qu'on en a souffert comme enfant. Si on se penche un peu sur l'existence, que ce soit la nôtre et celle d'autres personnes, on s'aperçoit – et cela paraît très cruel au premier abord – que ceux qui sont seuls à trente ans ou à cinquante ont aussi été très seuls dans leur enfance. Outre le fait que des parents puissent être froids et distants, il peut y avoir bien des raisons pour lesquelles un enfant se sente terriblement seul – parce qu'il y a quelque chose qu'il n'a jamais osé partager ou parce qu'il a assisté à un drame familial dont il n'aurait pas dû être témoin. Et un enfant qui s'est senti seul attirera très probablement un destin de solitude si un changement ne se produit pas en lui, parce que nous avons tendance à reproduire ce que nous avons vécu, même s'il s'agit d'événements ou de situations douloureuses. Donc, premier point, la souffrance de l'adulte est une prolongation de la solitude de l'enfant. La vie de beaucoup d'êtres se trouve ainsi dominée par la quête d'un adulte protecteur, véritable substitut du père ou de la mère qui leur ont manqué, ce qui les maintient dans une très grande dépendance. Là où nous croyons que nous allons trouver cette grande main d'adulte dans laquelle nous puissions mettre notre petite main d'enfant, nous nous sentons inexorablement attirés, quitte à nous sentir ensuite trahis ou désemparés après une période de bonheur.

Donc, le chemin c'est de pouvoir, peu à peu, être à l'aise dans la solitude apparente, dans l'abandon, voire même la trahison et que si l'univers se dressait contre nous, nous n'en souffrions plus. Cela suppose que nous puissions trouver au-dedans de nous un point d'appui à la fois masculin et féminin et nous sentir portés de l'intérieur. Ce père et cette mère que nous cherchons audehors sous la forme d'un homme, d'une femme ou d'une institution, d'une organisation, nous pouvons les trouver au-dedans en tant qu'essence de cette réalité masculine ou féminine, paternelle ou maternelle. Cela nous permet alors une toute autre forme de solitude, une solitude positive qui n'est plus du tout douloureuse. En anglais, on utilise les termes *lonely* ou *lonesome* pour signifier la solitude au sens triste et *alone* ou *aloneness* pour parler de la solitude dans un sens de plénitude, de non-dépendance par rapport à l'extérieur.

UNE FEMME. *Si on sent ces deux forces, l'homme et la femme en soi, en guerre, la méditation peut-elle faire la paix ?*

ARNAUD. En effet, les deux forces masculine et féminine que nous portons en nous peuvent être ressenties comme non harmonisées, conflictuelles. C'est un vaste sujet dans lequel l'érudition et la fascination intellectuelle pour les grandes doctrines métaphysiques – shiva et shakti, yabyoum chez les Tibétains, positif-négatif, statique-dynamique, yin et yang – peuvent prendre très vite le pas sur l'accomplissement concret et nous détourner, en fait, de notre réalité. Tous les enseignements spirituels tiennent compte du fait que chaque être humain est à la fois masculin et féminin en lui-même.

L'épanouissement spirituel, c'est l'épanouissement de l'être humain. Donc la femme peut faire grandir, épanouir en elle les valeurs masculines et l'homme peut épanouir en lui les valeurs féminines. Je pense à Mâ Anandamayi dont on pourrait dire qu'elle était le prototype de la féminité par la beauté et la grâce qui émanaient d'elle et qui manifestait en même temps une force, une présence, une autorité incroyables. Et inversement, chez Gyalwa Karmapa qui avait un puissant physique mongol, particulièrement viril, nous trouvions un extraordinaire développement des qualités féminines. Un jour, j'ai dit à Sa Sainteté Karmapa qui s'occupait à l'époque (cela se passait vers 1967) d'éduquer de jeunes tulkous : « Vous devez être un père pour ces enfants » ; il m'avait répondu : « Un père... et une mère » et à ce moment-là, il avait eu un sourire empreint d'une très grande tendresse maternelle.

A notre époque où les valeurs féminines sont oubliées, niées ou directement critiquées et où les valeurs masculines sont prédominantes aussi bien pour les femmes que pour les hommes, nous avons à retrouver à titre personnel notre harmonie à l'intérieur d'une civilisation qui, de ce point de vue-là, est gravement faussée.

LAMA DENIS. La réunification des pôles masculin et féminin est tout à fait centrale, elle a cette dimension profondément psychologique. Dans sa dimension plus spécifiquement spirituelle, le principe actif ou ce qui gouverne notre action est la compassion. On apprend dans la pratique à agir de façon compatissante, c'est-à-dire non égoïste. Et le pôle féminin est réceptif, passif, acceptant, embrassant : c'est une compréhension ouverte, accueillante, c'est une connaissance aussi directe et immédiate. Le cheminement suppose l'utilisation simultanée et conjointe du pôle masculin, actif et compatissant, bienveillant, d'amour et du pôle féminin de réceptivité, de compréhension intuitive, directe, immédiate. Sur la voie, il y a intégration de ces deux principes, le résultat de la pratique étant leur union. Arnaud évoquait à l'instant le Karmapa et, en fait, la notion de père-mère est présente dans la notion de guide spirituel telle qu'elle est exprimée par le mot tibétain Lama. *La* signifie « remarquable dans la connaissance » et *ma* signifie « mère ». Un véritable guide est quelqu'un qui a unifié en lui ces deux pôles de compréhension féminine et d'amour actif, l'amour et l'action étant ici masculins. Dans la symbolique tantrique, au niveau le plus profond, on est habitué à voir des divinités en union, *yab-youm*, et cette union symbolise la réunion du masculin et du féminin en nous au niveau le plus essentiel. C'est un symbole de non-dualité exprimant la réunion de l'amour et de l'immédiateté.

Arnaud. En Inde, la mère divine, la Devi, la déesse, joue un rôle très important et chaque divinité hindoue, Brahma, Vishnou, Shiva, est accompagnée d'une contre-partie féminine : Sarasvati, Lakshmi, Durga ou Kali. Cet aspect est beaucoup moins présent dans notre civilisation dite judéo-chrétienne en ce sens que, surtout en français, *le* Père, *le* Fils, *le* Saint-Esprit sont tous masculins. Dans les premiers temps du christianisme, la pensée chrétienne a donné toute sa valeur à la *sophia*, la sagesse, valeur féminine par excellence. Et comme le pôle féminin s'est trouvé ensuite manquant, l'importance a été donnée, peu à peu, à Marie pour combler cette lacune.

Lama Denis. Elle n'a pas disparu en Orient. La sagesse sous le nom de *prajnaparamita*, de Maya, mahamaya, est la mère de tous les Bouddhas, elle est la sagesse qui engendre tous les éveillés.

L'éducation des enfants

Une femme. *Vous qui envisagez, dans une approche traditionnelle, le développement de toutes les potentialités de l'enfant et de l'être humain en général, j'aimerais savoir quel pourrait être, à votre avis, l'apport positif d'une institution d'enseignement intervenant dans l'éducation des enfants à l'heure actuelle ? Je trouve en effet que la situation aujourd'hui, avec l'agitation, le bruit, les contradictions de toutes sortes, est peu propice au développement tel que vous l'envisagez.*

Arnaud. C'est certain, les conditions de notre société occidentale à la fin du XXe siècle ne sont pas les plus propices à un développement spirituel. Comparer la société contemporaine à des sociétés traditionnelles peut nous éclairer, nous donner une vue plus lucide du monde dans lequel nous avons grandi et dont nous sommes les produits, mais c'est dans ce contexte-là que nous vivons et que nous pouvons donc tenter quelque chose. En ce qui concerne les institutions ou établissements que vous évoquez, il y a de grandes différences suivant la personne qui dirige l'établissement et qui laisse plus ou moins de liberté aux professeurs, aux instituteurs, aux éducateurs. On ne peut pas donner de réponse générale mais ce dont un enfant a le plus besoin, c'est d'être écouté et pris au sérieux. Si je devais donner une directive, ce serait que l'enfant puisse dire ce qu'il a besoin de dire et qu'il se sente *vraiment* écouté. C'est déjà très précieux.

Comment introduire dans l'éducation des enfants la pratique de la méditation ?

LAMA DENIS. Dans l'éducation, il est d'abord indispensable que l'enfant se structure par rapport à des repères sains, justes. L'enfant découvre le monde, apprend à comprendre celui-ci, à fonctionner dans l'environnement. Il a besoin de conceptions justes, de repères. Donc l'éducation est d'abord l'apprentissage des conceptions justes et d'une relation harmonieuse à l'environnement, aussi bien au niveau conventionnel et social qu'au niveau fondamental. La question de l'introduction de la méditation chez les enfants est en fait d'abord et surtout celle de l'introduction d'habitudes de pensées justes, leur justesse venant de leur harmonie avec l'environnement. Et cette harmonie procède à son tour d'une qualité de non-agressivité, de douceur, de gentillesse, on pourrait même dire de politesse – la notion conventionnelle de politesse étant de ne pas être rugueux : est poli celui qui n'est pas rugueux, qui a une relation à l'environnement sans aspérités, sans pics. C'est cette expérience de douceur et de non-agressivité qu'il est important de faire passer, de transmettre. Celle-ci est transmise plus par le vécu et par l'exemple que par des notions théoriques générales ou par des interdits contraignants et des obligations coercitives. Ce qui ne veut pas dire qu'il n'y ait pas d'interdits et d'obligations. C'est par leur exemple que des parents introduiront véritablement l'expérience de pratique à leurs enfants car un enfant a bien plus que ses parents adultes une expérience directe, moins conceptuelle. Les enfants ont, dans cette expérience, une intelligence bien plus vive. Ils ressentent de façon beaucoup plus aiguë les dissonances qu'il peut y avoir entre le dire et le faire de leurs parents, ce qui, quand ils le perçoivent, discrédite les conseils donnés par ceux-ci. Il ne reste alors que le mauvais exemple de ce qu'ils disent ne pas falloir faire et qu'ils font.

Donc c'est l'exemple dans sa qualité de présence, d'écoute, de disponibilité qui est essentiel. Lorsque les enfants découvrent le monde, ils ont sur celui-ci un regard neuf, vierge et ils commencent par poser les questions les plus simples et les plus essentielles, celles que les parents ont depuis longtemps oubliées ou occultées. L'incapacité des parents à écouter et à répondre aux vraies questions amène une inhibition, une répression chez l'enfant. L'introduction de la méditation chez l'enfant se fera surtout par l'apprentissage de la part des parents de cette qualité méditative d'écoute, d'ouverture. Que les parents sachent entendre et répondre de façon authentique, répondre que l'on sait lorsque l'on sait et répondre que l'on ne sait pas lorsque c'est le cas. L'exemple des parents est en fait cette qualité de présence, de disponibilité à l'enfant dans la simplicité et l'honnêteté des réponses à son questionnement, la réponse n'étant pas seulement au niveau d'un dire mais surtout d'une qualité d'être. Si les parents ont cette qualité d'ouverture, de disponibilité, elle se diffusera naturellement dans l'expérience de leurs enfants et il y aura à ce moment-là une véritable transmission d'une qualité d'esprit que l'on peut appeler la méditation ou simplement l'expérience authentique.

UNE FEMME. *Comment faire comprendre à l'enfant, sans le culpabiliser, qu'il est possible de progresser ? L'enfant ne va-t-il pas se sentir divisé si je lui demande de mieux faire quelque chose ?*

ARNAUD. Cela dépend beaucoup du tempérament de l'enfant. Il ne faut pas avoir une attitude passe-partout et si, dans la même famille, il y a plusieurs frères et sœurs, la méthode devra être différente pour chacun. Il faut s'adapter à chaque enfant. Un enfant a envie de savoir faire ce qu'il n'est pas encore capable de faire, il ne demande qu'à apprendre, apprendre à coudre, apprendre à manier la télécommande, tout ce qu'il voit les adultes faire autour de lui. S'il a du mal à y arriver, il ne faut surtout pas qu'il soit humilié, infériorisé et qu'il se décourage, il faut lui témoigner énormément de patience, être aussi attentif que possible pour que l'enfant ne perde pas confiance en lui et ne se juge pas lui-même incapable. C'est ce qui peut lui arriver de pire. Il faut donc l'encourager et, au lieu de lui dire : « Tu n'as pu faire que ça », lui dire : « Tu as pu faire ça ! » Toujours positif. Au lieu de l'accabler pour les dix fautes d'orthographe qu'il a faites dans la dictée, montrez-lui d'abord tous les mots qu'il a écrits sans fautes.

UNE FEMME. *En tant qu'institutrice, on doit observer les enfants sans les juger et rester positive à leur égard. Mais j'ai du mal à faire la différence entre l'observation et le jugement. En pleine action, parfois, ça me brûle la langue de dire son fait à un enfant qui n'arrive pas à faire quel-*

que chose parce qu'il semble y mettre de la mauvaise volonté.

ARNAUD. Je veux d'abord relever la manière dont vous avez posé la question. Vous avez dit : « En tant qu'institutrice, *on doit...* » Ne nous appliquons pas justement aujourd'hui à nous-mêmes les injonctions dont nous avons eu à pâtir dans notre éducation, nous qui avons été élevés à coups de « tu dois faire ci, tu ne dois pas faire ça ». Donc, non pas « *je dois* » mais plutôt « qu'est-ce qui m'est possible? ». Si vous avez une image idéale d'institutrice et que vous voulez vous y conformer, vous n'y arriverez pas, ou en tout cas pas tout de suite. Que vous essayiez de progresser, de vous transformer, de vous perfectionner dans un secteur, c'est juste. Il est facile de dire : « Il faut faire preuve d'une patience infinie » mais est-ce que je suis capable de cette patience? Quelles vont être vos propres projections, vos émotions, quel transfert les enfants vont-ils opérer sur vous et quel contre-transfert va s'ensuivre de votre côté? Vous devez en tenir compte. Soyons d'abord réalistes et ne perpétuons pas l'erreur consistant à avoir vis-à-vis de nous-mêmes une attitude qui ne nous a pas unifiés et aidés à nous épanouir autrefois. « Tu dois, en tant qu'institutrice. » Non, je vais essayer, je vais faire ce que je peux. Comme cela, vous progressez et vous pourrez plus.

Seules l'observation et la pratique vous montreront dans quelle mesure vous êtes capable de mettre en œuvre ce que vous considérez comme juste. On en revient toujours aux mêmes vérités. Moins vous aurez d'émotions, moins vous serez, vous, troublée, perturbée, agacée, énervée, plus vous pourrez être efficace. Dans certains cas, le cri du cœur face au comportement d'un enfant peut être très fort : « Mais ce n'est pas possible, ce n'est pas vrai! » Eh bien si, c'est vrai, il n'entend pas, il ne comprend pas, il dit oui et puis il fait le contraire une minute après, etc.

La première nécessité, c'est d'instant en instant – car ça ne peut se faire que d'instant en instant – d'être d'accord pour que ce qui est, soit. C'est ainsi. Il n'y pas à savoir si c'est incroyable, insensé, inadmissible, *c'est*, et seulement à partir de cette première base d'adhésion, vous pouvez agir de façon juste. Il faut répondre à la situation telle qu'elle est et non pas telle que, selon nous, elle devrait être. Cela vous demandera une très grande vigilance pour ne pas vous laisser emporter par les pensées qui naissent en vous. « Il se fout de moi, mais quel jeu joue-t-il, je ne peux pas admettre ça quand même! »

LA MÊME PERSONNE. *Comment faire la différence entre le jugement et l'observation qui nous rend capables d'observer sans être impliqués. Dans le langage courant, si je dis par exemple : « Il a tel comportement, il ne veut pas partager ses jouets », là, je fais plutôt une observation. Si j'emploie un adjectif qualificatif, j'émets plutôt un jugement. Je sens bien qu'il ne faut pas enfermer l'enfant dans une étiquette...*

ARNAUD. Ce que vous dites est tout à fait vrai et cela demande beaucoup de finesse pour ne plus se laisser emprisonner par des formules toutes faites, même si ces formules ont une valeur. Il ne faut pas juger, il faut toujours tenter de comprendre. « Il se conduit comme ça. Pourquoi? Est-ce que je peux chercher la cause en lui, derrière les effets? » Nous pouvons tenir des propos merveilleux en eux-mêmes mais sont-ils concrètement applicables dans les conditions actuelles par un professeur ou une institutrice qui a sa classe devant elle? Comment faire le mieux possible, dans le relatif, à l'intérieur de limites? Mais la base, c'est de s'appuyer sur ce qui est et de ne plus surimposer – ce qui est l'habitude du mental – ce qui devrait être sur ce qui est. « Oui, cet enfant se conduit comme ça », pour commencer. « Maintenant, qu'est-ce que je peux faire? »

Essayez toujours de resituer une circonstance particulière dans une vue d'ensemble afin que ce soit, peu à peu, la situation qui nous impose la réponse. Évidemment, c'est un peu idéal comme conseil. Un enfant vous répond : « Je t'emmerde. » Si j'essaie de comprendre cet enfant, il ne s'agit pas de l'accabler mais, d'un autre côté, est-ce que je peux laisser, en tant que professeur, un élève m'insulter devant le reste de la classe ? Vous essayez de situer chaque détail dans une vue de plus en plus vaste mais sans émotion, de tenir compte du plus grand nombre possible de paramètres et la situation dans sa totalité vous propose alors – je dirais même vous impose – une certaine réponse. A chaque instant, la situation nous demande la réponse appropriée. Comment pouvons-nous sentir cette réponse juste au lieu de simplement réagir, auquel cas c'est notre « ego » qui va s'exprimer, fût-ce au détriment de la situation et de notre intérêt à plus long terme. Pour cela, il existe toute une méthode pour éviter nos réactions personnelles, nous aider à rester calmes, neutres, même dans des situations qui nous paraissent, au premier abord, effarantes ou incompréhensibles. L'action juste dans le relatif, donc une action forcément limitée, est celle qui me laissera en paix avec moi-même. C'est le grand critère. Je suis en paix, unifié, j'ai accompli l'action que je pouvais accomplir, compte tenu de ce que je suis et de ce qu'était la situation, et le reste, ce n'est pas ma responsabilité – ou alors cela consisterait à refaire toute la création !

UN HOMME. *Un enfant qui nous dit : « Je t'emmerde », c'est provocateur, il attend peut-être une réponse immédiate. Là, on n'a pas le temps de réfléchir, de se demander : « Qu'est-ce qu'il a voulu dire par là, quelle attitude est la plus juste ? »...*

ARNAUD. Je suis d'accord avec vous. Mais si vous pouvez, peu à peu, adhérer complètement à la réalité et que vous ne soyez pas comme une voiture dont les pneus dérapent sur le verglas, la réponse peut venir très vite. Dans les arts martiaux vous n'avez pas le temps de réfléchir pendant une demi-seconde, ni si vous jouez au ping-pong. Puisque cette question vous intéresse, je vous donne un exemple vécu de réponse, celle d'un professeur de seconde à qui un élève avait justement dit : « Je vous emmerde. » (Cela se passait dans la classe de mon fils qui me l'a raconté.) Le professeur n'a pas bronché, il a souri et a dit : « Tu m'emmerdes ? Oh, quelle coïncidence, moi aussi je t'emmerde mais moi je t'emmerde avec quatre-vingt-dix kilos de muscles ! » Rien d'autre. Terminé. L'élève n'a pas été vraiment blessé ni humilié et la classe a été émerveillée que le professeur ait réagi – ou plutôt répondu – ainsi au lieu de piquer une colère et d'emmener l'élève chez le proviseur. Ce professeur a réussi, ce jour-là, à mettre en pratique une superbe parole de l'esprit du zen dans les arts martiaux : « Ne jamais vaincre mais ne jamais être vaincu non plus. » Toute l'habileté consiste à ne pas faire un vaincu, ce qui lève toute une chaîne de réactions. Plus vous accepterez la réalité telle qu'elle est d'instant en instant, moins vous aurez d'émotions et moins vous aurez d'émotions, plus la réponse juste pourra jaillir spontanément.

2

L'EGO
AU CŒUR DU PROBLÈME

Faut-il éliminer l'ego ?

La notion d'ego me semble très difficile à comprendre.

LAMA DENIS TEUNDROUP. Dans le langage contemporain de la spiritualité, on parle énormément d'ego, ce qui est certainement important car l'ego est au cœur du problème. Mais on voit fréquemment l'ego devenir le mauvais, le vilain et, avec quelques tendances culturelles, on irait même jusqu'à dire le démon, ce qui sans être tout à fait inexact amène cependant d'énormes difficultés dans la relation que l'on entretient à soi-même. S'identifiant à l'ego, on devient le mauvais, le vilain et, dans cette relation à soi-même, se développe alors une approche qui a facilement tendance à devenir dépréciative et auto-agressive. On réprime l'ego sans se rendre compte que celui qui réprime est précisément l'ego. On arrive à cette situation paradoxale que la répression de l'ego entretient l'ego et qu'une certaine forme de lutte anti-égotique nourrit le problème contre lequel on souhaite justement lutter. Ce qui suggère que la lutte et la répression (comme dans beaucoup d'autres cas!) ne sont pas la bonne méthode et que, dans le travail avec soi, il est nécessaire de dépasser cette approche répressive et de développer une attitude de douceur et d'acceptation. Mais cette douceur, cette acceptation ne sont pas du tout une attitude de permissivité, de laxisme complaisant où l'on s'autoriserait tout ce qui se présente sans discernement.

D'une façon générale, ce problème de l'ego existe en Orient comme en Occident. Néanmoins, il s'avère beaucoup plus précis et fort dans le contexte occidental. Cela peut s'expliquer par l'exacerbation de l'ego, l'attitude de compétitivité intense qui règne en Occident mais aussi par notre héritage culturel et traditionnel. En effet, notre passé est imprégné de culture chrétienne avec tout ce que celle-ci a tendance à véhiculer comme dénégation de soi sous une forme dépréciative, auto-agressive et à la limite mortifiante.

Une autre difficulté vient de la transmission du dharma en Occident et de sa traduction qui a été très influencée par la mentalité occidentale ambiante. Sans entrer dans une discussion trop technique, on peut faire remarquer que le concept de *da* en tibétain, *atman* en sanscrit, que l'on traduit dans beaucoup de cas par ego, certaines fois par soi, a un domaine de signification très étendu. On rencontre dans celui-ci les notions de « je », de « moi », d'« ego », de « soi », d'« âme », d'« être » et même de « Soi ». Notre expérience « moi, je », ce que je suis dans mon expérience empirique actuelle participe d'une double nature authentique et illusoire. Notre expérience n'est ni totalement authentique ni totalement illusoire : suivant sa qualité, elle est plus ou moins authentique, plus ou moins illusoire dans un enchevêtrement de réalité et d'illusion constante. Notre expérience habituelle est la version duelle, dualiste que la conscience habituelle produit sur la base de l'expérience primordiale non dualiste de la claire lumière.

L'important est ici de voir que, dans cette expérience de « moi, je », il y a cette double nature authentique et illusoire, non dualiste et duelle. C'est une notion traditionnelle qui passe difficilement dans la terminologie occidentale. Une possiblité pour résoudre cette difficulté est de considérer que « moi, je » est constitué de ces deux éléments authentique et illusoire et d'appeler, d'une part, la présence authentique telle qu'elle est en nous-mêmes le « soi » et, d'autre part, d'appeler « ego » le voilage, la perception illusoire des formes qui masquent l'authentique. Dans cette perspective, « moi, je » est une imbrication de qualités authentiques émergeant de notre nature profonde. C'est le cas de l'amour, de la compassion, de la confiance véritable qui sont l'expression de la présence en nous de la nature de bouddha alors que l'ego est la tendance dualiste, duelle et conflictuelle qui opère dans les passions en termes d'attraction, de répulsion, d'indifférence. D'où les émotions conflictuelles qui filtrent, masquent, voilent et interfèrent avec la nature de bouddha. Dans cette perspective, la pratique n'est pas la lutte, la répression de l'ego, mais la reconnaissance des qualités authentiques présentes en nous. Elle consiste, dans une attitude de douceur et de détente, à s'ouvrir à ces qualités authentiques, à notre soi en laissant tomber les fixations de l'ego.

Un ego d'abord normal

UNE FEMME. *Vous venez de dire qu'il ne faut pas avoir d'attitude agressive envers l'ego. Mais comme toutes les voies spirituelles insistent sur la nécessité de se débarrasser de l'ego, pendant longtemps, je me suis évertuée à chasser cet ego qu'on me présentait comme l'obstacle sur le chemin. Or, actuellement, il me semble au contraire que je dois passer à travers le sentiment, la sensation de ce moi. Est-ce que je me trompe ?*

Arnaud Desjardins. Il faut savoir, d'une part, à quel niveau on parle, c'est-à-dire si l'on s'adresse à un débutant ou à une personne qui est déjà avancée sur le chemin et, d'autre part, si l'on s'adresse à un débutant qui est bien situé en lui-même ou à un débutant plus ou moins perturbé, y compris des perturbations qui, en Occident, relèveraient de la psychothérapie. Tous les enseignements, sans exception, et tous les maîtres sont d'accord pour dire que le but est l'effacement, la disparition d'un certain mode de conscience que l'on désigne généralement en français par « le sens de l'ego ». Premier point, savons-nous exactement ce que nous appelons l'ego et en quoi pourrait consister l'état-sans-ego, autrement que par des définitions livresques qui nous vaudraient de bonnes notes dans des examens d'indianisme à la Sorbonne mais qui ne peuvent pas nous servir de point d'appui pour transformer notre existence, nous libérer de nos peurs et nous établir dans la sérénité ?

Ma ligne de réponse personnelle, c'est que l'ego, pour être transcendé, dépassé, doit d'abord être en bon état ou en bonne santé. Même si, pour employer une image combien célèbre, la chenille doit mourir en tant que telle pour devenir papillon, une chenille malade ne fera pas un papillon. Si l'ego est trop peu structuré, comment est-il possible de vouloir tout de suite dépasser celui-ci ? Comment parler d'effacement du sens de l'ego à une personne qui n'a même pas l'impression d'exister vraiment et qui se sent bloquée par différentes formes d'inhibitions et de malaises, issus de marques profondes, de *samskaras* en sanscrit ? Certains êtres humains ne se sentent même pas le droit d'exister. Ils ont l'impression qu'ils ne sont à leur place nulle part parce que psychologiquement ils ne se sont pas sentis suffisamment aimés, soutenus, confirmés dans leur enfance. Pour que le sens de l'ego puisse s'effacer, il faut d'abord que l'ego se soit quelque peu affirmé, que cette conscience ordinaire que nous avons de nous se soit organisée, structurée, que nous soyons vraiment un ego au singulier et non pas une multiplicité de personnages ou de tendances qui nous composent et s'opposent entre elles.

Je me suis beaucoup appuyé pendant les années de ma recherche sur une formule que je considère toujours comme précieuse aujourd'hui : « Pour se donner, il faut s'appartenir. » On ne peut donner que ce qui nous appartient. Comment est-ce que je peux abandonner l'ego (en anglais *drop the ego* – Dieu sait combien de fois j'ai entendu cette expression) si ce moi est informe, privé de forme? Mon propre gourou m'a dit un jour en anglais, il y a bien longtemps : « *Arnaud, you are an amorphous crowd* », (« vous êtes une foule amorphe »), et comme je savais qu'il avait reçu une formation scientifique dans sa jeunesse, j'ai bien compris qu'il donnait au mot amorphe, privé de forme, un sens très précis – amorphe en chimie, c'est l'opposé de cristallisé. Une part de nous qui est touchée par une vérité – non pas seulement dans l'intellect mais dans le cœur – voudrait échapper à un certain mode de conscience que nous sentons bien comme limitatif, mais d'autres parts de nous continuent à réclamer : « Et moi, et moi, je n'ai pas reçu ça, je n'ai pas pu faire ceci, je demande encore cela. » Il y a donc une première étape de structuration ou même d'affirmation de l'ego avant d'envisager l'effacement de la conscience du moi dans tout ce que ce pronom présente de limitatif. Mais ce travail de structuration doit être entrepris dès le départ avec une compréhension et surtout un sentiment qui permettent l'ouverture et le dépassement. Il est important de pressentir d'emblée ce que pourrait être un état non égoïste ou non égocentrique de manière à ce que cette première affirmation de l'ego, nécessaire au début, ne soit pas le renforcement d'une prison qui ensuite deviendrait un véritable obstacle.

Le sens de l'ego, c'est une identification – j'entends par ce mot se prendre pour ce qu'on n'est pas réellement –, une identification de la conscience au personnage que nous sommes et que nous désignons par notre nom et notre prénom. Ramana Maharshi utilise l'image d'un acteur distribué dans un rôle qui, par un phénomène que nous sommes tous d'accord pour considérer comme pathologique et relevant de la psychiatrie, se prendrait tout d'un coup pour le rôle dans lequel il est distribué. Ici, chacun peut entendre ses nom et prénom. L'ego est une hallucination qui fait que la conscience se prend pour Arnaud Desjardins au lieu de se considérer comme distribuée dans le rôle d'Arnaud Desjardins mais fondamentalement libre de ce rôle. Cette liberté, nous la retrouvons chez les enfants qui font semblant en jouant d'être un avion tout en sachant très bien au fond d'eux-mêmes qu'ils ne sont pas un avion « dans la vraie vie ». Ce que nous appelons la carte d'identité, c'est en fait la carte des identifications majeures au nom et à la forme, pour parler comme les hindous, notre véritable identité étant totalement indépendante de ce qui est marqué sur la carte d'identité en question. Notre véritable identité donnerait à peu près : Date de naissance : jamais né ; nom des parents : le *brahman*, la réalité absolue ! Comment pouvons-nous progresser vers le moment où cette identification fondamentale va céder et où se révélera une conscience pure, sans attribut, distribuée dans un certain rôle ? C'est là toute la question.

LAMA DENIS. Il y a effectivement, nous l'avons vu, de grosses erreurs dans la notion d'ego et dans celle de dépassement de l'ego. Bouddha a été appelé parfois *anatma vadin*, celui qui enseigne le non-ego et, partant de cette notion de dépassement de l'ego, certains se proposent d'annihiler celui-ci. L'ego est exécrable, haïssable, l'ego est à exterminer et ils s'engagent dans une guerre contre cet ego. Cette approche est une déviation et une erreur majeure. Le non-ego n'a jamais signifié qu'un côté de nous-même devait annihiler l'autre côté de nous-même. Lorsque quelque chose en nous se propose de maîtriser, de détruire quelque chose d'autre en nous, il est pertinent de se demander comme je le suggérais tout à l'heure : qui est-ce qui se propose d'annihiler, de détruire, de dépasser cet autre aspect, qui est-ce qui se propose de dépasser l'ego ? Du point de vue bouddhiste, ce sujet qui a cette intention n'est autre précisément que l'ego lui-même. Cette volonté de destruction de l'ego devient une façon subtile de renforcer l'ego, l'ego se construisant avec pour propos son propre dépassement ou sa propre destruction. Il y a là un réel problème. D'autre part, il est important, avant d'envisager un dépassement de l'ego, d'avoir un ego normalement structuré. Arnaud faisait à l'instant allusion aux difficultés que l'on rencontre souvent face à des personnes qui se proposent de dépasser l'ego mais qui n'ont même pas un ego normal. Il y a, avant d'envisager le dépassement de l'ego, la nécessité d'être « normosé », d'avoir une névrose normale, un ego normalement équilibré. Il y a des gens qui sont névrotiquement névrosés et qui relèvent de disciplines autres que la voie spirituelle. Il y a des gens qui sont « normosés » et l'approche spirituelle s'adresse à ces personnes normales ou normalement névrosées.

Il existe deux niveaux dans le travail sur l'ego : d'abord la compréhension de ce qu'on appelle la transparence de l'ego et ensuite l'expérience de la non-dualité. L'expérience de la transparence de l'ego consiste à comprendre – comprendre non pas intellectuellement mais dans un vécu abordé dans la méditation assise – comment nous ne sommes pas ce à quoi nous nous identifions. En effet, nous ne sommes pas notre carte d'identité. Notre identité en tant que Pierre, Paul, Marie ou Jeanne, n'a qu'une valeur conventionnelle. Nous sommes un ensemble de *samskaras*, de tendances, un ensemble d'états de conscience et, sur ce flux de conscience qui constitue notre expérience habituelle, nous mettons un nom : « moi ». A un premier niveau, il s'agit de comprendre que cette identité ou ce processus d'identification – car il n'y a pas une identité solide, une entité qui ait un caractère intègre et monolithique – est en fait et uniquement un processus, c'est-à-dire le jeu interdépendant des différents phénomènes qui nous donnent le sentiment d'être ce comme quoi nous nous vivons. Il se produit alors une désidentification ou une perception de la transparence, du manque de solidité de notre identité conventionnelle, habituelle. C'est ce qu'on appelle traditionnellement le premier niveau du non-ego.

Le deuxième niveau est l'accession à la non-dualité, c'est-à-dire à l'absence de quelqu'un qui soit le témoin de l'expérience du non-ego. Dans un premier temps, il y a la conscience de ne pas être ce à quoi nous nous identifions habituellement, il y a la conscience de la transparence de notre identité – je ne suis pas ceci, je ne suis pas cela –, mais subsiste néanmoins une appréciation qui est cette conscience d'être globale ou cette conscience de ne pas être cette identité. A ce niveau, on a encore l'expérience d'un témoin, d'un observateur, d'un point de référence. Le deuxième niveau, celui de l'expérience non dualiste, est la disparition même de ce point de référence central auquel l'expérience se rapporte. A ce moment-là, il n'y a plus même conscience du non-ego. Il y a une expérience immédiate, directe, sans la notion du sujet qui perçoit quelque chose d'autre ou qui expérimente le non-ego. Cet état est l'expérience non duelle.

Mais partons du début : au niveau psychologique, il y a la nécessité de la structuration de l'ego et la tradition nous propose un certain nombre de pratiques pour d'abord être bien structuré – ce qu'on appelle en tibétain *seunamtso*, le développement de bienfaits, de l'action juste. Ensuite, sur la base de cette structuration harmonieuse, juste, il est possible de dépasser l'illusion de l'ego, c'est ce qu'on appelle en tibétain *yeshetso*, le développement d'expérience immédiate, qui comprendra à son tour deux niveaux, le premier étant l'expérience de transparence et le deuxième le dépassement même de toute expérience – fût-ce celle même de la transparence.

La transparence de l'ego

Je voudrais demander à Lama Denis s'il peut préciser ce qu'il veut dire par transparence de l'ego et notamment s'il s'agit d'un état où l'ego serait normalisé et où l'on ne serait plus arraché à la réalité relative, par exemple à cause d'émotions ou de désirs forts qui nous empêchent de rester en contact avec la réalité telle qu'elle est ? Ou bien s'agit-il d'autre chose ?

LAMA DENIS. La transparence de l'ego est l'aspect élémentaire de ce qu'on appelle dans le bouddhisme *shunyata*, l'expérience de la vacuité : je ne suis pas ce que j'ai l'impression d'être, je ne suis pas Pierre. Mais habituellement, je suis Pierre, je suis solide. C'est l'expérience que dans le « p », dans le « i », dans le « e », dans les deux « r » et dans le « e » final, il n'y a pas quelqu'un. C'est l'expérience que ce à quoi je m'identifie – cette carte d'identité qui comprend un nom, une date de naissance, une certaine situation sociale, certaines adhésions intellectuelles – n'a qu'une réalité conventionnelle. C'est l'expérience intérieure vécue du caractère relatif de cette identité.

L'expérience dans laquelle on ne s'identifie plus à ses pensées ou à ses émotions, fussent-elles grossières ou subtiles, correspond à ce qu'on appelle l'observateur abstrait. A ce stade, il y a encore la notion d'observateur, de témoin – un témoin non impliqué, un observateur abstrait dans le sens où il n'est pas solidement concret et où il ne réagit pas –, mais il reste la conscience abstraite, neutre, alors que dans le deuxième temps, la conscience même d'être abstrait ou neutre, non impliqué, n'existe plus. C'est uniquement à ce moment-là qu'il y a accession à l'expérience non duelle. La conscience, du point de vue bouddhiste, est toujours conscience de quelque chose d'autre, elle correspond toujours à un mode de connaissance duelle, c'est-à-dire que le sujet est conscient ou connaisseur de quelque chose qui lui est autre, cet autre fût-il la transparence de l'ego.

Question à Arnaud. *Tout à l'heure, vous avez employé l'un et l'autre l'expression d'ego normalement structuré. Est-ce que vous pourriez préciser un peu ce que vous entendez par cette notion?*

Arnaud. C'est relatif. D'abord, on peut le comprendre à un niveau qui est très vite accessible. Un ego normalement structuré, c'est un ego peu névrosé, qui n'a pas de grandes failles, qui n'est pas exagérément infantile et pour qui la recherche spirituelle ne risquera pas d'être une immense compensation explicable par des motivations inconscientes, comme de chercher une mère ou un père dans la personne du gourou ou d'essayer de prendre une revanche sur l'existence grâce à l'enseignement. Quelques termes vont dans ce sens : moins infantile ou plus adulte, une capacité minimum à pouvoir se tenir en face de ses émotions et à porter une émotion au lieu d'être emporté par celle-ci, une capacité aussi à pouvoir entendre, écouter, regarder lucidement, même dans les moments un peu difficiles. Si quelqu'un est trop souvent submergé par ses émotions et que cela le rend incapable d'entendre les paroles de vérité que lui dit le maître, ce sera très difficile pour lui, voire impossible, de bénéficier de ce que le chemin peut proposer. Des êtres perturbés ou trop infantiles ont d'abord intérêt à faire un travail qui leur permette d'être mieux situés. D'autre part, quelqu'un qui est trop en marge de l'existence, qui est incapable de gagner sa vie, qui éprouve un réel malaise par rapport au sexe opposé, n'est pas qualifié pour s'engager vraiment sur le chemin. Il faudrait trouver une approche préparatoire. La voie spirituelle s'adresse à des êtres qui ont déjà un certain niveau. Se sentir très malheureux ou très perdu d'une part et d'autre part être intéressé par les idées spirituelles ne nous rend pas immédiatement qualifié pour une voie traditionnelle. Il faudra trouver un stade intermédiaire.

On peut aussi dire qu'un ego normalement constitué – là je vais reprendre des idées que connaissent tous ceux qui ont lu des ouvrages de Karlfried von Dürckheim par exemple – n'est pas centré dans le haut de la poitrine et les épaules mais peut relâcher ses tensions et se retrouver dans son assiette, comme nous disons en français, dans son *hara*. Cette normalité de l'ego, elle se lit dans les corps. Rien qu'à voir la manière de se tenir assis, les gestes, la démarche, on voit déjà jusqu'où va la normalité ou l'anormalité de l'ego. Elle se traduit par une gestuelle et une manière d'être, à condition bien sûr de ne pas prendre comme référence les facilités qu'offre le monde actuel – je veux parler d'un certain laisser-aller dans la tenue physique, d'un manque d'hygiène général peu compatible avec les qualifications requises sur la voie. Il s'agit donc d'une normalité dans notre relation avec le contexte de nos existences respectives en France aujourd'hui et d'une manière plus juste d'être situé en nous-même.

Un homme. Mais Mâ Anandamayi dit : « Le chemin commence là où l'on est. »

Arnaud. Le chemin ne peut commencer que là où nous sommes. Mais on peut admettre qu'il y ait d'abord un chemin préparatoire. Dans le livre *Fragments d'un enseignement inconnu*, Gurdjieff dit : « La voie commence à un niveau déjà élevé, avant la voie il y a l'escalier. » Pouvoir se considérer vraiment comme un disciple représente déjà un niveau élevé. Mon propre gourou m'avait dit un jour : « Swâmiji n'a pas de disciples, *Swâmiji has only candidates to discipleship*, Swâmiji n'a que des personnes qui aspirent à avoir un jour le niveau de disciple. » Ce qui fait que de ce jour-là, je n'ai plus eu l'ambition de devenir un sage mais une très grande ambition de devenir un disciple puisque cette formule sévère m'incluait.

Lama Denis. Le cheminement commence là où l'on est, pour autant qu'il puisse y avoir là où l'on est un cheminement. La voie est pour tout le monde, là où chacun est pour autant que, là où nous soyons, nous puissions être dans une attitude d'écoute et de réceptivité. Arnaud disait à l'instant qu'il s'agissait d'avoir un ego peu névrosé, je dirai, en reprenant les termes que j'ai précédemment utilisés, un ego normalement névrosé, « normosé », c'est-à-dire d'avoir sa petite névrose normale – nous avons tous notre petite névrose normale –, le tout est que celle-ci laisse suffisamment d'espace pour être réceptif. Toute personne normalement névrosée a un petit peu d'espace pour entendre. Certaines personnes, non pas normalement mais névrotiquement névrosées, sont dans une situation qui les rend incapables d'entendre quoi que ce soit. Elles sont dans un état total d'absence de réceptivité, complètement fermées et, dans la mesure où il n'y a pas de communication, il n'y a pas la possibilité du début d'un cheminement. Donc, si l'on est dans un état névrotique au point que l'on est complètement fermé, à cause de l'écran de ses projections, à toute véritable communication et que l'on interprète, l'on récupère, l'on déforme tout ce qui est dit à travers le jeu de sa névrose, à ce moment-là on ne relève pas immédiatement d'un cheminement spirituel mais d'abord d'un travail psychothérapique.

Il y a toujours des réceptivités différentes, il y a des gens qui sont hautement réceptifs, d'autres qui le sont moyennement, d'autres qui le sont faiblement mais à partir du moment où l'on a une certaine réceptivité, où notre espace intérieur n'est pas complètement fermé, on peut commencer un chemin et, petit à petit, l'ouverture et la réceptivité grandissent.

Ego, esprit, atman

UNE FEMME. *Vous venez de définir l'ego. Est-ce que vous pouvez préciser ce que représente alors l'esprit dans les différentes traditions ?*

ARNAUD. Il est certain que le vocable esprit, tout comme le mot âme d'ailleurs, a en français des sens très différents. Personnellement j'utilise ce mot pratiquement comme un synonyme de *Conscience pure*, la réalité qui n'est pas matérielle, au sens que les hindous donnent à ce mot, c'est-à-dire qui n'est pas mesurable. Pour les hindous, tout ce qui n'est pas le Brahman indicible est mesurable. Il existe en effet une matérialité subtile ou fine, comparable aux ondes de radio ou de télévision que nos sens ne perçoivent pas et qui traversent pourtant cette pièce en ce moment même. Nous ne les captons pas parce que nous n'avons pas l'appareil récepteur adéquat mais elles sont de toute façon mesurables. A l'inverse, l'infini, qui n'est ni grand ni petit, échappe à toute mesure dans quelque unité de mesure que ce soit. Le mot spirituel prend donc dans cette acception un sens ultime.

On peut aussi employer *esprit* dans un sens plus immédiatement familier et dire un esprit ouvert, un esprit large, auquel cas esprit va désigner le fonctionnement intellectuel ou cérébral et sera presque synonyme d'intelligence. Mais généralement « spirituel » est utilisé par rapport à « matériel », cette matérialité aussi bien subtile que grossière que je viens d'évoquer. En français, nous devons faire une distinction entre l'âme et l'esprit, au lieu de se contenter de dire que l'homme est composé d'un corps mortel et d'une âme immortelle. Cette distinction s'appuie sur la terminologie grecque : *soma*, le corps, *psukhé*, l'âme – qui a donné psychisme – et *pneuma*, l'esprit, l'esprit étant au-delà même du psychisme.

LA MÊME PERSONNE. *Est-ce que l'esprit correspond alors au terme atman dont il est souvent question dans vos livres ?*

ARNAUD. Oui, même si on traduit souvent *atman* par âme. Le mot *pneuma* en grec est associé à l'idée de souffle et un des sens du mot *atman* en sanscrit c'est aussi souffle, ce que ne rend pas la traduction française courante : le Soi.

LA MÊME PERSONNE. *Quand vous employez le mot esprit, vous le comprenez comme la nature ultime...*

ARNAUD. Oui, tout comme la traduction d'*atman*. Évitons de traduire *atman* par âme, et conservons le mot âme pour ce qui concerne le psychisme avec toute sa complexité. C'est la terminologie du christianisme des origines.

Lama Denis. Il y a bcaucoup de problèmes concernant l'esprit car s'il est un mot que l'on met habituellement à toutes les sauces, c'est bien celui-ci. Je crains qu'il soit difficile de clarifier cette situation sans se référer à un système de pensée particulier, entendu que le mot esprit, Arnaud nous le signalait à l'instant, peut avoir des acceptions extrêmement différentes suivant le contexte. Dans le dharma, il y a cinq mots au moins qu'en français on peut traduire par esprit, c'est vous dire la difficulté. On distingue ce qu'on appelle le mental, l'intellect, la conscience, l'esprit ou le cœur – esprit étant ici la traduction du terme tibétain *sem* ou du terme sanscrit *chitta*. Les mêmes mots sanscrits n'ont pas, à leur tour, la même acception dans le contexte du vedânta ou dans le contexte du dharma, ce qui ne simplifie pas le problème.

On oppose souvent l'esprit à la matière en créant entre les deux une sorte de fossé, celui-ci existant principalement dans nos références occidentales. Il y a d'un côté les matérialistes, de l'autre les spiritualistes et on retrouve très fort cette scission dans nos structures de pensée. L'approche du dharma n'est pas particulièrement matérialiste mais je dirais volontiers qu'elle n'est pas non plus particulièrement spiritualiste mais plutôt réaliste. Dans la perspective du dharma, esprit désigne le niveau ordinaire, l'esprit habituel, dualiste, c'est-à-dire ce que mon esprit expérimente, ses pensées, ses sensations, ses émotions. Cet esprit dualiste est synonyme de conscience. Dans le dharma, il n'y a jamais d'âme et quand à l'atman qu'on peut traduire par âme, c'est l'illusion et c'est l'ignorance. Le Bouddha enseigne l'inexistence de l'âme, c'est-à-dire l'inexistence de l'esprit dualiste, de la conscience habituelle autrement que comme une impression illusoire. C'est ce que nous appelons l'anatman, le non-atman. Dans la perspective du dharma, l'esprit n'est jamais une âme au sens occidental, c'est-à-dire quelque chose qui ait une individualité, de près ou de loin, autonome et autosuffisante ; cette impression d'indépendance est l'illusion, la source de nos conditionnements et de notre souffrance. L'esprit dualiste n'existe pas comme « quelque chose » si ce n'est dans une perception erronée. L'esprit n'est pas quelque chose mais un processus cognitif. La définition de l'esprit habituel en tibétain est *yul la sem pena sem*, difficilement traduisible en français – en anglais l'on pourrait dire : « *Mind is minding an object.* » L'esprit est un processus cognitif dynamique bien plutôt que quelque chose qui ait une existence autonome. Cet esprit habituel, dans l'illusion, donne naissance à l'impression d'individualité ou d'âme.

On emploie aussi « esprit » au niveau ultime et, dans ce cas, il est synonyme de *nature de bouddha*, c'est l'esprit ultime dans le sens dont parlait Arnaud à l'instant. Quand on parle d'esprit, a priori, on ne sait guère ce dont il s'agit et s'il n'y a pas une précision, l'ambiguïté persiste. Il y a beaucoup d'esprits : l'esprit illusionné, l'esprit éveillé, l'esprit impur, l'esprit pur, l'esprit des vivants habituels, l'esprit d'un Bouddha, etc. Le dharma, d'une façon générale, est parfois défini comme la science de l'esprit, c'est-à-dire la compréhension de ce qu'est l'expérience dans ses différents registres en partant de celle de l'esprit qui est le nôtre aujourd'hui jusqu'à l'esprit éveillé, inconditionné du Bouddha.

ARNAUD. La querelle *atman-anatman*, ou *anata* en pali, qui dure depuis deux mille cinq cents ans, me paraît être un pur malentendu qui repose sur le sens que l'on donne au mot atman. Les hindous jouent parfois sur le mot *atman* ou sur le mot *self* en anglais pour désigner à la fois la conscience que nous avons de nous-mêmes aujourd'hui – *your self*, votre soi, ou *yourself* en un mot, vous-même – et aussi le Soi supra personnel, ultime, de chaque être humain qui n'est autre que l'absolu. C'est la célèbre équation atman = brahman. De même que l'essence de chaque vague n'est autre que l'eau de l'océan, l'atman n'est pas individualisé. C'est la réalité ultime.

Une parole célèbre du Bouddha affirme : « Il existe bien un non-né, non-fait, non-devenu, non-composé et s'il n'existait pas un non-né, non-fait, non-devenu, non-composé, il n'y aurait aucune évasion possible hors du né, du fait, du devenu, du composé. » Or il n'y a pas de plus belle définition de l'atman du vedânta que le non-né, non-fait, non-devenu, non-composé ; c'est en tout cas ainsi que l'ont défini les gourous védantiques qui m'ont paru dignes de confiance, même si les universitaires se sont souvent perdus dans des subtilités d'argumentation qui nous concernent moins.

Tout dépend donc du sens que nous donnons au mot atman. L'intérêt de ce terme, pour les hindous, c'est que nous partons de notre point de départ en essayant simplement de sentir un « je » un peu plus profond que les états changeants de surface, pour découvrir peu à peu la vraie origine de ce je, supra individuelle, impersonnelle, incréée. Notre réalité ou notre nature ultime n'est jamais née, elle ne mourra jamais, rien ne l'affecte, elle est sans histoire, sans devenir, échappant au temps, à l'espace, à la causalité. Même si nous n'en sommes pas conscients au départ, nous pouvons nous éveiller à cette réalité en perdant l'illusion de l'identification à un personnage qui, lui, est né, fait, devenu, composé, dont on connaît la date de naissance, les événements qui ont jalonné sa vie et le moment de sa mort.

Un homme. *Est-ce que ce n'est pas la même chose que Dieu ?*

Arnaud. Quel sens allons-nous donner au mot Dieu ?

La même personne. *Le Dieu des mystiques...*

Arnaud. Oui, mais les théologiens et les mystiques ont évoqué Dieu de manières différentes. Dieu tel que le décrit Maître Eckhart n'est pas Dieu tel que nous le décrira peut-être le curé de notre paroisse ni le Dieu strictement unitaire des musulmans pour qui la Trinité est une aberration. Ce qui est sûr c'est que les hindous emploient très facilement le mot *God*, Dieu, comme synonyme d'atman.

Lama Denis. Je souscrirai tout à fait à ce que vient de dire Arnaud sur le non-né, non-devenu, l'incréé – la liste de termes négatifs est souvent longue pour désigner l'ultime. Il y a un problème de définition si l'on traduit atman par âme. Mais si l'on dit que l'âme c'est ce qui n'est ni né ni devenu, finalement qui n'est ni permanent, ni impermanent, ni existant, ni inexistant, on peut poser effectivement l'identité entre l'atman et l'esprit pur comme on l'entend dans le dharma. Cependant, si vous donnez cette définition de l'âme à un chrétien, il ne l'acceptera pas.

L'esprit pur est au-delà des représentations et des concepts et au-delà de quoi que ce soit qui puisse être identifié. On peut se référer à l'esprit pur comme à Dieu ou à la divinité, c'est ce que l'on fait dans la tradition des tantras, mais Dieu ou cette divinité n'existe pas comme quelque chose qui ait une existence extérieure, n'existe pas non plus comme quelque chose de repérable, comme une identité ou comme quelque chose d'autre. Dans la perspective du dharma, la divinité est ce qu'on appelle la « claire lumière ». C'est la plénitude de l'esprit qui se révèle dans *shunyata*, l'expérience de vacuité. Lorsque, par la pratique de la méditation, l'on a évacué toutes les conceptions, l'on s'est dépouillé de ses voiles et de ses illusions, dépouillé de soi-même, de tout ce qui constituait notre individualité – notre ego au sens habituel –, dans cet état de vacuité et d'absence est une présence, celle de la claire lumière qui est le niveau pur de l'énergie au-delà de toute perception dualiste, au-delà de tout moi et de tout autre. Dans cette claire lumière l'on n'existe pas et Dieu n'existe pas plus que nous. Dieu en tant qu'autre existe autant que moi en tant que son observateur. Dieu que je loue existe autant que moi en tant que laudateur. La divinité est, dans le dharma, ce niveau pur de la réalité, en lequel il n'est ni Dieu, ni créature, ni sujet, ni objet : ni moi, ni autre.

Il est important d'affiner sa compréhension et d'approcher autant que l'on peut, petit à petit, ce dont il s'agit par une expérience, entendu que les concepts avec leur mouvance et leurs contradictions restent un marais dans lequel on s'embourbe si l'on n'est pas éclairé par l'expérience intérieure authentique. Les différents systèmes conceptuels du vedânta, du dharma, du christianisme, de l'islam, du soufisme ou de n'importe quelle tradition, sont comme une carte avec certaines conventions cartographiques différentes. Si l'on a l'expérience du terrain, on est capable avec n'importe quelle carte de s'y retrouver. Si l'on n'a pas l'expérience du terrain – et on ne l'a pas au début –, on a besoin d'apprendre d'abord un certain système de cartographie et si l'on utilise différentes cartes sans connaître leurs différents systèmes, on s'y perd. L'expérience est la clé qui ouvre la compréhension des différents registres de signification des traditions, mais pour obtenir cette clé qui est l'expérience directe du terrain, il est indispensable de suivre une pratique qui s'inscrive dans une tradition précise avec le vocabulaire, la méthodologie et la direction spirituelle qui lui sont spécifiques.

Sens de l'ego et impermanence

Il semble que Lama Denis et vous ne donnez pas le même sens au terme atman. Est-ce que je me trompe?

ARNAUD. Il y a, en effet, une certaine différence de terminologie entre Lama Denis et moi. Tout à l'heure, Lama Denis traduisait *atman* entre autres par ego en disant que le Bouddha enseignait le non-ego mais, dans l'utilisation du sanscrit actuel par les sages, les pandits ou les shastris, un hindou ne traduirait pas atman par ego. Le mot sanscrit pour ego, c'est *ahamkar* – qui ne signifie pas exactement « moi » mais « ce qui fait l'impression du moi » – ou éventuellement le mot *jiva* qui pourrait être traduit par ego parce qu'il représente une certaine réalité individualisée qui transmigrerait de naissance en naissance.

Je voudrais souligner au passage qu'il vaut beaucoup mieux traduire *ahamkar* par « ce qui fait le sens de l'ego » que par ego – de façon à bien mettre en évidence que ce sens de l'ego « *the ego sense* », est en fait une pure illusion. On nous a enseigné en classe que rien ne se perd, rien ne se crée dans la nature, tout se transforme. En ce qui concerne l'ego, on se réveille d'une illusion. L'ego ne devient rien parce qu'il n'a jamais existé, comme un mirage. Un des mirages les plus connus consiste à voir de l'eau en plein désert. Qu'est devenue la nappe d'eau que l'on est certain d'avoir vue? Elle n'est rien devenue puisqu'elle n'a jamais existé. Celui qui a atteint l'éveil ou la libération, telle que la conçoivent les hindous, réalise : je me suis simplement réveillé d'une illusion, réveillé de cette identification fondamentale. Je n'ai jamais été ce que j'ai tellement cru être, c'est-à-dire ce personnage avec ses drames, ses tragédies, ses événements, son histoire, son hérédité, ce que décrivent le thème astrologique et l'analyse graphologique. Je me suis pris pour ce personnage, mon illusion cesse et je réalise que, en fait, j'étais une conscience indépendante.

On ne devrait pas dire l'ego mais la croyance en l'ego. L'ego n'est pas une réalité, c'est un mode de conscience illusoire mais, pour l'instant, cette illusion est réalité pour nous parce que nous y croyons dur comme fer. Et bien sûr, si je prends de loin dans la pénombre, une corde pour un serpent, je n'oserai pas m'avancer de peur d'être mordu. Les védantins affirment que toute la réalité est *anitya*, privée d'une réalité permanente, affirmation par laquelle le vedânta rejoint le bouddhisme. Tout ce que nous observons, dans ce commencement d'observation où s'opère une distinction sujet-objet, est toujours en devenir, c'est un flux continuel. Les mots sanscrits qu'on traduit par « le monde » en français donnent tous l'idée de flux, de courant. Il n'y a rien qui soit éternel, *nitya* en sanscrit, échappant au temps. Tout ce que nous pouvons observer, hors de nous mais aussi en nous, n'est que changement, que devenir. Ce que vous avez considéré comme *vous*, avec une certaine permanence ou solidité, n'est que modifications, modifications de seconde en seconde. Ce qui était là à l'instant même est mort pour faire place à quelque chose d'autre. Du point de vue du vedânta, on ne peut même pas dire qu'il y a une entité et qu'elle a disparu, remplacée par une autre. Le mouvement mort-naissance, naissance-mort – la mort étant l'autre face de la naissance, la naissance étant l'autre face de la mort – est un mouvement permanent. L'image aussi bien orientale qu'occidentale, c'est la rivière qui ne cesse pas de couler.

Ce que nous prenons pour *nous* est considéré dans le langage hindou comme « irréel » : cela n'existe pas vraiment, cela ne fait que changer. Ce qui est immuable, qui *est*, se dit *nitya* en sanscrit. Est-ce que nous voyons quoi que ce soit qui soit immuablement ? D'où cette parole :

« Ce qui n'existait pas hier et n'existera pas demain, n'existe pas non plus aujourd'hui. » Prenons l'exemple le plus souvent utilisé dans cette approche : notre corps physique, ce que nous avons de plus stable par rapport aux pensées et aux émotions fluctuantes, ne cesse pas de vieillir. Ce vieillissement ne s'effectue pas brusquement chaque année le 31 décembre, c'est un mouvement continu. Ce qui nous paraît le plus sûr, le plus solide, ce corps physique, est irréel en ce sens qu'il n'est que changement. Il me semble que, sur ce point-là, le vedânta et le bouddhisme se rejoignent complètement.

LAMA DENIS. Tout à fait. Tout ce que vous venez de dire est une expression très belle et très lucide de ce qu'on appelle l'impermanence dans le bouddhisme. On emploie la même image, celle du fleuve – et il n'y a que les fous pour penser que le fleuve est continu – là où l'eau se renouvelle instantanément à chaque instant. Il n'y a que l'illusion pour nous faire percevoir une continuité dans le flux incessant du fleuve.

Le sujet et l'objet

Qu'est-ce qui entreprend la démarche de libération ? Est-ce l'ego ou y a-t-il en nous « quelque chose » qui prenne la recherche en main ?

ARNAUD. Au départ du chemin, dans les conditions ordinaires de l'existence – c'est certainement encore plus vrai pour nous, produits de ce monde occidental moderne, dans l'existence agitée, destructurante que nous vivons aujourd'hui, que pour des êtres qui avaient un mode de vie beaucoup plus calme, ponctué de prières, de méditations, de rituels – il y a une identification massive, celle de la conscience pure à une forme apparente qui n'est que changement. Identification à nos pensées, à nos émotions, à nos sensations par lesquelles nous sommes complètement happés.

Swâmi Prajnanpad appelait cela une fausse non-dualité dans laquelle le sujet est entièrement absorbé par l'objet. Je n'ai plus aucune conscience de moi. Swâmiji insistait sur la nécessité de passer par une étape importante dans laquelle nous expérimentons un moi plus permanent, plus stable, plus réel, même s'il s'agit d'une individualité qui devra elle aussi être dépassée. C'est encore moi, mais avec une distinction claire du moi et du non-moi. Est-ce que moi en colère, c'est moi ? Non, pas plus d'ailleurs que moi, fou de joie. Il s'agit donc, dans un premier temps, de découvrir un « je » sans attribut, sans prédicat, plus stable, plus permament et qui procède pour commencer d'une dissociation. C'est cette distinction du sujet et de l'objet qu'on appelle « discrimination du spectateur et du spectacle » ou « position de témoin », *witness position* en anglais, *sakshin* en sanscrit. Mais elle n'est qu'une étape.

Donc, l'état de conscience ordinaire est une fausse non-dualité dans laquelle nous n'existons plus, non pas au sens heureux d'un effacement de l'ego mais dans le sens d'une identification inconsciente à nos fonctionnements, d'autant plus grande que nous sommes plus concernés émotionnellement. Nous ne sommes pas en possession d'une conscience stable que l'Inde compare à un fil qui passe à travers toutes les perles du collier, une conscience permanente qui s'exprimerait avant tout en termes négatifs – je ne suis pas cette pensée, je ne suis pas cette émotion, je ne suis pas cette condition physique pénible, je ne suis pas tout ce dont je peux prendre conscience qui n'existait pas hier, qui n'existera pas demain. Donc, il s'agit bien d'une dissociation. Si je suis complètement pris, le sujet et l'objet sont confondus, je suis emporté par mes pensées, mes émotions, mes sensations. Il y a absorption du sujet par l'objet. Cet objet peut être l'ensemble de nos perceptions intérieures, une émotion douloureuse, une tristesse, une surexcitation parce que nous avons reçu une bonne nouvelle, ou même des pensées un peu obsessionnelles. Une part de la sadhana, de l'ascèse, consiste en cette désidentification, cette dissociation du sujet et de l'objet.

En langage védantique, on dit que tout peut être objectivé, c'est-à-dire considéré comme un objet – y compris, je le redis, ce que d'habitude nous considérons comme tenant au sujet, c'est-à-dire les tristesses, les joies, les colorations affectives, les idées noires, les idées roses. Si le sujet est triste de constater une tristesse, ce n'est plus le sujet. Le sujet, le témoin, doit être pur, sans coloration, sans qualification, juste vision. Ce témoin, lui, est toujours identique à lui-même, tandis que ce qui est vu est tout le temps changeant. Cette étape que Swâmi Prajnanpad appelait une vraie dualité est une première démarche.

Tout peut devenir objet pour un sujet qui en prend conscience. Mais du sujet lui-même, l'ultime sujet, rien ne peut prendre conscience. Mais ce je suis, ce sujet, même s'il est très pur, même s'il est sans émotion, même s'il EST parce qu'il échappe au changement, qu'il échappe au temps, a encore une certaine coloration individualisée. Je le ressens toujours quelque peu comme « moi ». Il y a encore un dépassement possible dans lequel ce sens d'un je suis même très calme, très stable et autour duquel peut se structurer et s'organiser notre fonctionnement ordinaire, va disparaître. Le sujet perd toute référence individualisée, toute référence de séparation, de dualité et atteint une non-dualité – non-deux – qu'il est impossible d'imaginer à l'avance tant qu'on ne l'a pas expérimentée. La conscience devient alors parfaitement lumineuse, claire, souverainement détachée, mais compatible avec l'apparence d'une action, d'une décision. Toute référence individuelle s'est effacée. Pour illustrer cet état, on donne l'image de la vague qui réalise qu'elle est purement et simplement l'océan; même s'il y a des milliers de vagues, il y a un seul océan et la vague ne peut pas avoir une existence, ou un être, ou une réalité indépendante de l'océan lui-même.

L'ego et le mental

UNE FEMME. *Vous avez parlé d'atteindre le non-ego, c'est-à-dire la mort de l'ego. Étant donné que nous avons tous des potentialités différentes – si on les a conçues de telle façon, c'est que nous devons les vivre – est-ce que le moyen d'atteindre le non-ego ne consiste pas justement à vivre ces potentialités, positives ou négatives, les unes après les autres, pour essayer ensuite de les dépasser le mieux possible, afin d'atteindre peut-être la plénitude? Or, pour vivre ces potentialités, faut-il vraiment un guide extérieur, ne peut-on pas se fier dans ce domaine au guide intérieur?*

ARNAUD. L'expression la mort de l'ego, que vous venez d'employer, n'est pas heureuse en elle-même car elle suggère l'attitude agressive vis-à-vis de l'ego contre laquelle Lama Denis nous mettait en garde tout à l'heure. Le dépassement de la limitation égocentrique ne sera jamais le fruit de la frustration pure et simple. Naturellement, il peut être très acceptable de dire : il faut que la chenille meure pour que naisse le papillon – les ailes ne poussent pas sur le dos des chenilles – mais si nous entendons seulement « il faut que la chenille meure » et que nous écrasons la chenille pour activer le processus, nous n'aurons bien entendu jamais un papillon. Détruire l'ego, même avec une haute aspiration à la libération, ne fera rien d'autre qu'un ego détruit.

Je me suis mal expliquée, je ne voulais pas dire le détruire, je voulais dire l'exalter.

ARNAUD. Je vais dans le sens de ce que vous précisez. Tant que le sens de l'ego subsiste, il ne peut y avoir d'autre chemin que l'épanouissement de l'ego. L'un épanouira un ego d'artiste, l'autre un ego de politicien. Mais au départ, il faut bien se rendre compte que le sens de l'ego est là. Vous vous souvenez peut-être du titre d'une vieille chanson de Dutronc : « Six cents millions de Chinois et moi, et moi, et moi. » Voilà l'ego. Et la magnifique définition d'un maître zen à qui l'on demande : « Qu'est-ce que l'ego ? » – « C'est ce qui fait que sur une photo de groupe où il y a soixante personnes, on cherche immédiatement si, soi, on est réussi ou non ». Ce sens de « moi » ne peut être transcendé en essayant de détruire l'ego, quels que soient les procédés ou les techniques qu'on emploie. On peut considérer le chemin comme l'épanouissement de l'ego. Mon propre gourou a fait tant de fois ce geste devant moi : au départ, l'ego est comme un poing fermé qui s'ouvre, qui s'ouvre, qui s'ouvre, et puis un jour c'est fini, je ne peux pas ouvrir plus, c'est terminé. L'ego est devenu tellement vaste qu'il inclut tout, donc la séparation entre le moi et le non-moi s'est dissoute peu à peu parce que l'ego peut tout inclure, tout comprendre.

Malheureusement, cet épanouissement normal, aisé et naturel de l'ego qui permettrait à celui-ci de perdre son caractère contraignant et de devenir peu à peu léger comme un fin voilage transparent est contrecarré par le mental. En nous, l'épanouissement de l'ego a un ennemi que techniquement, dans la ligne dont je me réclame, on appelle *manas* en sanscrit. Le mental est un fonctionnement distordu de notre perception et de notre conception et le mental, souvent traduit par *mind* en anglais, empêche l'épanouissement de l'ego. Nous portons en nous toutes sortes de germes et de potentialités que nous voudrions épanouir. Qui oserait empêcher un danseur de danser, qui oserait empêcher d'aimer un être prêt à aimer, sous prétexte d'atteindre la libération? En vérité, ce qui doit être détruit, ce n'est pas l'ego, c'est le mental car c'est à cause de ce fonctionnement distordu que l'ego se débat tant qu'il peut pour s'épanouir et n'y arrive jamais parce qu'il se trompe, parce qu'il erre dans les illusions, parce qu'il cherche dans de fausses directions. Notre véritable tortionnaire ou bourreau, nous le portons à l'intérieur de nous.

A cet égard, il ne faut pas croire que le gourou est systématiquement l'ennemi de notre ego. Ce serait une erreur de penser que le gourou, étant l'ami de ma nature de Bouddha ou de mon atman, est forcément l'ennemi de mon ego. Si vous sentez le gourou comme l'ennemi de votre ego, vous ne pourrez rien faire d'autre que de tricher – car le mental est tellement retors. Le gourou est l'ami de votre réalité essentielle et l'ami de votre ego mais l'ennemi implacable de votre mental. Puissiez-vous être heureuse en tant que mère, puissiez-vous être heureux en tant que peintre, en tant que médecin, puissiez-vous être heureux en tant qu'être humain et vous pourrez alors transcender ce qui est encore une finitude et une limitation. Si nous ne faisons pas partie d'une infime minorité, je considère que le mental, qu'on désigne à juste titre comme le malin dans les Évangiles, est tellement habile pour nous rouler qu'une aide extérieure est indispensable. Mais cette aide extérieure ne s'érige pas en ennemi de l'ego, de ce qui en nous dit : « J'ai envie d'être heureux, j'ai envie de m'épanouir, j'ai envie d'exprimer ce que je porte en moi. » Comment pourrions-nous nier ce cri du cœur?

Donc, la mort de l'ego n'est pas une bonne expression. Dites plutôt le dépassement, la transcendance ou l'ultime accomplissement de l'ego au-delà de tous les accomplissements relatifs. Et l'ego comprend assez vite que sa demande de bonheur, qui lui est intrinsèque et qui est normale, ne sera jamais comblée par les satisfactions relatives de l'existence. L'être que j'aime le plus au monde peut me trahir – ne serait-ce simplement qu'en mourant; la société professionnelle que j'ai fondée peut un jour, si les conditions économiques se dégradent, se trouver acculée au dépôt de bilan; je peux être blessé, mutilé dans un accident. Très vite, l'ego va comprendre que le bonheur dépendant, conditionné, est fragile et, s'il entend dire que certains sages affirment s'être établis définitivement dans un état de bonheur non dépendant – un état qui demeure le même dans le succès et dans l'échec, dans l'amitié et dans la trahison, dans l'admiration et dans la critique impitoyable, dans la santé et dans la maladie – l'ego s'y intéresse vraiment. Mais vous connaissez le proverbe : « Ventre affamé n'a pas d'oreilles »; un ego trop frustré ne peut pas entendre vraiment les enseignements spirituels, il les récupère pour en faire des satisfactions ordinaires : je serai un grand disciple, je serai aimé par le gourou, etc. Donc, un certain épanouissement de l'ego est indispensable sur le chemin pour aller plus loin, au-delà.

Qui suis-je?

Je sens la nécessité d'entrer davantage dans le moi, c'est-à-dire d'être plus solide en moi-même et, curieusement, cela m'a amené à me dépouiller de certains aspects de ma personnalité en me demandant : est-ce que c'est réellement moi ? Et petit à petit, je défais ce qui me paraît être des rajouts qui n'ont rien à voir avec ce que je suis réellement. Je ne dirais pas que cela me conduit à un vide mais j'en arrive quand même à me poser la question : mais alors, qu'est-ce que je suis ?

ARNAUD. Qu'est-ce que je suis ? Il n'y a que vous qui puissiez répondre. Ce n'est pas en écoutant la parole célèbre des Upanishads, *tat twam asi*, Tu es Cela, – l'absolu, le Brahman – que vous serez plus avancé. Se demander : « mais en fin de compte, qu'est-ce que je suis vraiment ? » c'est sûrement une bonne question. Et si vous perdez des attachements à tel ou tel aspect conditionné de vous-même, c'est bénéfique. La voie spirituelle, si on l'envisage dans son essence, est une grande aventure dans laquelle on est par moments secoué, mis en cause, on ne se reconnaît plus. Certaines structures qui nous emprisonnaient mais qui servaient en même temps de points d'appui pour notre fonctionnement ordinaire se trouvent ébranlées. Par conséquent, nous arrivons là au paradoxe apparent que nous avons déjà eu l'occasion de signaler mais qu'on peut maintenant approfondir dans une autre perspective : il faut à la fois perdre ses limites, perdre ses contours – j'oserai dire se dissoudre – et, en même temps, il faut avoir une certaine structure intérieure. Sinon, on prendra peur, on sera incapable de faire face et, au lieu de se poser les questions avec courage, on les évitera. Au lieu de vivre certaines pertes de points d'appui avec confiance, on sera dérouté et on essaiera à tout prix de se raccrocher à n'importe quoi.

Pour faire de la plongée sous-marine, il faut d'abord bien nager à la surface ; pour pouvoir descendre dans les profondeurs de nous-mêmes et chercher quelle est l'essence ultime de notre être, il faut d'abord savoir se tenir à peu près solide sur ses propres pieds. A cet égard, il y a beaucoup de confusions qui devraient être clarifiées. A quel niveau est-ce que je me situe sur le chemin ? Est-ce que j'ai d'abord besoin d'une certaine formation humaine toute simple? Ne peut s'effacer qu'un ego qui, d'abord, existe au moins relativement, de manière à ce que nous puissions affronter des moments intérieurs déroutants. On ne peut pas laisser croire que le chemin consiste uniquement à aller de mieux en mieux, à être de plus en plus serein et heureux et à avoir de moins en moins d'angoisses. Autant le savoir dès le départ, le chemin suppose de traverser certaines crises et demande donc un minimum de solidité intérieure.

Lama Denis. C'est important d'avoir un ego bien structuré avant de passer au-delà. Comme nous l'avons brièvement évoqué, il y a, dans le développement tel qu'il est présenté dans le bouddhisme, deux étapes : « le développement de bienfait », c'est-à-dire d'action juste, et ensuite « le développement de connaissance primordiale ». D'abord agir de façon juste, fonctionner dans le relatif, dans le relationnel, avec un ego structuré sur des bases saines. Il y aurait une différence ici à faire entre la santé et la sainteté, la santé étant de fonctionner sur des repères qui permettent ensuite le dépassement de l'ego. Certaines règles sont déjà l'approche d'une attitude non égoïste. Ensuite, la deuxième étape est le dépassement même des repères, des points d'appui. C'est ce que l'on fait dans la pratique de la méditation. Mais tel que la tradition l'enseigne et le répète, le développement de bienfait, la structuration du moi, de l'ego dans des repères sains est un préliminaire indispensable à l'expérience non duelle. On compare le développement de bienfait au terrain qui est préparé, enrichi et dans lequel ensuite la graine de la sagesse, de la connaissance immédiate, peut germer et s'épanouir.

Pour ce qui est, ensuite, du dépassement de la dualité, le dépassement des illusions, c'est toute la pratique de la méditation. On développe d'abord un état de repos de l'esprit et dans celui-ci, avec une certaine lucidité, il est possible, dans une expérience intérieure, de voir clairement ce qu'est l'esprit, ce que nous sommes. On trouve alors une réponse à qui suis-je, que suis-je, une réponse qui n'est pas verbale mais expérientielle. C'est une expérience dans laquelle, à force de regarder en cette lucidité, on voit silencieusement, suivant la parole traditionnelle, « le sens de l'invisible ». En fait, on ne peut pas se voir soi-même, pas plus que l'œil ne peut se regarder ni le fil de l'épée se couper, mais pourtant dans cet état, une intuition ou une expérience immédiate s'éveille. Cette expérience demande l'abandon des repères, des points d'appui, des concepts, des idées. C'est une pratique de dépouillement progressif. C'est un chemin qui amène à l'expérience en laquelle il n'y a ni voyageur, ni destination, ni voyage.

Il y a là une certaine différence entre des approches théistes et des approches non théistes en ce sens que, dans une approche théiste, le cheminement va vers Dieu, qui est généralement posé comme le Tout-Autre auquel on s'unit ultimement. Dans l'approche bouddhiste, cette perspective est considérée comme étant imparfaite – en tout cas on en critique ce qu'elle a de critiquable – car on considère que la notion de Dieu est en fait l'ultime référence et que, aussi longtemps que l'on se vit dans un état d'union avec un autre, on est encore subtilement dans une attitude dualiste. L'expérience au niveau ultime, l'expérience de la vacuité, correspond au dépassement de tous les points de repère. Dire que l'ultime est ineffable, qu'il est indicible, dire que Dieu est le sans-nom ou l'appeler Jésus-Christ, Atman, Brahman, etc., c'est exactement du pareil au même. Parler de Dieu en termes négatifs ou au contraire en termes positifs ne change fondamentalement rien à la question. Même si cette manière de voir contient des subtilités au niveau relatif, elle revient toujours à poser Dieu, à poser l'Ultime comme un autre ou en termes de référence, de concepts, de points d'appui. Or, l'expérience véritable de la vacuité est l'absence même des points d'appui, cette absence de point d'appui étant l'absence même de l'autre qui est aussi l'absence de nous-mêmes. Et c'est ce qu'il ne faudrait pas appeler non plus la non-dualité, autrement on retomberait dans le problème.

Ego et égoïsme

UNE FEMME. *Vous avez dit à plusieurs reprises qu'il ne fallait pas être égoïste. Pendant les méditations dirigées, Lama Denis a proposé de faire don à tous les êtres de nos méditations, du bienfait que nous pourrions retirer de notre séjour ici, etc. Or, moi je me sens absolument égoïste au départ : quoi que je fasse, je sens que je le fais toujours pour moi, quitte ensuite à dire merci et à profiter en fait des autres. Je n'arrive pas à accomplir la moindre action que je puisse qualifier de non-égoïste. Tout me paraît égoïste...*

ARNAUD. C'est tout à fait juste et c'est un thème vraiment très important. Tout est égoïste tant que le sens de l'ego ou l'illusion de l'ego demeure. Vous ne réussirez jamais un acte purement non égoïste tant que subsiste l'égocentrisme.

LA MÊME PERSONNE. *Pourtant, vous insistez vous aussi sur le non-égoïsme.*

ARNAUD. Il s'agit d'une orientation, ce vers quoi nous allons. A l'intérieur de cet égocentrisme fondamental apparaît une évidence toute simple : il n'y a pas que moi au monde, il n'y a pas que moi qui souffre, il n'y a pas que moi qui cherche à être heureux. On nc peut pas aspirer à l'état sans ego – *egoless state* – qui apparaît comme une grande réalisation spirituelle, et en même temps demeurer installé dans l'égoïsme. Il y aurait là une contradiction certaine. Donc, je maintiens que vous ne pouvez agir que de manière égoïste mais c'est cet ego qui change. Peu à peu, votre intérêt réel pour l'autre, votre compassion pour l'autre grandissent tandis que la distinction entre vous et l'autre s'estompe.

La même personne. *Mais même en pensant aux autres, on pense à soi !*

Arnaud. D'accord. Jusqu'au jour où il n'y aura plus de distinction entre les autres et vous. Si votre main souffre d'une écorchure ou d'une brûlure et que vous la soignez, est-ce que vous allez dire : « Je suis non égoïste parce que je m'occupe de ma main ? » Non, vous sentez que votre main fait partie de vous. Peu à peu, vous sentirez de la même manière que l'autre fait partie de vous et vous ne saurez plus si vous faites pour vous ou pour l'autre. Si je soigne ma main, je le fais pour moi ou pour ma main ? Quelle question bizarre ! Il en est de même si je fais quelque chose pour l'autre. Vous ne pouvez faire que pour vous – que pour moi – mais au lieu que moi soit tellement limité, il devient de plus en plus vaste, accueillant, il comprend, au sens d'inclure, de plus en plus. Un ego vaste, vaste, c'est le contraire d'un ego hypertrophié.

Lama Denis. On peut avoir un ego individuel, on peut avoir un ego familial, on peut avoir un ego national, on peut avoir un ego de classe, un ego spirituel, un ego qui inclut toute l'humanité. Il y a deux approches mais on évitera de gonfler la baudruche de l'ego pour y inclure de plus en plus d'éléments et on apprendra dans la pratique à inverser l'attitude de l'ego en comprenant que ses luttes sont les sources de nos problèmes et de nos douleurs. Si l'on souhaite vraiment le bonheur, et nul n'y échappe, tous ont cette recherche, soyons égoïstes, on ne peut pas s'en empêcher, mais intelligemment et comprenons que c'est en abandonnant la recherche égoïste de notre intérêt personnel que l'on accède au bonheur véritable plutôt qu'en se gonflant et en essayant de suivre la politique de la grenouille qui essaie de se faire aussi grosse que le bœuf. Finalement, plutôt que d'être egocentré, on apprend à être « allocentré ».

3

LE GUIDE AU CŒUR DE LA SOLUTION

Est-il indispensable d'avoir un guide?

Est-il nécessaire d'avoir un guide?

Lama Denis Teundroup. Je répondrai oui, complètement et indubitablement. Selon l'image traditionnelle, cheminer sans guide, sous l'emprise de ses conditionnements, sans véritable discernement, c'est être comme un aveugle qui cherche sa route à tâtons dans le désert.

Le cheminement, dans une voie traditionnelle, demande un rattachement précis et authentique à un enseignement, à une pratique et à un guide. Le guide est indispensable. Il ne s'agit pas d'un « guide éthérique, en astral » dont on reçoit des messages télépathiques ou en écriture automatique, il ne s'agit pas non plus d'un « guide intérieur » qui nous parle directement, ce ne serait en fait que l'ego, notre conseiller particulier. Le guide doit être une personne physique avec laquelle on puisse parler, qui puisse nous comprendre, en qui l'on ait confiance, avec laquelle on puisse communiquer.

L'approche spirituelle dans laquelle on essaie de suivre

son propre chemin en prenant uniquement comme référence ses propres critères personnels expose à ce qu'on appelle l'auto-illusion. Si l'on veut aller profond dans un cheminement, il est nécessaire de pouvoir s'en remettre à un enseignement. Le seul guide intérieur nous met dans la position d'égodidacte dans laquelle notre ego nous dicte et nous conseille ce qu'il est bon que nous fassions, approche qui n'a jamais permis de dépasser l'ego. L'égodidactisme est une voie de garage, un chemin qui ne mène nulle part.

Le dépassement de l'ego et de ses illusions étant le propos central de toute voie spirituelle, il est nécessaire d'avoir une relation à une tierce personne, relation dans laquelle s'instaure un processus qui permet de voir l'illusion de l'ego. Cette personne, ce guide n'est pas du tout quelqu'un qui va nous prendre par la main, « Suis-moi, je t'amène à l'éveil... », ce n'est pas quelqu'un qui va avoir une attitude interventionniste, qui va nous diriger au sens de nous dicter ce qu'il convient que nous fassions. Sa présence sera une référence nous permettant de rencontrer nos propres illusions : il a une fonction de miroir. Il nous renvoie à nous-mêmes, à nos propres conditionnements, nos propres illusions et nous permet ainsi de les dépasser, nous renvoyant par là à notre propre sagesse fondamentale.

Arnaud Desjardins. Lama Denis vient de préciser « mais pas un guide en astral qui nous envoie des messages télépathiques... ». Je dirai aussi qu'il est important, quand il s'agit d'un gourou ne faisant pas partie des quelques génies qui laisseront un nom dans l'histoire (je pense notamment à Ramana Maharshi dont vous avez certainement entendu parler), que l'on sache à quelle tradition il se rattache, qui a été son propre maître et qu'il n'y ait rien de mystérieux dans le cheminement qu'il a lui-même suivi. Quand quelqu'un se réclame d'un maître mystérieux tout en refusant de dire son nom « parce que ce maître m'a fait promettre de ne jamais le révéler », c'est plus que suspect. Un maître susceptible de guider autrui doit pouvoir dire quelle formation il a reçue, avec tel maître, dans tel monastère. Méfiez-vous de ceux qui vous affirment avoir été formés par un ou plusieurs gourous mais qui ne peuvent donner aucune précision sur les gourous en question.

Lama Denis. A notre époque, on voit en effet toutes sortes de personnes qui s'autoproclament gourou. Toute voie authentique insiste sur la nécessité du rattachement traditionnel et sur la lignée de transmission. Dans la tradition bouddhique, on commence généralement une pratique par la récitation de la succession des maîtres au travers desquels elle nous a été transmise. C'est l'énoncé explicite de la filiation spirituelle. Il est important qu'un guide appartienne premièrement à une tradition authentique, deuxièmement qu'il ait en celle-ci un rattachement précis, troisièmement qu'il ait reçu une formation lui ayant donné une compréhension et une expérience intérieure véritables de cette tradition. Il est également important qu'il soit libre de tout intérêt personnel, qu'il n'agisse ni pour l'argent ni pour la gloriole, que sa motivation soit fondamentalement altruiste et compatissante. Il est nécessaire de plus que ce soit quelqu'un avec lequel l'on puisse véritablement communiquer, qui puisse nous comprendre, avec lequel on puisse parler. Quelqu'un aussi – et c'est peut-être le point le plus important outre ces qualifications – en qui l'on puisse avoir profondément confiance. Car c'est au travers de cette confiance que l'on peut s'en remettre à lui, dans la communication que j'ai évoquée. Au travers de cette communication, on peut recevoir l'influence spirituelle, l'inspiration de la transmission, de la tradition, de la lignée qui opère la transformation intérieure.

Si l'on rencontre quelqu'un qui possède ces qualifications, cette personne peut être considérée comme notre guide spirituel. Ce sont ces références qu'il est important d'utiliser plutôt que des critères subjectifs du genre : « Quand je l'ai rencontré, j'ai senti quelque chose d'extraordinaire, j'ai tout de suite eu le sentiment que c'était mon maître... » Les critères de célébrité, de notoriété ne sont pas non plus déterminants. La tradition du vajrayana insiste sur l'importance des critères intérieurs qui sont ceux que je viens sommairement de vous exposer.

ARNAUD. Certains êtres, qui ont atteint une mort complète à leur égoïsme et vivent sur un plan de conscience qui nous émerveille, n'ont pas comme fonction d'enseigner. Si on leur pose une question, ils répondent mais la réponse est parfois frustrante parce qu'elle est trop éloignée de nous. Ils n'ont, pour reprendre des expressions qu'utilise souvent Lama Denis, ni méthodologie ni propédeutique. Ils vous répondent juste un mot, qui est peut-être parfait mais qui se situe à un tel niveau métaphysique que vous ne pouvez rien en faire. Ces maîtres ont une fonction de *présence* parmi nous, d'inspiration. Ils sont des témoins. D'autres êtres qualifiés pour guider pas à pas sur la voie, qui ont été formés pour cela, dont on connaît le rattachement traditionnel, peuvent ne pas avoir une apparence aussi « divine » que Ramana Maharshi ou Mâ Anandamayî. Devant celle-ci, je suis resté le souffle coupé comme si j'étais en face d'un être surnaturel et je n'ai pas ressenti cette impression en face de mon propre gourou. Ce n'est que peu à peu, année après année, que j'ai réalisé qui il était vraiment, quel niveau il avait atteint et ce qu'il avait fait pour moi. Il avait une très belle prestance, mais le simple fait qu'une fois une cuillère lui ait échappé des mains devant moi m'avait mis mal à l'aise. Un geste maladroit ne disqualifie pas un homme ou une femme pour pouvoir être un guide.

La confiance fondamentale

Beaucoup d'Occidentaux sont réticents à cet aspect de la pratique qu'est la confiance. Pour eux, elle est synonyme d'absence d'intelligence et de soumission aveugle.

LAMA DENIS. Dans la perspective du dharma, il existe deux approches complémentaires fondées respectivement sur la raison et la compréhension d'une part, et d'autre part sur la confiance. De quelle sorte de confiance s'agit-il? Il ne s'agit pas de la confiance en quelque chose ou quelqu'un d'autre mais de la confiance fondamentale en la nature saine de notre propre esprit, en l'omniprésence de l'état primordial. Cette confiance fondamentale est ce qui nous permet de nous détendre, de nous ouvrir simplement et totalement à l'expérience de la réalité; elle permet de dépasser les peurs et les résistances qui font obstacle, et nous empêchent de plonger dans l'ouverture. La confiance en ce sens est le seul et unique moyen d'accession à la réalité ultime, absolue, à l'au-delà des conceptions. Ce n'est pas la définition habituelle de la confiance, telle que nous l'entendons en Occident.

Les raisons du mental raisonnant raisonnent indéfiniment en subtilités qui peuvent être de plus en plus élaborées; mais les conceptions de la raison, la raison des conceptions ne sortent jamais des conceptions. L'au-delà des conceptions, l'expérience a-conceptuelle directe, immédiate, n'est accessible que dans cette confiance qui rend essentiels le lâcher-prise, l'absence de toute fixation, l'ouverture dont nous parlions. C'est pourquoi dans les traditions du dharma qui enseignent l'approche directe, immédiate et subite comme celles du *mahamoudra* ou du *dzogchen*, cette confiance est le moyen par excellence d'accès à l'expérience fondamentale.

La confiance permet le cheminement, elle est très importante à tous les niveaux. Le seul fait de tenter l'expérience de la pratique, de vérifier ce qui nous est proposé au départ, demande déjà une certaine confiance. Dans les confirmations, les validations qui se révèlent progressivement, la confiance s'approfondit d'autant plus qu'elle est de moins en moins dépendante de conceptions et qu'elle devient de plus en plus fondée sur l'expérience directe.

Au début du cheminement, la confiance est confiance en ses capacités et d'abord en celles de son discernement, de son jugement. Il ne s'agit pas de donner à nos conceptions une valeur définitive mais de faire confiance à notre capacité à chercher, à découvrir la vérité sans s'arrêter aux conceptions qu'on peut avoir déjà acquises par l'éducation, la culture et l'environnement. Il s'agit d'aller au fond du problème, au cœur du sujet en faisant confiance à cette capacité et en même temps à la valeur de la recherche, à la possibilité de trouver. Il s'agit de développer cette confiance qui intuitivement perçoit quelque chose de la réalité de cette nature saine, fondamentale qu'on appelle notre nature de bouddha.

La confiance vient de la compréhension, du raisonnement, de l'intellect et de la logique mais aussi, d'un vécu intuitif qui est au-delà de toute formulation rationnelle. Ces deux sortes de confiance sont importantes et complémentaires.

La confiance fondamentale ne s'appuie pas sur ce qui est autre, que ce soit une personne, Dieu ou une référence quelle qu'elle soit, elle est une confiance en notre nature de bouddha ; dans le vajrayana, le principe du lama ou du gourou en est le support et on pourrait même dire le révélateur.

La compréhension et l'intuition peuvent bien sûr, selon les personnes et leur réceptivité, tenir une place différente dans le cheminement.

La confiance naît de la rencontre avec ce qui est digne de confiance, c'est-à-dire l'enseignement et ceux qui l'expriment et le transmettent. C'est la perception de la valeur authentique de la transmission et de la pratique ainsi que de ceux qui en sont l'expression qui inspire confiance et nous fait aspirer à cheminer.

Comment cette confiance peut-elle se développer; ne risque-t-elle pas, à certains moments, de vaciller?

LAMA DENIS. La confiance risque d'autant plus de vaciller qu'elle s'appuie sur des conceptions, des facteurs extérieurs et contingents. Plus la confiance est fondée sur des attentes naïves, des fantasmes de miracles, des idées préconçues, plus elle est fondée sur des projections, ce que l'on voudrait que les choses soient pour que l'on puisse croire, et plus elle est susceptible, confrontée à la réalité, d'être remise en question. La croyance naïve pour se protéger et éviter de voir ce qui pourrait l'ébranler va même quelquefois jusqu'à s'enfermer dans l'intolérance ou l'intégrisme.

Seule la confiance juste peut évoluer et se transformer dans le sens de la confiance fondamentale. La confiance juste va de pair avec une capacité à se remettre en question, en évoluant avec la réalité de l'instant, tandis que diminuent nos projections. Si la confiance n'a pas cette faculté d'adaptation qui permet un réel cheminement, à la première difficulté rencontrée on change de voie ou de maître.

Le doute est un élément essentiel du cheminement sans lequel il n'y a pas de recherche possible. Le doute questionne la confiance, il nous permet d'appliquer la compréhension et l'intelligence de la compréhension ainsi que l'intuition de l'expérience directe. Il nous amène à réviser nos conceptions, notre expérience, à nous remettre en question, ce qui permet la transformation de la confiance, celle-ci se fondant alors sur une expérience de plus en plus certaine qui rend possible le cheminement juste. La naïveté et le manque de discernement nous rendent incapables de douter de nos conceptions d'une façon positive en voyant comment certaines contradictions, certains conflits qui se situent à un niveau relatif peuvent se résoudre à un niveau plus profond.

Un guide doit-il forcément être éveillé, avoir atteint le non-ego, l'état parfait ?

ARNAUD. Qu'est-ce qu'une personne éveillée, qu'est-ce que l'état parfait, selon vous ?

LA MÊME PERSONNE. *Je veux dire quelqu'un qui a dépassé sa conscience d'ego personnelle.*

ARNAUD. Oui, pour être certain que l'ego en question ou le mental ne puisse pas interférer, même avec la meilleure bonne volonté du monde. Vous connaissez certainement tous les notions de transfert et de contre-transfert. L'attention du psychanalyste est attirée sur la nécessité d'être très vigilant quant à son propre contre-transfert. Une prétention inadmissible pour le psychanalyste classique, c'est d'affirmer que la possibilité même du contre-transfert a été déracinée chez le maître. Je me souviens de discussions avec des psychanalystes qui me soutenaient que c'était impossible et que j'étais en pleine illusion dans ma conviction que mon propre gourou ne pouvait pas éprouver le moindre contre-transfert. La purification du gourou va beaucoup plus loin que l'analyse didactique qui a formé le psychanalyste.

Si quelqu'un qui assume de guider les autres est tout à fait au clair et libre dans un certain nombre de secteurs de l'existence mais qu'il reste un domaine dans lequel subsistent encore quelques racines inconscientes, donc s'il n'a pas été au bout de son propre chemin, huit fois sur dix peut-être il pourra aider et deux fois sur dix, sans s'en rendre compte, il sera impliqué : le contre-transfert va jouer. Et là il peut se tromper complètement.

Or, guider un être humain ne consiste pas seulement à lui transmettre une technique précise telle que « vous inspirez par la narine droite, vous suspendez le souffle quelques secondes, vous expirez par la narine gauche ». C'est bien plus que cela. Il s'agit de prendre en charge le destin d'un être dans la totalité de cet être. Si celui qui joue le rôle du maître n'est pas libre dans un domaine – que ce soit le secteur réussite-échec, celui de la relation homme-femme ou celui de la volonté de puissance – et si la difficulté majeure, la racine centrale du mental du disciple, se trouve correspondre au secteur dans lequel ce guide n'est pas vraiment libre, il ne pourra que se tromper et même se tromper gravement. C'est d'ailleurs le rôle du maître de tester son disciple, fût-ce en jouant le rôle de tentateur, pour voir les domaines dans lesquels il pourrait encore subsister une fragilité, une vulnérabilité qui interdirait au disciple en question de devenir un guide à son tour...

Les qualifications du guide

QUESTION À ARNAUD. *Pour un chrétien de l'ancienne génération dont je fais partie, les maîtres spirituels étaient les maîtres des novices des monastères. On ne se demandait pas alors s'ils étaient des saints que l'on canoniserait après leur mort. Les sages ne se voient pas beaucoup dans la chrétienté et je vous ai entendu dire un jour qu'on peut parfois rencontrer parmi les moines un frère qui pousse sa brouette et qui a rencontré Dieu à sa manière dans sa propre voie mais qui ne deviendra pas pour autant un maître. Nous autres chrétiens de ma génération avions encore des possibilités de rencontrer des maîtres spirituels dans les monastères. Certains nous parlaient de cœur à cœur, entrant dans nos difficultés personnelles, cherchant à aider aussi bien ceux qui s'engageaient à l'époque pour devenir nonnes ou moines que ceux qui restaient extérieurs au monastère et n'y venaient que pour se ressourcer...*

ARNAUD. Où est votre question?

LA MÊME PERSONNE. *Ma question est en relation avec celle qu'a posée tout à l'heure la personne qui voulait savoir si un maître doit forcément être éveillé. Éveillé, c'est un mot qui recouvre pour chacun des choses différentes. Il faut avoir en tout cas la certitude qu'il pourra jouer avec le mental de son disciple d'une façon dont un psychiatre ne peut pas jouer.*

ARNAUD. C'est une question d'ordre très général. Est-ce que les questions qui sont posées sont celles de quelqu'un lui-même très bien nourri et qui se renseigne sur la cuisine vietnamienne, la cuisine hindoue ou la gastronomie française, ou s'agit-il de la question de quelqu'un qui a *faim* et qui demande à manger? Il faut que nous soyons tout à fait clairs là-dessus. Est-ce que, pour avoir une réponse à la question que je pose, je ferais soixante kilomètres à pied ou un long voyage en train ou en avion? Est-ce une question vraiment grave pour moi ou est-ce une question de culture générale, de curiosité sur la sagesse ou la nécessité des maîtres? Est-ce une question vitale que vous posez là?

Si je comprends bien, vous dites qu'il y avait pour votre génération dans le christianisme des êtres qui jouaient le rôle de maîtres spirituels – on a employé parfois l'expression directeurs de conscience – et qui n'étaient pas des éveillés. Premièrement, que pouvons-nous savoir de leur véritable niveau de purification? Deuxièmement, la lecture attentive des textes anciens montre qu'il y a eu dans le christianisme une très grande compréhension de ce qu'est un sage ou un être vraiment libre. Dans les premiers siècles du christianisme, il y a eu beaucoup de maîtres spirituels réellement transformés, libres – et pleins d'humour. Cela ne fait aucun doute. En existe-t-il encore? C'est à chacun de voir en fonction de sa propre recherche.

En ce qui concerne les moines, il est évident que le maître des novices ou l'abbé du monastère ont une fonction de maître spirituel mais il faut tenir compte aussi, en dehors de la personnalité de l'abbé ou du maître des novices, que l'organisation même de la vie monastique et la tradition, par exemple la Règle de saint Benoît, donc l'héritage du passé, jouent également un rôle très important.

La même personne. *C'est cela que je cherchais à dire...*

Lama Denis. Savoir si quelqu'un est un maître réalisé ou pas est fort difficile. S'il fallait trouver pour être guidés un maître « réalisé », quels seraient nos critères de sélection? Alors que nous sommes au départ dans la confusion et l'incertitude, comment discerner la « réalisation » de ce candidat maître? Donc, bien que tout ce qu'a dit Arnaud soit tout à fait vrai au niveau fondamental, du point de vue contingent qu'est le choix personnel d'un guide, il ne s'agit pas de se demander : « Est-ce que cette personne est véritablement réalisée ou non? » car en se posant une telle question, l'on n'aura jamais la réponse ou on la découvrira le jour où l'on n'en aura plus vraiment besoin. L'impression que telle personne est quelqu'un de réalisé est très subjective et dépend en fait uniquement de nos projections. Plutôt que de supputer ainsi le degré de réalisation d'un maître, il vaut mieux s'en remettre aux critères traditionnels.

Arnaud évoquait à l'instant l'appartenance d'un moine au monachisme de sa propre tradition. Face à un guide, nous pouvons en effet nous demander s'il est ancré dans une véritable tradition. J'en ai parlé précédemment mais il est bon de le rappeler. Est-ce qu'il vit conformément aux enseignements véhiculés par sa propre tradition? Est-ce que cette personne agit par amour et par compassion plutôt que par intérêt égoïste? Est-elle suffisamment libre de l'attachement au gain, à la perte, à la louange, au blâme, au succès, à l'échec, ou se comporte-t-elle de façon égoïste? S'agit-il d'une personne avec laquelle il m'est possible de communiquer véritablement, avec qui je peux dialoguer, qui peut m'entendre, me comprendre? Est-ce que les conseils et les pratiques que cette personne me propose me sont utiles et amènent une transformation intérieure réelle permettant que les passions, les fixations, les conflits qui sont mon lot diminuent? Ces conseils et ces pratiques éveillent-ils en moi plus d'ouverture, de disponibilité, de réceptivité, de compassion? Est-ce que je peux avoir véritablement confiance en cette personne, est-ce quelqu'un à qui je peux me confier? Il s'agit donc de critères de rattachement, de qualification, de communication, de confiance.

Si l'on rencontre une personne qui réponde à ces critères, quelle que soit sa tradition, celle-ci peut devenir notre guide spirituel. Il est alors extrêmement important d'initier avec elle un cheminement et un travail réels. Peut-être qu'il ne s'avèrera pas définitivement notre maître mais au moins on commence un cheminement, quitte à bifurquer, une fois arrivé à un certain point, et à choisir quelqu'un d'autre. Sinon, on risque sa vie durant d'être à la recherche du maître idéal, du maître éveillé, celui qui n'a plus d'ego... suivant notre conception et on mourra avant de l'avoir trouvé. L'important est d'avoir présent à l'esprit l'impermanence. L'impermanence signifie le changement, la vie et la mort, elle rappelle l'urgence d'utiliser l'instant présent pour se consacrer à l'essentiel, c'est-à-dire ne pas toujours reporter à un futur hypothétique un engagement qui serait possible aujourd'hui. La vie est courte, il est donc nécessaire de ne pas perdre de temps et de saisir les possibilités que nous proposent les situations présentes, maintenant.

Au lieu de chercher indéfiniment le maître idéal, trouvons déjà le maître qui répond à ces critères, sans préjuger de sa réalisation effective ou non. On ne peut pas savoir. Peut-être est-il un être pleinement réalisé, peut-être pas. Mais même s'il ne l'est pas, dans la mesure où il possède ces qualités et se conforme aux critères de la tradition à laquelle il appartient, il peut être un véhicule authentique de cette tradition. Il ne parle pas en son nom propre. Il ne dit pas : « Je pense que, il me semble que, personnellement je crois que. » Au-delà de son opinion personnelle, il transmet sa tradition. Il en est un porte-parole. Bien sûr, il sera un porte-parole d'autant plus fidèle que son individualité et son ego seront transparents. S'il a encore une individualité égoïste, il sera un porte-parole avec quelques parasites, il y aura dans la transmission quelques déformations personnelles. Le maître qui transmettra le plus justement les enseignements sera celui dont l'individualité se sera dissoute et sera totalement transparente, au travers duquel l'enseignement passera sans déformations. On ne peut pas de l'extérieur vraiment juger le niveau d'un maître et donc, d'un point de vue pratique, ce sont ces critères très simples qu'il convient de considérer comme essentiels.

ARNAUD. Si cela peut aider tel ou tel d'entre vous, je voudrais reprendre un peu différemment ce que vient de dire

Lama Denis. Mon propre maître m'avait dit : « *There is the big doctor in Calcutta and the village doctor in Channa. Both are doctors* » (« Il y a le grand médecin à Calcutta [celui qui a fait son internat dans les hôpitaux de Londres] et il y a le médecin de village qui soigne comme le généraliste de quartier chez nous. Les deux sont médecins »). Aucun des deux ne fait de l'exercice illégal de la médecine.

On peut admettre que cette image puisse s'appliquer à la vie spirituelle et j'oserai dire que certains êtres font de l'exercice illégal de la sagesse, comme celui que l'on appelle en Inde *self appointed guru*, qui un beau jour s'est improvisé gourou. Et d'autres, qui n'ont peut-être pas atteint les cimes de la libération, ne font cependant pas de l'exercice illégal de la sagesse parce qu'ils sont cautionnés par la tradition à laquelle ils appartiennent et surtout par leur propre maître.

Lama Denis a insisté sur la nécessité d'avoir un maître avec lequel on puisse communiquer. Puisque j'assume avec l'accord de mon propre gourou la fonction de guider certaines personnes dans leur cheminement, c'est un point auquel je suis quotidiennement sensible. Parmi toutes les personnes que j'accueille à Font-d'Isière – c'est le nom de l'endroit où je suis établi –, qui a vraiment une relation, une communication avec moi ? Certains l'ont établie mais d'autres viennent en visite, restent cinq ou six jours, participent aux réunions communes; j'arrive à peine à me graver leur nom dans l'esprit. Pour ces personnes, en aucun cas, on ne peut parler d'une véritable relation susceptible de mettre le mental en cause et de faire progresser.

Beaucoup d'Occidentaux disent qu'ils ont un gourou mais le gourou auquel ils se réfèrent a des milliers de disciples à travers le monde. Ils ont la photo du swâmi en question, ils ont reçu de lui un mantram mais si l'on demandait au gourou : « vous connaissez Jean-Paul Martin? » il ouvrirait des yeux ronds en ne sachant pas au monde de qui il s'agit. Dans ce cas, il est difficile de dire « j'ai un gourou ». Il vaut mieux un gourou moins prestigieux, moins éblouissant par son rayonnement, mais qui puisse nous guider de plus près.

La recherche du guide

QUESTION À ARNAUD. *Aussi bien vous que Lama Denis affirmez qu'il faut absolument avoir un guide. Si l'on n'a pas un guide, est-ce que cela veut dire qu'on ne peut faire aucun cheminement et qu'on n'est bon à rien?*

ARNAUD. Je ne poserais pas la question de cette manière-là. Une fois de plus je reviendrai à la nécessité personnelle : est-ce que vous, vous sentez la nécessité d'un guide? (signe de dénégation de la personne qui a posé la question). Donc la question ne se pose pas.

Peut-il arriver que quelqu'un qui sente la nécessité d'un guide passe sa vie à le chercher et ne le trouve pas? Ou faut-il dire dans ce cas-là qu'il n'était pas prêt à le rencontrer?

ARNAUD. Nous autres Occidentaux pouvons aujourd'hui avoir accès à des représentants qualifiés des différentes traditions puisque nous avons la possibilité de voyager plus facilement et que des maîtres orientaux viennent jusqu'en Europe. Dans ces conditions, si nous cherchons intensément une voie, un enseignement, une méthode, pourquoi ne les trouverions-nous pas? Bien sûr, si nous avons une idée trop extraordinaire ou trop précise du guide, il se peut que nous ne rencontrions jamais le gourou idéal correspondant à notre image. Mais si nous cherchons l'aide dont nous avons réellement besoin, je suis convaincu que celui ou celle pour qui cette recherche est une nécessité impérative, comme de trouver un médecin si l'on est gravement malade, ne peut pas ne pas trouver. Je reprends à mon compte l'affirmation célèbre : quand le disciple est prêt, le maître se révèle.

Encore faut-il que ces maîtres soient disposés à recevoir des disciples car certains d'entre eux ont déjà beaucoup de disciples et ne veulent pas en recevoir d'autres. Vous-même Arnaud, à la fin de votre livre La Voie du Cœur *, *vous dites que vous recevez des lettres de personnes qui demandent à venir à vos côtés et que vous leur répondez que vous ne pouvez pas les prendre en charge. Dans ces conditions, j'imagine que cela ne doit pas être si facile de trouver un maître.*

ARNAUD. A propos du point que vous mentionnez et dans lequel je suis personnellement concerné, je peux au moins dire une chose, même si ce que vous venez de rappeler a une valeur générale. Je peux vous assurer que si je reçois une lettre dont les qualifications et la motivation sont évidentes, je réponds oui immédiatement sans même prendre la peine d'aller demander à ceux qui travaillent autour de moi si nous sommes en mesure d'accueillir une personne de plus dans les prochaines réunions que j'anime. Mais la plupart des lettres que je reçois sont plus des lettres de « patients » que de disciples : « Je suis mal dans ma peau, je me sens perdu, je ne sais pas quoi faire de mon existence, est-ce que votre méthode pourrait me rendre moins malheureux... » Ce ne sont pas des lettres qui *obligent* à dire : « Venez, je vous accueille. »

Mais est-ce que ceux qui ont une motivation moindre n'ont pas le droit, comme les autres, d'avoir un maître ?

* La Table Ronde.

Arnaud. Ah! Voilà typiquement une idée occidentale qui est en fait très éloignée de la tradition. Il existe en Orient ce qu'on appelle les qualifications initiatiques et il a toujours été dit qu'un maître teste l'apprenti-disciple avant de l'accepter comme disciple. Je me retranche derrière la tradition mais je l'assume. Il est bien normal qu'un maître, dont les limites en temps et en énergie ne sont pas infinies, consacre ce temps et cette énergie à ceux qui lui semblent les plus qualifiés.

Maintenant, en quoi consiste cette qualification pour être disciple? Elle ne ressemble pas tellement aux qualifications ordinaires en ce sens que quelqu'un peut avoir l'air contradictoire et faible, avec de réelles lacunes caractérielles mais montrer cette intensité de demande qui fait le disciple. Oui, la véritable qualification, c'est l'intensité de la demande, c'est d'être prêt à payer n'importe quel prix pour changer. Et pas simplement : « Je suis malheureux, je trouve la vie difficile. »

Lama Denis. Je voudrais dire la même chose qu'Arnaud avec des mots peut-être un peu plus véhéments. Le guide ou le maître est disponible pour tous les êtres. Il est là, il est ouvert. Mais seuls certains sauront faire le chemin pour arriver jusqu'à lui. C'est au disciple de faire l'effort pour le rencontrer, pas au maître de faire du porte-à-porte. (*Rires.*) Souvenez-vous, dans la lignée kagyu, de l'histoire de Tilopa, de Naropa, de Milarepa, de Marpa et de tous les grands maîtres de cette tradition. Ils ont tous fait preuve d'un engagement, d'une motivation indéfectibles et totales. Le maître est égal en ce sens qu'il ne discriminera pas entre quelqu'un qu'il aime, quelqu'un qu'il n'aime pas ; ces critères ne relevant pas d'une sentimentalité égoïste, il est équanime et disponible également pour chacun. Mais cela dépend de l'effort personnel de chacun d'accéder à la compréhension de l'enseignement ou à l'esprit du guide. Et là, il y a beaucoup de différences.

Arnaud. C'est quelque chose qui ne cesse pas de me frapper : il y a un réel malentendu en ce qui concerne la relation maître-disciple. Tout Français qui a mal aux dents considère qu'il a le droit de rencontrer un chirurgien-dentiste. Sur ce point, nous sommes tous d'accord. Et ensuite, tout Français, qui se sent mal dans sa peau et que la spiritualité intéresse, considère qu'il a le droit d'être pris en charge par un gourou. Ce n'est pas la vérité. Le simple fait d'avoir des nausées, des vomissements inexplicables me qualifie pour être reçu par un médecin. Mais me sentir mal dans ma peau et avoir par ailleurs des intérêts spirituels ne me qualifie pas par cela même pour être reconnu comme disciple par un maître. Ce n'est pas la même chose, que nous le voulions ou non.

Je comprends très bien la nécessité de s'engager complètement dans une voie. En ce qui me concerne, j'ai parfois eu des impressions très fortes, j'ai été bouleversé par certains maîtres hindous ou soufis mais je ne sais pas encore vers lequel mon appel est le plus grand. Je me sens quelque peu dérouté, étant incapable de me décider vraiment pour l'instant. Faut-il absolument que je fasse un choix et que je commence un travail auprès d'un des maîtres que j'ai rencontrés ou bien que je lâche et que j'attende de voir ce qui va venir ? J'ai l'impression qu'un déclic est nécessaire avant de pouvoir s'engager réellement.

Arnaud. La recherche du maître est en elle-même une préparation. Cela fait partie de la voie ou du moins d'une voie préalable. Il y a beaucoup d'histoires en Orient à ce sujet : quelqu'un qui a cherché son maître pendant dix ans, qui a sillonné toute l'Asie pour le trouver, découvre pour finir que celui-ci habite le village à côté. Si votre recherche est vraiment brûlante, intense, même si vous n'avez pas ce déclic qui vous fait dire : « Ça y est, ici je m'engage, voilà, j'ai trouvé », ces rencontres, ces doutes sont une préparation. Je le redis, si la demande est forte, c'est l'intensité même de la demande qui va attirer la réponse. Et le déclic dont vous parliez va se produire.

Maintenant, il se peut aussi que vous vous engagiez sincèrement dans une voie, que vous fassiez un certain travail, certaines expériences qui vous donnent un commencement de maturation et que vous vous rendiez compte au bout de quelque temps que ce n'est pas vraiment la voie qui vous convient et que vous n'avez pas encore trouvé votre maître. Cela ne veut pas dire que vous aurez fait une énorme erreur ni même que vous aurez perdu votre temps. A ce moment-là, vous serez plus mûr pour une recherche à un autre niveau.

Mais je vois mal comment on pourrait décider de s'engager dans une voie très précise s'il n'y a pas en effet ce déclic intérieur, cette conviction que l'on a enfin trouvé ce que l'on a tant cherché.

Confusions et malentendus

Vous insistez sur le fait qu'il faut absolument avoir un gourou « en chair et en os ». Je suis tout à fait d'accord avec vous quand vous mettez en garde contre les illusions du maître intérieur ou du « gourou dans l'astral ». Mais ne peut-on pas considérer le Christ comme notre maître à l'intérieur du christianisme, même s'il n'est plus physiquement vivant parmi nous ?

ARNAUD. En ce qui concerne le christianisme, il est d'abord certain que Jésus, de son vivant, a été un maître. Il s'est lui-même présenté comme tel puisqu'on parlait de ses disciples et que les disciples s'adressaient à lui en l'appelant *rabbi*, ce qui signifie maître. En dehors de la tradition orthodoxe des docteurs de la loi, il y a toujours eu des maîtres spirituels dans le judaïsme, avant et après le Christ, comme du vivant de celui-ci. Jésus est donc apparu d'abord comme un maître spirituel parmi d'autres avant que ses plus proches disciples ne le reconnaissent comme le Messie. Il y a eu ensuite des maîtres spirituels dans le christianisme, il y en a même eu beaucoup. Le maître n'est pas une importation orientale. Et, aujourd'hui encore, on peut se sentir profondément uni au Christ.

QUESTION À ARNAUD. *Dans vos livres, vous dites que la vie est un gourou et que, si l'on est attentif, les événements de notre vie nous apprennent beaucoup de choses. Je me demande si ce n'est pas en contradiction avec ce que vous dites qu'il faut avoir un gourou humain ?*

ARNAUD. Pourquoi voyez-vous une contradiction? Vous vous posez la question « je me demande... » mais est-ce que vous avez une expérience réelle de cette question?

LA MÊME PERSONNE. *Non.*

ARNAUD. Vous pouvez vous demander toutes sortes de choses qui sont de pures inventions et que ce soient finalement des questions très théoriques et qui ne correspondent pas à une difficulté sur laquelle vous butez, vous personnellement, dans votre cheminement.

J'ai dit et je le maintiendrai plus que jamais que les conditions de notre vie sont un maître, et même un très grand maître, à condition que nous sachions en tirer l'enseignement. L'existence, si nous étions en mesure de l'appréhender telle qu'elle est, nous dirait tout ce que nous avons besoin de voir et de comprendre sur le réel et l'irréel, sur l'attachement et le détachement, sur l'erreur et la vérité. Mais l'aide de ce qu'il est convenu d'appeler un gourou, c'est-à-dire un être humain vivant, va nous permettre peu à peu de beaucoup mieux profiter de l'enseignement que l'existence nous donne. Une des caractéristiques du mental, c'est de nous rendre inattentifs aux leçons de l'existence au point que nous pouvons recommencer pendant vingt ans les mêmes erreurs, sans que la vie nous ait rien montré, rien enseigné. Nous avons de tels ennemis intérieurs enracinés en nous, des ennemis d'illusion, d'aveuglement, d'égoïsme, qu'une aide extérieure est indispensable. Le gourou nous aide à mieux voir la réalité relative, donc à recevoir beaucoup mieux l'enseignement de la nature d'une part et de toutes les situations de notre existence personnelle d'autre part, jusqu'à ce que le « *inner gourou* », pour reprendre l'expression que l'on entend si souvent dans les ashrams en Inde, ait pris la relève.

Vous voyez qu'il n'y a pas incompatibilité, au contraire.

J'ai rencontré des gens qui sont allés en Inde, qui ont fréquenté des gourous mais qui, dans la vie, sont incapables de voir les vérités les plus élémentaires et passent à côté de ce qui aurait pu leur donner un déclic, leur faire comprendre quelque chose.

ARNAUD. Hélas, je suis d'accord avec vous. S'il suffisait d'aller en Inde et de se prosterner devant des sages reconnus pour changer, vu le nombre de personnes qui font le périple des grands ashrams et assistent à des rituels ou à des cérémonies, il y aurait beaucoup plus d'êtres transformés. On peut collectionner les photos de sages, faire brûler de l'encens devant ces photos, avoir donc une apparence de vie religieuse à coloration hindoue plutôt que chrétienne, cela ne constitue pas en soi l'engagement sur un chemin précis guidé par un gourou précis. Il est tout à fait possible que notre existence soit du matin au soir une trahison de la spiritualité dont nous nous réclamons. Mais nous avons plutôt intérêt à chercher ce qui est positif et qui peut nous être utile qu'à observer les échecs des uns ou des autres. Que celui qui n'a jamais péché leur jette la première pierre.

Quand j'ai lu dans un de vos livres que les événements de notre vie sont notre gourou, je me suis rendu compte à quel point je laissais passer tout un tas d'occasions et cela m'a vraiment permis de rectifier mon attitude dans la vie quotidienne. Jusque-là, je ne les avais pas vues et j'étais incapable d'en retirer ce que j'en retire à présent.

Arnaud. Si vous me dites que vous êtes d'accord avec ce que j'ai écrit dans un livre, il serait étonnant que je ne sois pas d'accord avec vous ! *(Rires.)* Votre expérience est bien sûr tout à fait valable. Mon témoignage personnel, c'est que pour que je puisse arriver à ces convictions auxquelles vous adhérez, il a fallu que je reçoive, tel que j'étais – je précise que je n'étais quand même pas exceptionnellement névrosé – l'aide d'un être humain qui m'a permis de faire disparaître progressivement les *empêchements* à cette réceptivité à l'enseignement donné par l'existence et les circonstances. Nous portons en nous des empêchements qui font que nous ne recevons pas l'enseignement des situations, ou rarement. Comme vous venez de le dire, nous laissons échapper tout ce qu'aurait pu nous apporter la situation concrète dans sa simplicité.

Lama Denis. J'ai précédemment insisté sur l'importance du guide. Il y a en fait deux niveaux dans une approche traditionnelle que l'on pourrait qualifier très schématiquement d'extérieur et d'intérieur. Dans une approche extérieure, on peut considérer le Bouddha, le Christ ou Mahomet comme son maître et suivre les enseignements que l'un ou l'autre a proposés. On trouvera dans cette pratique un cheminement, une discipline, qui nous permettront de progresser, sans aucun doute. Mais pour aller au-delà d'un certain niveau, pour entrer dans l'intériorité des enseignements, il est nécessaire d'avoir en plus de ce guide général un guide particulier, c'est-à-dire une direction spirituelle issue d'une personne physique avec laquelle on établit une relation, une communication précise.

Ce guide au sens ordinaire est la personne avec laquelle on converse, qui nous conseille, qui nous montre la voie, qui nous donne des enseignements. Dans l'expérience qui naît de cette relation, on s'éveille petit à petit à la compréhension profonde des enseignements tels qu'ils sont véhiculés par les textes de la tradition. Les textes, le corpus des écrits traditionnels, est à ce moment-là le deuxième type de maître. La compréhension profonde des enseignements, éclairée par les conseils et par la réalisation du guide extérieur, nous amène à l'expérience de toute situation comme étant aussi notre maître. Petit à petit, la quotidienneté, les événements, sont un guide, ce qu'on appelle le guide-symbole. Chaque situation est alors porteuse d'un enseignement. La nature, suivant l'image de Milarepa, devient un livre ouvert où l'on peut lire l'enseignement.

Encore au-delà, lorsque l'on a établi une relation immédiate à notre nature de bouddha, on a accès à ce qu'on appelle le guide ou le maître intérieur. Le point important à saisir est que *le maître intérieur n'existe véritablement qu'au terme de la voie*, c'est-à-dire lorsque l'on a accès à la nature pure de notre propre esprit. Beaucoup de gens parlent à tort et à travers du guide intérieur. Ils entendent par là celui qui en eux leur donne de bons conseils... notre ami favori, notre interlocuteur habituel avec lequel on se concerte : « Est-il bien de faire ceci, est-il juste d'agir ainsi ? – Oui, fais cela, c'est bien. » Cet interlocuteur, je crois qu'il est bon de le redire, n'est autre que notre alter ego ou tout simplement notre ego. Le danger est de prendre son ego pour maître intérieur. A ce moment-là, on est engagé dans une voie pour le moins contestable.

Pour éviter cet écueil, résumons très schématiquement la dimension intérieure dans laquelle la progression se fait à travers une série d'étapes : elle part du guide en tant que personne physique qui éclaire l'accès au guide que sont les enseignements; ceux-ci révèlent peu à peu le guide en tant que toutes les expériences de la vie, lesquelles amènent finalement à l'expérience du guide ultime, le guide intérieur.

Quand quelque chose nous plaît ou nous déplaît spontanément sans que nous sachions pourquoi, sans que ce soit conscient ou réfléchi, est-ce que cela ne peut pas être le guide intérieur ? Je veux parler de ce petit flash que l'on a par moments du bien et du mal. Vous voyez ce que je veux dire ? (Rires.) *Je me suis souvent rendu compte que la première impression, face à une personne ou à une situation, était la bonne et que je pouvais m'y fier.*

Arnaud. Vous nous avez regardés tous les deux d'un air un peu inquiet en demandant : « Est-ce que vous voyez ce que je veux dire? » Je crois pouvoir engager Lama Denis en affirmant que nous voyons très bien ce que vous voulez dire *(rires)*, nous ne le nions pas du tout mais vous parlez d'autre chose que ce dont nous parlons, nous.

Bien sûr, tout être humain peut avoir des moments de finesse et d'intelligence et se rendre compte après coup que son intuition première était juste. Mais cela n'est pas suffisant pour nous libérer des autres moments, ceux où nous ne voyons rien et où nous demeurons dans le sommeil, l'illusion et l'aveuglement.

La même personne. *Je n'ai pas employé le mot intelligence parce que justement ce mot se réfère à l'intellect.*

Arnaud. Pas forcément. Nous avons en français une très belle expression qui m'est chère, l'intelligence du cœur, qui est une intelligence aussi.

En dehors de ces intuitions, il arrive que l'on se pose des questions. Je prendrai un cas tout à fait personnel en ce qui concerne l'éducation de mon enfant. Il m'arrive de ne pas savoir – et c'est quotidien, ou presque – comment apporter à mon enfant ce dont il a besoin. Cela vaut bien sûr aussi pour les gens que je rencontre. Je sollicite alors une réponse intérieure en disant : « Je ne sais pas comment me comporter dans cette situation, j'ai besoin d'une aide, j'ai besoin d'être guidée. » Je précise que cet appel n'a rien à voir avec une recherche mentale ou purement affective. Par « aidez-moi », je veux dire « guidez-moi ». Or, j'obtiens une réponse intérieure et je constate ensuite que ma façon d'agir ou d'être avec mon entourage apporte le sourire et la détente. A ce moment-là, je me dis que j'ai bien fait d'écouter cette voix et que j'ai eu raison de la solliciter. S'agit-il simplement d'une intuition ou ne peut-on pas parler dans ce cas d'un guide.

ARNAUD. C'est avant tout une question de vocabulaire. Si vous voulez employer l'expression *maître intérieur*, entendons-nous sur le sens que nous lui donnons, et de même pour le mot *intuition*. Je dirai que nous parlons de deux vérités différentes qui ne sont pas du tout incompatibles.

Il est tout à fait certain – et chacun en a l'expérience – que si nous avons un doute dans un domaine où nous sommes vraiment concernés et que nous pouvons faire silence, nous détendre, abandonner nos moyens habituels de réflexion, une compréhension plus juste peut monter de la profondeur de nous-mêmes. Il est vrai que l'éducation des enfants, pour reprendre votre exemple, est une question grave pour nous puisque l'avenir d'êtres humains qui nous sont confiés est en jeu. Vous nous dites que dans ce cas-là vous recevez une réponse et je suis tout à fait prêt à croire que celle-ci est appropriée à la situation. En effet, quand nous sommes réceptifs, nous établissons un contact avec un niveau plus profond de nous-mêmes et nous pouvons en recevoir une réponse juste. Mais c'est une réponse momentanée pour une question particulière. Or, quand nous parlons d'un maître ou d'un enseignement, il s'agit d'une transformation plus fondamentale et plus totale de nous-mêmes, qui aura sa répercussion sur toutes nos activités et toutes les fonctions que nous remplissons dans l'existence – entre autres notre rôle de mère ou de père si tel est le cas. Le chemin est une démarche d'ensemble dans laquelle les situations particulières de l'existence vont sûrement jouer leur rôle mais dans le cadre d'une transformation centrale de notre être.

Vous connaissez sûrement la parole taoïste qui est devenue célèbre depuis qu'on l'attribue à Mao Tsé Toung, bien qu'elle soit vieille de deux millénaires : « Celui qui donne un poisson à un homme le nourrit pour aujourd'hui, celui qui lui apprend à pêcher le nourrit pour toute sa vie. » Cette sentence peut nous aider à comprendre le rôle du maître. Malheureusement, beaucoup de ceux qui ne veulent pas seulement s'appuyer sur leur compréhension intérieure et qui considèrent qu'ils ont besoin d'un maître cherchent en fait quelqu'un qui leur donnera un poisson tous les jours. Ils comprennent mal que l'important n'est pas de résoudre leurs problèmes au coup par coup mais de changer leur être. Si vous vous transformez, lorsque vous rencontrerez une situation semblable à celle que vous évoquez aujourd'hui, vous l'aborderez d'une manière très différente parce que votre conscience même aura changé. Certains ont tendance à toujours vouloir résoudre les difficultés les unes après les autres avec l'idée qu'un sage pourrait les aider, tout en oubliant que l'important réside dans cette transformation fondamentale et profonde qui, elle, prendra inévitablement un certain nombre d'années.

Donc, je le répète, je suis tout à fait d'accord qu'il existe des moments, quand nous avons une attitude d'ouverture suffisante, où un niveau plus profond se révèle et où nous obtenons une réponse que nous sentons juste et que nous ne regretterons pas ultérieurement. Mais des réponses comme celles dont vous parlez peuvent-elles, à elles seules, constituer un chemin qui vous transformera dans tous les aspects de votre être et dans tous les secteurs de votre existence ?

Cette transformation qui nous concerne dans notre intégralité doit nécessairement inclure les points qui sont nos plus grandes faiblesses et pas seulement les points pour lesquels nous avions au départ une facilité à nous conduire de manière adéquate. Il se peut que vous ayez une certaine capacité à faire silence, à vous intérioriser et à recevoir des directives appropriées en ce qui concerne l'éducation de vos enfants, puisque c'est l'exemple que vous avez pris. Mais nous devons surtout nous intéresser à nos failles. On dit en Inde : « Aucun homme n'est plus fort que sa plus grande faiblesse. » Mon propre maître rapprochait cette sentence de ce proverbe : « Aucune chaîne n'est plus solide que le plus faible de ses maillons. » Durant toute notre scolarité, nous avons été habitués à faire la moyenne entre nos bonnes et nos mauvaises notes. Mais du point de vue de la véritable transformation intérieure, on ne peut pas faire la moyenne. Dans l'existence, on peut arriver à être à peu près à l'aise en ne regardant pas trop où est notre plus grande faiblesse ou en étant très indulgent pour celle-ci parce que nous nous sentons à la hauteur dans d'autres domaines. En tant que mari, je suis lamentable mais je me conduis très bien dans mon hôpital en tant que chirurgien. Ou bien je suis d'une faiblesse insigne en ce qui concerne la louange et la critique mais il y a d'autres secteurs où je retrouve ma dignité à mes propres yeux. Ce genre de compromis ne peut pas être admis sur un chemin spirituel. Et dépasser notre plus grande faiblesse, nous n'y arriverons pas tout seul. C'est un aspect de la nécessité d'une aide extérieure.

Donc, je suis bien prêt à croire que vous ayez une réelle compréhension du cœur qui vous rende intelligente dans l'éducation de vos enfants. Mais vous pouvez vous demander en toute honnêteté : subsiste-t-il en moi une faiblesse? Si une faille subsiste, je ne peux pas espérer trouver la liberté et la sérénité définitives que tous les enseignements spirituels nous promettent.

Lama Denis. Il s'agit d'une question d'abandon et de lâcher-prise. Dans une certaine situation, face à une interrogation, vous pouvez être capable de laisser tomber votre sentiment égoïste et de dire : « Que votre volonté soit faite. » Vous pouvez dans ce lâcher-prise rester interrogative et silencieuse et avoir effectivement accès à ce qu'on appelle l'intelligence fondamentale qui est la sagesse authentique. Le point important – et c'est ce qu'expliquait Arnaud à l'instant – c'est que notre aptitude à lâcher prise a tendance à être extrêmement sélective. Nous pouvons être capables de ce lâcher-prise dans *certaines* situations, peut-être même dans beaucoup de situations, mais il reste des zones problématiques. Il demeure en nous des domaines par rapport auxquels nous ne sommes pas du tout aptes à lâcher prise. Les personnes les plus intelligentes et certaines fois les plus ouvertes ont des domaines privés, des points sensibles auxquels il ne faut pas toucher. C'est une chose que l'on remarque souvent. Des gens peuvent être très magnanimes, ouverts, disponibles mais si vous allez toucher à *ça,* à ce moment-là ils ont une réaction viscérale, instinctive, instinctuelle. Nous avons ainsi des points sensibles sur lesquels notre ego se cristallise.

Donc, nous pouvons développer cette intelligence à laquelle vous faisiez allusion et trouver dans cette attitude d'ouverture des réponses véritables. Mais si nous voulons aller au niveau le plus essentiel qui est la remise en question et le dépassement de l'ensemble de nos faiblesses, de nos illusions – la totalité de notre ego –, il s'agit de remettre en question aussi ces points sensibles particuliers. A ce moment-là, il s'avère indispensable de faire appel à l'aide d'une tierce personne. Autrement, sur ces points particuliers, nous nous heurtons à l'auto-illusion. On ne veut pas voir ou on a une aptitude absolument incroyable à dévier. On développe alors des ruses diaboliques. L'ego est malin, capable de récupérer, de subvertir n'importe quelles techniques spirituelles, fussent-elles les plus nobles et les plus élevées qui soient. C'est à ce point précis, pour déjouer ces ruses du malin, de notre ego, qu'il est indispensable d'avoir en miroir la référence de cette tierce personne, ce qui nous permet d'éviter l'auto-illusion.

Vous avez donc raison à un niveau relatif mais pour aller au cœur du problème, il reste la nécessité d'une relation directe à un guide.

Donc, hors le gourou, point de salut!

ARNAUD DESJARDINS. Sauf exceptions! Mais les exceptions sont des exceptions. N'en faisons pas la règle.

La grâce du gourou

On a parlé du gourou en tant que guide, en tant qu'enseignant. Qu'est-ce que la grâce du gourou?

LAMA DENIS. Dans le bouddhisme, on n'emploierait guère le mot grâce mais plutôt l'expression influence spirituelle. C'est un rayonnement, une présence, une ambiance dans laquelle on se dissout. Il y a de la part du disciple ce qu'on appelle en tibétain *meugu*, respect et admiration. Non pas le respect de quelque chose de solide que l'on a en face de soi et dont on voudrait obtenir les qualités mais un respect qui permet de se remettre, se confier, s'abandonner et dans cette *meugu* – que l'on traduit parfois par dévotion mais le mot est souvent impropre parce qu'il est mal compris, cela n'a rien de « dévotionnel » – dans ce respect-admiration, il y a un abandon de ses fixations, de ses idées, une capacité à lâcher. Le maître, à ce moment-là, devient plus important que nous-mêmes. Dans cette attitude de dévotion, l'on reçoit ce que l'on peut appeler une grâce. Il s'opère alors une ouverture qui permet de rencontrer quelque chose qui était déjà là.

On emploie souvent une image dans laquelle notre être est comparé à une maison ; à l'extérieur brille le soleil qui est la grâce ou l'influence spirituelle du pur esprit. Notre maître personnel qui est le dernier maillon d'une chaîne de transmission nous ouvre à cette influence spirituelle. L'élément qui opère l'ouverture à cette influence n'est autre que la confiance, la dévotion qui consiste à ouvrir les portes et les fenêtres de notre être à cette luminosité et à cette chaleur du soleil qui sont là depuis le début. Cette luminosité était déjà là, elle a toujours été là mais on s'ouvre à elle. Dans cette attitude de dévotion, on se met en état de réceptivité, de disponibilité.

Arnaud. Je voudrais mentionner un des visages qu'a pris pour moi cette grâce du gourou – et pour beaucoup d'autres, sinon je ne porterais pas ce témoignage. Le maître est un être humain, au début du chemin en tout cas, qui me fait envie, j'aimerais bien être comme lui. Cela ne veut certes pas dire l'imiter de l'extérieur. Une part de la grâce du gourou, c'est de nous faire envie : mais pourquoi pas moi ? Généralement, on envisage la grâce du gourou comme un rayonnement, et je ne vais certes pas nier l'aspect presque divin de certains êtres, hommes ou femmes. C'est inoubliable et le premier contact, le premier face-à-face avec un sage est peut-être l'expérience la plus forte d'une vie. Mais c'est aussi une grâce si le gourou nous paraît moins divin, donc plus accessible et que, par là même, nous nous sentons vraiment appelés. Sa liberté, sa disponibilité, son amour – des choses simples – me font vraiment envie. En effet, si je vis dans une certaine proximité par rapport au gourou, si je ne le vois pas simplement de très loin avec admiration, j'ai sans cesse la preuve de cette joie paisible dans laquelle il est établi, de cet amour inébranlable, de cette solidité – tout ce qui m'est d'abord accessible de sa sagesse. Comment la transformation s'est-elle produite pour lui ? Y a-t-il une possibilité pour moi d'atteindre ce dont il est la preuve vivante ? Si en outre nous apprenons que le gourou lui-même a suivi un chemin, a vaincu certaines difficultés, a dépassé certaines crises, nous nous sentons encore plus appelés nous-mêmes. Je peux dire que pour moi cela a été un aspect de la grâce du gourou de jouer simplement ce rôle, de me faire envie, pas par sa fonction extérieure, ce qui serait une imitation tout à fait superficielle et même dangereuse, mais par sa qualité d'être, ou du moins ce que je peux en pressentir dès les premiers temps.

Est-ce que ce n'est pas l'ego qui éprouve cette envie ?

Arnaud. Ce sont tous les niveaux de nous-mêmes qui la ressentent, l'ego bien sûr, toujours à l'affût de ce qui peut le rassurer ou le glorifier, mais aussi la part de nous ouverte à la vérité et qui ressent l'intense nécessité de devenir ce que nous sommes vraiment appelés à être – ou à ne plus être.

Peut-on changer de tradition ?

QUESTION À ARNAUD. *Ne pensez-vous pas que le christianisme puisse apporter autant que le vedânta ou le bouddhisme ? Et si ce n'est pas le cas, ne croyez-vous pas qu'il est gênant pour des Occidentaux de changer de tradition ? Quand on part à la recherche d'un maître, on ne sait pas forcément à l'avance dans quelle tradition on le trouvera...*

ARNAUD. Je réponds dans l'ordre à vos questions. Qu'est-ce exactement pour vous que le christianisme ? Est-ce l'enseignement des Évangiles tel que nous pouvons le comprendre, en remontant éventuellement au texte grec pour éviter les malentendus qui peuvent venir des traductions ? Est-ce la doctrine actuelle du Vatican ? Est-ce le mysticisme de Maître Eckhart ou de saint François d'Assise ou de sainte Thérèse d'Avila ? Il y a des tendances tellement diverses dans le christianisme qu'on peut d'abord se poser cette question : qu'est-ce vraiment que le christianisme ? Petite publicité, excusez-moi, je signale que le livre qui a pour titre *En relisant les Évangiles* est consacré à une nouvelle compréhension du christianisme qui s'est précisée pour moi à la lueur de ce que m'ont apporté mes années de voyage, d'étude, de réflexion et de pratique, y compris la sadhana que j'ai vécue auprès de Swâmi Prajnanpad – sadhana dont la « théologie » n'avait pratiquement aucun point commun avec le christianisme. Si ce thème vous intéresse, la plus longue réponse que je puisse vous faire serait dans ce livre.

En ce qui me concerne, ayant été élevé dans le protestantisme en France, j'ai redécouvert l'enseignement des Évangiles à partir de cette fréquentation de sages hindous, tibétains, soufis. Et je sais que cela a été la démarche de bien des Occidentaux. En effet, en revenant à une certaine littérature chrétienne, qui n'est pas forcément celle des théologiens en vogue aujourd'hui mais plutôt celle de Pères de l'église avant le schisme entre l'Église d'Orient et l'Église romaine et même avant saint Augustin, on peut retrouver dans le christianisme des enseignements qui témoignent non seulement d'une très grande valeur spirituelle mais en même temps d'un réalisme, d'un bon sens et d'une connaissance psychologique remarquables.

Ceci dit, et pour répondre à la seconde partie de votre question concernant le fait de changer de tradition, je dirai qu'on ne se convertit pas à l'hindouisme. Normalement, on est hindou de naissance et, bien que je doive énormément au vedânta et que l'homme dont j'ai vraiment été l'élève ait été un Indien, je n'ai jamais eu à me convertir d'une manière précise à une autre religion que le christianisme. En fait je me sens aussi proche du christianisme que du vedânta, mais évidemment selon une compréhension personnelle quelque peu hérétique qui n'est pas forcément approuvée par tel prêtre ou tel théologien.

Donc, pour en revenir plus précisément à votre question, sentez-vous que des directives, des explications, une compréhension, une méthode vous sont vitalement nécessaires et que vous ne les trouvez pas dans l'Église? N'allez pas pour autant décider que le christianisme est un tissu d'erreurs! Mais vous êtes en droit de chercher un maître vivant qui puisse donner des réponses à vos questions et vous proposer une ascèse, une technique. Votre maître sera alors un rinpoché tibétain, un swâmi hindou ou un moine zen. Ou bien, avec l'aide de maîtres orientaux, vous retrouvez dans le christianisme ce qui est tellement passé au second plan aujourd'hui : une voie d'expérience vécue, de transformation personnelle intime, un christianisme contemplatif, mystique, incluant une compréhension psychologique étonnante. Si vous ressentez une nécessité, une demande intense, qu'est-ce qui va répondre à cette demande?

Le passage d'une culture ou d'une forme de spiritualité dans laquelle on a été élevé et qui nous a imprégnés à une autre, même si nous n'avons pas eu une éducation spécifiquement chrétienne, est une question tout à fait personnelle qui relève du destin de chacun. Pour quelques Occidentaux, la réussite et l'épanouissement ont été d'aller vivre à tout jamais en Inde et de changer complètement de monde. Pour d'autres, ce ne serait qu'une imitation et un échec. On ne peut donc pas tirer de conclusion générale. Cela peut être une caricature et un gâchis de vouloir jouer au Tibétain, à l'Hindou ou au Musulman, l'exotisme servant alors à la satisfaction de l'ego ou étant une simple compensation pour ceux qui n'ont pas pu trouver leur place dans la société. Dans d'autres cas, au contraire, ce sera profondément juste. Mais il faut être très vigilant pour déceler s'il n'y a pas des motivations inconscientes sans réelle valeur spirituelle qui nous poussent à prendre une revanche sur notre enfance, sur l'idéologie ou la philosophie de nos parents en changeant complètement de contexte culturel. Cette pure réaction ne nous conduira pas à la liberté.

Lama Denis. Ce que vient de dire Arnaud me semble tout à fait juste, j'y adhérerai volontiers. La première partie de votre question était : est-ce que le christianisme peut nous apporter autant que l'hindouisme ou le bouddhisme? Je dirai oui au niveau essentiel. Si effectivement on se reportait à l'essence des enseignements, que l'on puisse avoir accès à cette essence, qu'elle soit transmise par des maîtres qualifiés et réalisés auprès desquels on puisse suivre une véritable sadhana, il serait profondément erroné d'affirmer la supériorité du vedânta, du bouddhisme, du mahayana ou de l'hindouisme sur le christianisme ou sur l'islam. Donc je suis d'accord sur cette valeur similaire à un niveau fondamental.

Le problème qui se pose ensuite est une question d'opportunité, de contingence. Les enseignements du vajrayana disent que toutes les traditions spirituelles sont ce qu'on appelle en tibétain *kangla kangdul*, c'est-à-dire enseignées pour convenir aux réceptivités et aux aspirations de différents types d'êtres. Le plus important est donc de trouver une tradition, pourvu que ce soit une tradition authentique et complète, avec laquelle nous nous sentions en harmonie, qui nous parle d'une part, et ensuite dans laquelle nous puissions trouver une véritable direction spirituelle. Arnaud évoquait à l'instant son cheminement dans le protestantisme et sa désaffection. Personnellement, j'ai connu dans ma jeunesse le catholicisme et je m'en suis écarté. Par contre, ultérieurement j'ai trouvé dans les doctrines orientales, et particulièrement le vajrayana tibétain, à la fois un contexte métaphysique et intellectuel qui répondait à mes interrogations et surtout une approche pratique et une direction spirituelle véritable, ce qui a été de fait l'élément déterminant dans mon engagement.

Il n'est pas nécessaire de supputer sur la valeur comparée de différentes traditions et il est juste de considérer qu'essentiellement toutes les traditions authentiques ont une même fonction qui est d'apporter aux hommes la connaissance et l'amour; ce sont des voies parallèles convergentes. Ensuite notre engagement dans l'une ou l'autre est une question effectivement personnelle. En ce qui me concerne, le christianisme ne m'a pas apporté ce que m'a apporté le bouddhisme, c'est pour cela que je suis devenu bouddhiste. Si le christianisme vous a apporté et vous apporte ce que vous cherchez, c'est parfait. Il n'y a aucune raison de changer. Si vous avez adhéré à l'hindouisme et que l'hindouisme vous apporte pleinement ce que vous cherchez, au niveau doctrinal, au niveau pratique, au niveau d'une direction spirituelle, il n'y a là aussi aucune raison de changer.

Nous sommes fort nombreux à ne pas avoir trouvé ce que nous cherchions dans notre tradition d'origine et c'est la raison pour laquelle nous cherchons ailleurs. Peut-être ne nous a-t-on pas bien enseigné, peut-être n'avons-nous pas su comprendre, ou peut-être les formes de la tradition d'origine à laquelle nous avons été exposés étaient-elles plus ou moins dégénérées ou avaient perdu la dimension la plus intérieure à laquelle nous aspirions. Il est fort possible que, dans la situation actuelle, il soit plus facile de trouver une pratique et une direction spirituelle dans des voies telles que celles du vedânta ou du bouddhisme que dans celle du christianisme. Mais il se peut aussi que ce soit une erreur qui résulte d'une sensibilité personnelle. Il y a, en tout cas à mon sens, dans la tradition bouddhiste tibétaine, tout ce qui est nécessaire, c'est-à-dire une tradition complète, vivante, avec des représentants réalisés et la possibilité d'une transmission et d'un rattachement direct.

La deuxième partie de votre question était : le fait de changer de tradition ne pose-t-il pas des problèmes ? Je vous répondrai oui et non. De toute évidence, aborder une tradition étrangère pose des problèmes, mais tout dépend de notre motivation. Si nous avons une recherche essentielle, si nous voulons vraiment trouver et aller au fond des choses, si nous sommes prêts à faire les sacrifices, les efforts nécessaires, je crois que changer de tradition n'est pas un gros problème. Cela demande un effort particulièrement au début, car il y a une transition conceptuelle et des habitudes culturelles qui demandent l'immersion dans un nouveau contexte. Mais si l'on est capable de faire ce pas, l'expérience montre qu'il est souvent plus facile d'aborder de façon juste une tradition nouvelle que de réussir à démêler l'imbroglio des confusions dans lesquelles on est plongé dans sa tradition d'origine. En d'autres termes, il est plus facile de développer de bonnes habitudes dans un terrain neuf que de contrecarrer de mauvaises habitudes. Dans le contexte qui est celui d'un lama, je rencontre régulièrement des gens qui ont abandonné le christianisme, qui ont même parfois une attitude de rejet à l'égard de celui-ci et il est souvent plus facile de faire comprendre l'essence, la dimension profonde des enseignements bouddhistes à des gens qui ont laissé tomber leurs idées chrétiennes qu'à des christo-bouddhistes ou des bouddho-christiques qui font des amalgames, interprétant le bouddhisme à partir de leur culture chrétienne. Certes, il y a énormément de données qui sont fort similaires mais on a tendance alors à investir dans la tradition qu'on essaie de comprendre la confusion qu'on a héritée de son passé culturel.

Ce que disait tout à l'heure Arnaud est très vrai : au travers de la compréhension profonde d'une autre tradition, que ce soit le vedânta ou le bouddhisme, on devient d'une certaine façon de meilleurs chrétiens. Personnellement, je ne dirais pas un meilleur chrétien parce que, arrivé à une certaine compréhension du dharma bouddhiste, on n'a pas besoin de redevenir chrétien. Mais si l'on se donne véritablement et profondément à la tradition qui pour nous a le plus de résonance et qu'on a, pour cela, choisie, on arrive aux mêmes questions essentielles et peut-être aux mêmes solutions. Et du point de vue intérieur que l'on peut avoir trouvé dans une tradition, on acquiert une vision aussi profonde d'autres traditions. En ce qui me concerne, il est vrai que la compréhension de la tradition bouddhiste m'a fait percevoir beaucoup plus profondément l'enseignement chrétien. Et entendant parler des chrétiens, souvent j'ai envie de faire une interprétation bouddhiste de ce qu'ils disent – il se trouve que la plupart du temps ce n'est pas la même que la leur... –, mais ce qu'ils disent me parle beaucoup.

La réalité spirituelle est une et si l'on a une expérience intérieure, celle-ci éclaire les autres enseignements. Elle devient une clé qui ouvre la porte des différentes langues théologiques ou symboliques. On acquiert alors une meilleure compréhension du christianisme mais peu importe parce que si l'on a trouvé ailleurs ce que l'on cherchait, on peut y rester. Lorsque l'on est dans la situation qui est celle du voyageur sur la voie, il s'agit de choisir un chemin et puis d'essayer de suivre ce chemin jusqu'au bout, jusqu'au sommet de la montagne pour reprendre une image bien connue. Ce n'est qu'arrivé au sommet de la montagne que l'on peut avoir une sorte de vision panoramique de tous les versants, les sentiers qui mènent au sommet pouvant représenter les différentes traditions.

4

TRAVAILLER AVEC LES ÉMOTIONS

Attraction, répulsion, indifférence

UNE FEMME. *Les trois animaux au centre de la roue samsarique tibétaine qui symbolisent les trois poisons de l'esprit – ignorance, haine, attachement – correpondent-ils à ce que vous, Arnaud, appelez l'attraction et la répulsion ?*

ARNAUD DESJARDINS. Suivant les traditions, il peut y avoir des classifications où l'on distinguera trois poisons, souillures ou péchés fondamentaux ou cinq, ou sept, ou douze. On peut aussi ne considérer qu'un poison, le sens de l'ego séparé ou en trouver deux, l'attraction et la répulsion.

L'approche que je propose – je parle au nom d'une voie, d'un maître parmi d'autres – nous demande de passer par le relatif pour aller vers l'absolu, de ne pas croire que nous pouvons avoir la réalisation intime de l'Ultime ou du Réel tout en essayant de fuir la réalité relative ou en vivant celle-ci d'une manière mensongère. Et ce qui fausse non seulement notre approche de l'absolu mais aussi notre approche du relatif, c'est ce jeu de l'attraction et de la répulsion, cette distinction massive que nous faisons depuis notre enfance entre tout ce que nous aimons et tout ce que nous n'aimons pas. Cette distinction s'est d'abord instaurée sur le plan des sensations agréables et douloureuses, elle s'est ensuite diversifiée en émotions et en pensées. Or ce double mouvement de l'attraction et de la répulsion dont nous sommes prisonniers peut être peu à peu dépassé et transcendé.

Cette question de l'attraction et de la répulsion joue également en fonction de nos désirs ou de nos buts. Si j'ai un but à atteindre, un désir à accomplir, je ressentirai comme heureux tout ce qui va favoriser l'approche de ce but ou l'accomplissement de ce désir, et je vais considérer comme fâcheux tout ce qui va contrecarrer la réalisation de ce désir ou l'approche de ce but. En ce sens, si la sagesse est un but, je risque de rester prisonnier du jeu de l'attraction et de la répulsion même en ce qui concerne ma recherche spirituelle. Tout ce qui me paraît faciliter ma progression, je l'aime, tout ce qui me paraît contredire ma progression, je ne l'aime pas. L'attachement intervient alors même dans la recherche spirituelle. C'est pourquoi aussi bien l'hindouisme que le bouddhisme insistent sur l'idée que ce que nous cherchons est déjà là. J'emploie parfois cette image que vous connaissez, nous sommes déjà nus sous nos vêtements, la nudité n'est pas quelque chose projeté dans le futur à atteindre comme fruit de nos efforts, le seul effort, c'est d'enlever les vêtements pour que cette nudité se révèle. Cette approche demande une grande finesse de compréhension. Comment chercher sans chercher? Comment avoir un but, sinon nous n'allons nulle part, mais qui ne nous maintienne pas dans ce jeu de « j'aime ce qui me rapproche de mon but, je déteste ce qui me paraît contredire mon but » – que ces difficultés soient tout simplement extérieures, comme une maladie qui m'empêche de profiter de la venue d'un sage en France, ou que ces difficultés soient intérieures. Comment être à la fois en chemin vers un but et, en même temps, transcender le jeu de l'attraction et de la répulsion? C'est finalement le point central. Trouver ce dépassement de l'attachement d'une manière essentielle, c'est ce qu'on appelle généralement en français lâcher prise pour tenter chaque fois de réaliser, ici et maintenant – et dans une seconde ou demain, ce sera encore ici et maintenant – la réalité que nous sommes déjà et que nous avons voilée, oubliée.

LAMA DENIS TEUNDROUP. Puisque votre question était : y a t-il une différence ou est-ce la même chose, je peux vous répondre clairement après avoir entendu la réponse d'Arnaud que c'est la même chose. Au centre de la roue dite des naissances ou de l'existence, la roue du samsara, il y a effectivement trois animaux symbolisant attraction, répulsion et indifférence, qui sont les trois principes à partir desquels se développe tout le cycle des existences qui représente l'intégralité de nos états de conscience. On dénombre un, deux, trois, six ou quatre-vingt-quatre mille types d'émotions. La première émotion, la plus fondamentale, Arnaud l'a évoquée tout à l'heure, c'est le sentiment de l'ego, c'est la naissance de la dualité de l'observateur et de l'observé, du sujet et de l'objet. Et puis ensuite, attraction-répulsion, je veux ce qui est bon, je ne veux pas ce qui n'est pas bon. Puis la troisième qui est : j'ignore ce qui m'est indifférent. On a, à ce moment-là, nos trois animaux qui symbolisent les trois poisons de l'esprit. A partir d'eux se développent ensuite six états de conscience dominés par les six émotions que sont l'orgueil, la jalousie, le désir, la bêtise, l'avidité et la colère; viennent ensuite les sous-divisions au nombre de quatre-vingts-quatre mille que je vous épargnerai d'autant plus que je ne les connais certainement pas toutes.

L'important est de comprendre que l'existence conditionnée, le samsara, est l'ensemble des états conditionnés de notre conscience duelle. J'existe et lorsque j'existe, il y a quelque chose que j'expérimente comme étant extérieur, comme étant autre que moi, il y a l'observateur et l'observé. Lorsqu'il y a ce sentiment de l'ego ou simplement de la dualité d'un sujet et d'un objet, l'ego ne peut pas s'empêcher d'entretenir une relation ; en fait, même l'impression de l'ego est concomitante à la relation elle-même, qui est une expression dans laquelle on veut capter ce que l'on juge positif, l'on veut évacuer ce que l'on juge négatif et on ignore ce que l'on estime indifférent. On est tout le temps dans ce jeu d'attraction, de répulsion, d'indifférence. C'est comme cela que fonctionne notre ego, c'est comme cela que notre consicence se conditionne, c'est comme cela que toutes les passions se structurent, c'est comme cela que le samsara tourne et fonctionne constamment.

La pratique de la voie est d'abord la compréhension et ce conditionnement puis l'apprentissage dans lequel on accepte la présence de ces conditionnements et dans lequel on fait un travail progressif de dévoilement, je reprendrai volontiers l'image « on est nu sous ses vêtements ». On a la nature de bouddha en dessous des voiles de notre individualité, de nos passions, des voiles de nos perceptions duelles et dualistes et le cheminement est un processus de déshabillage ou de dévoilement. Ceux qui étaient là ce matin * m'ont entendu parler un peu de la pratique de la méditation comme précisément l'apprentissage d'une relation juste à nos pensées, à nos émotions, à nous-mêmes et aux situations allant dans le sens de ce dévoilement.

* Allusion à la méditation guidée le matin même par Lama Denis Teundroup. Voir le chapitre « La pratique de la méditation ».

QUESTION À ARNAUD. *Voir le relatif tel qu'il est, cela veut-il dire ne rien penser à son sujet, ne plus éprouver ni attraction ni répulsion ?*

ARNAUD. Oui. Je dirai que la réalité devient « neutre » même si ce mot nous paraît pauvre ou même insipide au premier abord. Il est vrai que notre langue et notre grammaire qui ont formé notre pensée ne possèdent pas le genre neutre qui existe en sanscrit : *brahman* au neutre, c'est l'absolu, *nirguna,* alors que Brahma au masculin représente Dieu avec attributs, qualifié, créateur, *saguna.*

Si nous sommes libres de l'attraction et de la répulsion, nous sommes neutres au sens que je donne à ce mot, comme le miroir qui réfléchit aussi bien un crapaud qu'une rose. Il faudrait entendre « neutre » comme un terme ayant une grande valeur et qui nous fasse envie. Dans une certaine ligne et une certaine manière de s'exprimer, la réalité ultime est neutre, ni positive ni négative, et il s'agit peu à peu de voir également la réalité relative comme neutre, sans qualification, juste ce qui est, ce qu'en anglais on appelle *isness, suchness, thatness.* Voir la réalité telle qu'elle est, sans qualification, juste vision. Mais cette neutralité n'exclut ni l'amour, ni la compassion, ni la béatitude, ni la plénitude, et autres valeurs qui nous paraissent précieuses. Nous ne nous mettrons jamais en chemin si on ne nous promet qu'une espèce de mort, quelque chose de désespérant. Voir la réalité relative telle qu'elle est, c'est la voir comme neutre, et à ce moment-là, elle peut me révéler la réalité absolue qui transcende la dualité du positif et du négatif.

Un point très important dans toute voie sur laquelle on s'engage, c'est la question du vocabulaire : quel sens précis ma propre tradition ou mon propre maître donne-t-il à tel mot ? Au début, ce mot *neutral* en anglais ne correspondait à rien pour moi. Ce qui m'avait cependant frappé, c'est que *neutral* désigne en anglais « le point mort », quand aucune vitesse n'est engagée, ce qui peut donner une idée de désengagement intérieur, de désidentification, de détachement. Il faut voir la réalité relative comme neutre. Tant que vous la qualifiez « ça c'est bon, ça c'est mauvais, ça c'est réussi, ça c'est raté », vous ne pouvez pas en découvrir le secret.

Ces qualifications, bien sûr, ont leur valeur au niveau relatif. Le sucre est mauvais pour un diabétique; aucun sage ne vous dira le contraire. A ce niveau nous sommes obligés de qualifier mais cela sert d'excuse au mental pour projeter son monde sur le monde et nous éloigner de plus en plus de la vision libre, détachée, sereine qui nous donne accès au Réel.

Lama Denis. Avant de continuer, je veux dire que je suis tout à fait d'accord sur le fond, mais je ne dirais pas que le monde relatif est neutre parce que cela risque d'être entendu comme « en fait, tout est bien, tout est rose, tout est pareil, tout est similaire. Tout est fondamentalement identique, identiquement neutre, donc à quoi bon plutôt ceci que cela ». La neutralité, mal comprise, peut très facilement dévier dans l'indifférence.

Par contre, il y a un autre aspect de la neutralité qui est celui du témoin neutre, bien que nous employions plutôt dans le dharma le terme d'observateur abstrait. Le témoin neutre, c'est la qualité d'observation, de vision non impliquée, non identifiée, qui consiste à voir mais voir tout simplement, ne pas voir comme bon, ne pas voir comme mauvais et ne pas voir non plus comme neutre, ne pas voir comme quelque chose, juste voir, tout simplement voir, sans jugement, sans concept, sans appréciation, sans évaluation. C'est le fondement de toute la voie, de toute la pratique de la méditation.

La différence dans la manière de s'exprimer entre Arnaud et moi nous amène à l'autre point qui est la nécessité, pour bien s'entendre, de la relation personnelle. Si vous ne voulez pas être complètement perdus, il faut que vous écoutiez quelqu'un qui vous donne un enseignement en relation à votre expérience. Il va vous dire : vois les choses de façon neutre, vois les choses tout simplement, il vous donnera quelques points de repère puis il vous renverra à vous-même. Ensuite, il vous demandera : comment vois-tu les choses de façon neutre ou comment as-tu fait cette expérience de simple vision? Et alors il vous écoutera. Si vous dites : « J'ai vu tout comme étant neutre, tout était pareil, tout était rose », s'il voit que vous avez mis un voile rose ou gris sur la réalité, il vous mettra en garde : « Tu t'es fourvoyé, ce n'est pas cela du tout. » A ce moment-là, il vous renverra avec un autre exercice mais s'il n'y a pas cet aller-retour entre le discours, la compréhension et l'expérience, entre la méditation et l'enseignement, on est tout le temps pris au piège des concepts. Particulièrement dans le bouddhisme et dans notre tradition *kagyupa*, « la lignée de la pratique », on met l'accent sur le caractère indispensable de ce va-et-vient incessant entre la théorie et la pratique sans lequel on passe à côté de l'essentiel.

La transformation des émotions

UN HOMME. *Vous dites que, par des techniques de méditation, il est possible de parvenir à la disparition des passions. Ne s'agit-il pas plutôt de les transformer?*

ARNAUD. En fait, il s'agit toujours de transformation. Comme on l'enseigne dans le bouddhisme, les cinq poisons peuvent se transformer en cinq sagesses. Parfois, on emploie l'expression « raffinement de l'énergie », comme on raffine le pétrole brut pour en faire du supercarburant. Vous ne pouvez rien supprimer, sauf les pures et simples illusions, et quand une « passion » est investie de la force de l'énergie, vous ne pouvez pas volatiliser cette énergie, vous ne pouvez que la transformer. Par exemple, l'agressivité peut se transformer en fermeté. Mais la matière première qui permet ensuite la finesse des niveaux de conscience supérieurs, c'est d'abord l'émotion ou la passion, c'est-à-dire ce que nous avons à notre disposition aujourd'hui.

LAMA DENIS. Il y a différentes étapes dans le travail avec les émotions et à chacune de ces étapes correspond une manière différente de traiter les émotions. Tout d'abord, pour pouvoir traiter les émotions, il est important de ne pas être dans une situation hautement conflictuelle, d'où la nécessité d'un certain cadre qui est une discipline. On n'apprend pas à nager dans la tempête. Initialement, on a besoin d'un environnement favorable qui provient de certaines règles extérieures. La discipline extérieure est la première façon de traiter les émotions. Il ne s'agit pas de les refuser, il ne s'agit pas de les rejeter mais il s'agit de créer l'environnement le plus favorable possible. Ensuite intervient la question de la transformation.

Il existe de nombreuses approches méditatives pour apprendre à transformer les émotions en travaillant sur la relation du moi et du mien. L'émotion est cette relation intense qui nous émeut, qui émeut *moi* par rapport à *mon* objet. On a des émotions d'attraction, des émotions de répulsion, et on apprend à développer une relation juste en voyant la transparence de la relation comme la transparence de l'objet et du sujet, c'est-à-dire le caractère insubstantiel, introuvable du sujet et de l'objet comme projection. On apprend ainsi à avoir une relation beaucoup plus fluide avec les situations et il s'opère une transformation, un dépassement du caractère conflictuel des passions.

Le troisième niveau, qui est celui de la pratique du vajrayana ou de la pratique tantrique, correspond à ce qu'on appelle la transmutation. A ce moment-là, c'est l'énergie de l'émotion qui est transformée dans sa nature même. Il est important de dire que la transmutation n'est possible que sur la base d'abord de la discipline, puis ensuite de la transformation. A ce stade, toute émotion devient une énergie de sagesse. Plus il y a de fer ou de plomb, lorsqu'ils sont transmutés, plus il y a d'or et de sagesse ; ou, suivant une formulation traditionnelle, plus il y a d'émotions, plus il y a de bois au bûcher de la sagesse. Lorsque cette transmutation est réalisée, ce qu'on appelle les cinq poisons de l'esprit – le désir, l'orgueil, la colère, l'attachement, l'opacité mentale – sont transmutés en les cinq sagesses. Ce sont des sagesses immédiates, dénuées de références et libres des conventions habituelles, qui utilisent n'importe quelle émotion simplement comme une source d'énergie pour faire rayonner la sagesse. Donc d'abord discipline puis transformation et peut-être ultimement transmutation.

UNE FEMME. *Pouvez-vous préciser cette question de discipline ? Est-ce qu'il s'agit d'un ascétisme ou de règles précises en tant que* faire ?

LAMA DENIS. La discipline est extérieure et intérieure. On a besoin, au départ, d'un environnement adéquat ; donc on évitera de se mettre dans des situations qui sont problématiques et conflictuelles. Le bouddhisme répertorie dix actes négatifs et dix actes positifs – négatif, positif, ici, n'étant pas des jugements de valeur, mais se référant à des situations problématiques ou non. Par exemple, tuer est habituellement l'expression d'une agression – on tue pour s'approprier quelque chose qui appartient à autrui ou pour se débarrasser d'un ennemi. Il y a ainsi dix actes qui sont considérés comme négatifs, source de conflits, source de troubles, encourageant les mécanismes passionnels, et encourageant donc aussi fondamentalement l'ego. Ces dix actes négatifs sont : tuer, voler, avoir des désirs sexuels erronés ; au niveau de la parole : mentir, créer la disharmonie, utiliser des mots blessants ou parler de façon futile ; et au niveau de l'esprit : la convoitise, la malveillance et l'entretien de vues erronées. Les dix actes positifs sont le contraire des dix négatifs. C'est là le fondement de la discipline extérieure.

La discipline intérieure est, donc sur la base de cette discipline extérieure, dans l'environnement favorable qu'elle a créé, une motivation juste de bienveillance et dans celle-ci la pratique de la méditation qui suppose une certaine régularité pour apprendre à développer le rappel au quotidien, en chaque situation, ce qu'on appelle la méditation en action.

QUESTION À ARNAUD. *Vous avez écrit dans un de vos livres qu'il était possible de dissocier la souffrance, c'est-à-dire l'émotion douloureuse, de la situation qui a causé la souffrance. Comment en pratique peut-on arriver à cette dissociation ?*

ARNAUD. Si nous pouvons être un avec la réalité relative, dans la mesure où cette réalité relative *est*, il n'y a pas d'émotion. L'émotion est toujours la manifestation d'un décalage par rapport à ce dont nous prenons conscience. Si je ne peux pas adhérer à la réalité relative, une émotion se lève, et peut-être une émotion ressentie comme douloureuse. Dans cette situation, concrètement, j'ai deux possibilités de progression, à condition de ne pas me révolter contre ma propre souffrance. La première approche consiste à tenter d'adhérer à la vérité. Ça me fait mal, par exemple parce que je ne peux pas accepter d'avoir sous les yeux la lettre de rupture arrivée au courrier de ce matin. La vérité, c'est cette lettre de rupture. Qu'y a-t-il dans cette lettre ? Est-il écrit : « Je t'aime et je n'aimerai jamais que toi »? Non, il est écrit : « J'ai décidé de ne plus te revoir, si je reconnais ta voix au téléphone, je raccrocherai et si je reconnais ton écriture sur une enveloppe, je déchirerai la lettre avant de l'avoir lue. » Tels sont les termes de cette lettre. Parce que je ne peux pas accepter ce qui est pourtant *the glaring fact*, comme disait Swâmi Prajnanpad, le fait éblouissant qui est là sous mes yeux, il y a souffrance. Nous connaissons tous cela, nous l'avons tous connu et nous avons peur de le connaître de nouveau dans le futur. Je tente donc de revenir à l'adhésion au réel, auquel cas la souffrance disparaîtra.

La seconde approche me propose d'adhérer à la souffrance elle-même. Je ne m'occupe plus de la lettre si cruelle, si insupportable, si atroce, je m'occupe uniquement de la souffrance en tant que vécu, en tant qu'émotion, et j'y adhère de tout mon cœur. Oui, il y a souffrance. Je suis UN, UN avec la souffrance. Je ne me propose pas d'être sans souffrance au moment même où je suis étreint par celle-ci et, dans cette non-dualité avec la souffrance, cette adhésion parfaite à la souffrance en elle-même, indépendamment de la cause qui est la lettre de rupture, je retrouve la paix, le centre, la liberté – et l'émotion se dissipe. Par contre, si je refuse l'émotion, je crée une nouvelle émotion. C'est un enchaînement qui va crescendo : il y a lettre de rupture, je ne peux pas adhérer à la lettre de rupture, donc je souffre ; parce que c'est pénible de souffrir, je n'adhère pas à la souffrance, alors je souffre de souffrir et parce que c'est cruel de souffrir de souffrir, je refuse, donc je souffre de souffrir de souffrir. Dans ce processus, l'émotion se nourrit d'elle-même.

Il y a une possibilité d'être *un* avec l'émotion. Vous passez entièrement du côté de la souffrance au point qu'il n'y a plus personne pour juger la souffrance comme douloureuse et, à ce moment-là, la souffrance s'évanouit parce que celui qui ressentait la souffrance comme douloureuse a disparu.

Une femme. *Toute émotion serait donc une inadéquation...* (Arnaud renchérissant : *inadéquation, très bon terme !*)... *et la joie elle-même serait l'expression d'un désaccord intérieur ?*

Arnaud. Sur ce point, nous devons être tout à fait clair. Est-ce qu'il s'agit de la joie non dépendante et stable du sage, quelles que soient les vicissitudes de son existence? Car nous n'imaginons pas un sage malheureux, déprimé. Sinon, quelle différence y aurait-il entre un Bouddha et un être humain tout à fait ordinaire? Mais en dehors de cette joie immuable, l'émotion heureuse en tant qu'émotion est, en effet, le fruit d'une inadéquation par rapport au réel, ici et maintenant. Le mental, au lieu de faire intervenir : « Ça ne devrait pas être » – ce qui est la source de l'émotion négative –, fait intervenir : « Ça aurait pu ne pas être », ce qui fait lever l'émotion heureuse. Si je suis simplement *un*, sans dualité, avec la réalité, il n'y aura ni émotion douloureuse ni émotion heureuse, et la voie vers la paix des profondeurs demeure ouverte en nous.

Car, il existe une autre qualité de joie ou de sentiment heureux que je n'appellerai pas une émotion. Assez arbitrairement, je le reconnais, je fais une différence capitale en français entre les mots émotion et sentiment. S'il y a une émotion heureuse qui est le fruit d'une inadéquation – pour reprendre le terme que vous avez employé – et que vous êtes tant soit peu vigilante, cette émotion heureuse va fondre comme neige au soleil – eh bien tant pis, il ne s'agissait pas d'un bonheur de grande valeur. En quoi consiste cette vigilance? Allons-nous utiliser l'expression « présence à soi-même » ou, au contraire, « effacement de soi » au sens de la référence égocentrique? Tandis que si cette émotion heureuse est un sentiment qui a une réelle qualité, plus vous serez vigilante, moins vous serez emportée, plus ce sentiment va s'approfondir. Donc, l'émotion heureuse autant que l'émotion douloureuse est le fruit d'une inadéquation et d'une intervention du mental par rapport à la réalité pure et simple.

UN HOMME. *Comment ce passage de faire un avec la souffrance peut-il s'effectuer? Je veux dire par là qu'on peut éprouver une douleur extrêmement intense et chercher effectivement à opérer ce passage sans pour autant y parvenir. Je précise que je parle bien sûr d'une douleur morale.*

ARNAUD. Il n'y a que la tentative et la pratique qui peuvent répondre. Il faut que quelqu'un vous promette, les yeux dans les yeux, que c'est possible, et que vous sentiez : si cela a été possible pour lui de ne plus se débattre dans la souffrance ou, comme j'ai dit tout à l'heure, de ne plus souffrir de souffrir, c'est-à-dire de ne plus du tout refuser la souffrance, pourquoi pas pour moi?

LAMA DENIS. Je voudrais encore une fois dire la même chose avec des mots différents. Il est complètement impossible d'être un sans dualité et c'est plus qu'un jeu de mots. Aussi longtemps que vous maintenez votre unité et que vous essayez d'être un, vous ne serez pas dans la non-dualité. Il est impossible d'être un avec la souffrance. Aussi longtemps que vous maintenez votre identité dans la souffrance, vous êtes à côté. Le mot unité en lui-même est ici problématique. Le passage à la non-dualité s'opère dans un lâcher-prise, un abandon complet dans lequel vous disparaissez devant la souffrance, vous laissez complètement aller.

ARNAUD. Souvenez-vous de ce que j'ai dit tout à l'heure : vous passez tellement du côté de la souffrance qu'il ne reste plus personne pour qualifier la souffrance de douloureuse, plus personne pour souffrir. A mon avis, c'est une autre manière de formuler ce que vient de dire Lama Denis.

LA MÊME PERSONNE. *Est-ce que ce n'est pas à un certain niveau un processus spontané ? Est-ce que, moi, j'y peux vraiment quelque chose ou ne s'agit-il pas plutôt d'un passage qui va, à un certain moment, se produire de lui-même sans que l'intellect intervienne ?*

ARNAUD. Il peut se produire ce que vous décrivez là : certaines personnes, qui n'ont jamais entendu parler spécialement d'une sadhana, au cœur de l'inacceptable, par l'intensité même de l'inacceptable, ont lâché prise et se sont trouvées, à leur étonnement émerveillé, dans une paix indicible. C'est un fait connu mais, du point de vue du chemin, quelque chose nous est possible qui commence par une intervention plus ou moins malhabile de notre part et qui se purifiera avec la pratique.

LAMA DENIS. Quelque chose est possible mais c'est quelque chose que *« vous »* ne pourrez jamais faire, *« vous »* ne pourrez jamais consciemment y arriver. Aussi longtemps que *vous* essaierez d'y arriver, vous serez à côté; cela ne peut effectivement se passer que spontanément, c'est-à-dire un moment où il y a l'abandon de la tentative : laisser tomber. Mais par contre, il est possible de se mettre en situation favorable pour développer cette aptitude à laisser tomber et c'est là qu'un travail, un certain cheminement est possible. Vous ne pouvez que vous mettre en condition.

UNE FEMME. *Il me paraît difficile de distinguer, lorsqu'on arrive à se détacher un peu des émotions, si vraiment c'est parce qu'on a fait du chemin ou si c'est, au contraire, qu'on est devenu plus égoïste et insensible. Personnellement, je ne sais pas et je me méfie du mental spirituel qu'on n'arrive pas toujours à discerner et qui nous dore la pilule...*

ARNAUD. Le mental, c'est vraiment le malin dont parle l'Évangile, diabolique et satanique. Il est même retors au point d'inventer des questions ou de fabriquer des problèmes là où il n'y en a pas. Mais rassurez-vous, si vous vous égarez, cela ne peut pas durer très longtemps sans que vous vous en rendiez compte. Admettons que, par une compréhension fausse de la disparition des émotions, vous vous endurcissiez, vous vous « blindiez », vous deveniez, dans le plus mauvais sens du terme, insensible – il peut en effet y avoir une manière de déconnecter, de disjoncter pour ne plus souffrir qui ne nous rend pas plus libres, plus vivants, qui ne nous met pas en communion – mais en ce cas, vous vous en apercevrez très bien avec deux sous d'honnêteté : je ne suis pas heureuse, je ne suis pas en paix.

Le mental tire sa force de sa complexité et, s'il parvient à nous entraîner sur le terrain de la complication, il va gagner à tous les coups. L'extrême simplicité est donc l'arme la plus puissante contre le mental. Je me souviens d'une parole qu'on attribuait à Hô Chi Minh, le chef des Vietnamiens qui avait lutté contre la France puis contre les Américains : « Les Américains ont une puissance fantastique que nous n'avons pas mais nous gagnerons parce qu'ils ne savent manger qu'avec des fourchettes et ici nous les obligeons à manger avec des baguettes. » Le mental n'est à l'aise que dans la complexité et, si je lui propose la simplicité, il est perdu. La simplicité, c'est d'abord : est-ce que je me sens plus heureuse, plus vivante, avec le cœur plus ouvert ? Non, alors où est-ce que je me trompe ?

LAMA DENIS. C'est une très bonne question. On peut certaines fois avoir l'impression d'être non attaché et faire fausse route. On peut très facilement s'illusionner au nom du détachement. Il y a une attitude erronée de non-attachement qui consiste à gommer les problèmes et la frontière entre le véritable non-attachement et une attitude d'indifférence peut sembler subtile. Lorsque l'on commence le cheminement dans la voie spirituelle, on est confronté à l'attraction et à la répulsion, aux attachements grossiers, au désir et à la colère, c'est-à-dire aux passions dans leur dynamique violente. Ensuite, le principal obstacle est cette forme d'opacité subtile du mental qu'est l'indifférence. Très souvent, on prend cette indifférence pour du non-attachement. Il y a pourtant autant de différence entre le véritable non-attachement et l'indifférence qu'entre le ciel et la terre. Nous l'avons vu, il existe une mauvaise neutralité qui s'exprime dans l'attitude baba cool : « ça m'est égal », pour moi rien ne fait de différence, que ce soit comme ci ou que ce soit comme ça, tout va bien. Ou encore, d'une façon plus subtile, on peut très facilement se fourvoyer dans une neutralité non impliquée qui consiste à dire : je ne me mouille pas, je ne m'identifie pas, je ne m'investis pas, je reste suprêmement non attaché.

Le véritable non-attachement est un non-attachement aux objets et un non-attachement aussi au non-attachement, c'est-à-dire une attitude de disponibilité qui permet éventuellement de répondre de façon foudroyante, dans l'instant même, quelle que soit la demande, sans même penser. Cela n'a donc absolument rien à voir avec l'indifférence et il faut y faire très attention. Je me montrerai pour ma part plus réservé qu'Arnaud qui disait que, si l'on est sur la mauvaise voie, on s'en rendra rapidement compte; je crois en effet qu'on peut être sur une mauvaise voie sans s'en rendre compte et que c'est ce que l'on fait malheureusement très souvent. L'auto-illusion, c'est-à-dire l'aptitude du mental à justifer ce que l'on fait, l'auto-justification a des pouvoirs qu'on qualifiait à l'instant de diaboliques. L'ego est extrêmement malin et il possède un pouvoir de récupération, de déviation absolument énorme. Tout peut être récupéré et la seule garantie authentique que l'on ait, face à cette auto-illusion, est la relation à un guide qualifié qui est, en quelque sorte, le miroir. Si notre ego est à la fois juge et partie prenante, on est en plein dans le processus d'auto-illusion. On a besoin – c'est vrai au début du cheminement et c'est vrai pendant très longtemps – de la référence à une tierce personne pour éviter les déviations. Mais il est vrai aussi, d'une façon générale, que si notre esprit devient moins égoïste, si l'on a moins de passions, si l'on a moins de désirs, moins d'attachement, moins de colère et si, parallèlement, nous sommes plus ouverts, plus bienveillants, moins arrogants, plus chaleureux, plus disponibles, plus empreints d'amour et de compassion, ce sont de bons signes.

ARNAUD. Ce n'est pas pour revenir en arrière sur ce que j'ai dit tout à l'heure quand je vous ai proposé de vous poser cette toute simple question : « est-ce que je suis plus heureuse ou non? », mais je suis parfaitement d'accord – et j'en ai eu la preuve par ma propre histoire et ensuite par celle des autres – qu'on peut en effet être dans l'erreur et rester dans l'erreur pendant des années sans le voir, avec toutes sortes de justifications. Par rapport à votre question qui est si importante, il y a un mot auquel nous pouvons réfléchir, c'est le mot « sensible » ou « sensibilité ». « Être sensible » ou avoir une « extrême sensibilité », est-ce heureux ou fâcheux comme c'est le cas pour quelqu'un d'extrêmement émotif dont on dira qu'il est un écorché vif?

Si nous nous mettons d'accord sur le sens de ce mot, je dirai qu'il est souhaitable d'être de plus en plus sensible. Mon propre gourou, ancien professeur de sciences, m'avait fait cette remarque : « Plus un appareil scientifique est sensible, plus il est précieux, plus il est coûteux. » Plus un être humain est évolué, plus il est sensible, capable de ressentir, de percevoir des nuances, des finesses, plus l'intelligence du cœur s'affine. Parallèlement, on devient de moins en moins vulnérable, de moins en moins émotif, de moins en moins bouleversé.

LAMA DENIS. Je voudrais dire quelques mots pour lier la sensibilité dont vient de parler Arnaud et le non-attachement car c'est la même chose. Il y a la sensiblerie ou la sensibilité de l'écorché vif qui est, en fait, une sensibilité névrotique. Lorsque l'on est attaché, d'ailleurs le mot parle bien de lui-même, on est ligoté, on est ficelé, on est pris dans les mailles du filet des choses auxquelles on s'accroche; on est possédé par tous ces attachements, on n'est pas libre et on n'a pas l'aptitude à répondre, on est conditionné. On n'a pas de sensibilité au sens de réceptivité et d'aptitude à une réponse fine. On est complètement bloqué, insensible. Par contre, plus il y a de non-attachement, moins il y a d'attache, plus on devient sensible. S'il y a une particule de poussière au milieu du vide, elle n'est liée à rien par rien; la moindre énergie, le moindre souffle, la moindre chose la mettra en mouvement, immédiatement, spontanément. Donc, le véritable non-attachement est le lieu de la plus parfaite sensibilité, réceptivité et disponibilité, c'est-à-dire l'opposé même de l'indifférence. C'est le lieu de l'amour authentique.

Dualité et non-dualité

UNE FEMME. *Je voudrais vous demander des précisions sur le mot conscience. Il me semble en effet qu'il existe deux niveaux de conscience : celui où nous avons justement conscience de ce qui se lève en nous, de la dualité, de notre nature profonde et en même temps de nos émotions, comme s'il y avait deux choses à la fois et puis l'autre conscience qui est la sensation d'être, même si cela ne se manifeste qu'à de très brefs instants. Est-ce que vous pouvez faire le lien entre ce que j'appelle ces deux consciences ?*

LAMA DENIS. Le problème de terminologie, et Arnaud me corrigera si je fais une erreur, me semble venir de ce que, dans le vedânta, on emploie conscience aussi bien au niveau relatif, relationnel et par là même dualiste, que pour parler de l'esprit au-delà de la dualité. Alors que dans le dharma on utilise conscience dans son sens restreint et précis qui est celui de connaissance de : il n'y a de conscience que conscience de quelque chose, c'est-à-dire que la conscience est toujours une expérience duelle. La vacuité, au sens du dharma, est l'absence de conscience. L'absence de connaissance dualiste est une expérience immédiate – immédiate, entendu au sens de dépourvue d'intermédiaire, de médium et aussi immédiate comme pleinement dans l'instantanéité du présent.

ARNAUD. Oui, il s'agit d'un point essentiel à clarifier pour ne pas être perdu en lisant des ouvrages d'hindouisme ou de bouddhisme, qui utilisent ce mot *conscience*. Le terme sanscrit *chit*, traduit par conscience, est utilisé à différents niveaux. On va par exemple employer le mot conscience pour désigner le simple fait que nous soyons conscients au lieu d'être inconscients, comme peut-être dans le coma ou l'évanouissement. Mais on va aussi l'employer pour la conscience ultime, la conscience qui n'est plus conscience de quoi que ce soit, le pur sujet sans objet. Toute la question est donc celle du sujet et de l'objet. Est-ce qu'il y a un sujet qui a conscience d'un objet ?

Il faut bien comprendre qu'il ne peut pas y avoir de distinction réelle entre l'absolu et le relatif, sinon l'absolu n'est plus absolu. Si on dit l'absolu et le relatif, cela signifie : ici l'absolu s'arrête et là le relatif commence ; cet absolu ne peut donc plus être considéré comme absolu.

L'absolu peut exister sans le relatif mais le relatif ne peut pas exister sans l'absolu. Le relatif est l'expression ou la manifestation de l'absolu. Pour reprendre une image extrêmement simple, il n'y a pas d'un côté l'océan au singulier, immuable pour les besoins de l'image, et de l'autre les vagues. L'océan est dans les vagues, les vagues sont dans l'océan, l'océan est les vagues, les vagues sont l'océan et on peut affirmer : l'absolu c'est le relatif et le relatif c'est l'absolu.

On emploie aussi beaucoup, dans la terminologie hindoue, l'expression le réel et l'irréel. Le mot *sat* qu'on traduit par être veut également dire réel. Le monde dont nous avons l'expérience, c'est à la fois le réel et l'irréel, le réel sous-tendant l'irréel. L'irréel, c'est le changeant qui apparaît, qui disparaît et le réel, c'est ce qui subsiste. Si on enlève l'irréel, qu'est-ce qui reste? Le réel. Et si on enlève le réel, qu'est-ce qui reste? La réponse absurde consisterait à dire : « Il ne reste plus que l'irréel. » Si on enlevait le réel, il ne resterait rien. Si on fait disparaître les vagues, l'océan demeure avec ou sans vagues. Mais si on faisait magiquement disparaître l'océan, pas une vague ne subsisterait.

Que nous disions, toujours dans la terminologie hindoue, l'absolu est le relatif, le réel est l'irréel, ou que nous employions l'image de l'océan et des vagues, cela revient toujours à la même idée : la Conscience pure et les formes de conscience. La conscience prend telle ou telle forme, la forme d'une pensée, la forme d'une perception, d'une conception, d'un désir, d'une émotion – tout ce qui se passe à l'intérieur de nous. Et généralement, le niveau auquel nous nous situons, ce qui constitue nos existences, ce dont nous avons l'expérience, c'est cette surface changeante, limitée, divisée, désignée par ce terme d'irréel. Mais l'irréel est l'expression du réel et les formes de conscience sont les expressions de la Conscience au singulier. On ne peut pas faire de distinction qui serait une séparation. Et la démarche védantique consiste à essayer de dépouiller le sujet de tout ce qui peut être objectivé, c'est-à-dire devenir un objet dont un sujet prend conscience. Du point de vue de la démarche hindoue, le témoin, *sakshin*, constate tout ce qui se passe en nous.

Pour commencer, nous établissons donc une distinction entre ce qui voit et ce qui est vu. Je vois qu'il y a une tristesse, je ne m'y oppose pas, je ne la refuse pas, je ne me confonds pas avec cette tristesse. Je reconnais, je constate : juste ici, juste maintenant, au niveau affectif il n'y a pas une grande joie, il y a une tristesse. Au niveau physique, je vois, je constate : il n'y a pas une impression d'être en pleine forme et débordant d'énergie, il y a une impression d'être fatigué, vidé et à la limite de tomber malade. Et même les pensées peuvent être vues et reconnues : cette pensée précise vient de me traverser l'esprit, voilà les pensées qui ce matin m'assaillent et me ramènent dans une certaine direction. Pour commencer, c'est une dissociation – on emploie parfois le mot célèbre *viveka*, discrimination – entre le témoin qui prend conscience et ce qui est vu, à condition que ce témoin soit vraiment témoin, c'est-à-dire ne prenne parti en aucune manière ni pour juger que c'est bien, ni pour juger que c'est mal, ni pour aimer, ni pour ne pas aimer. L'insistance est sur la pureté parfaite de cette vision comparée très souvent à un miroir qui demeure neutre, qu'on lui présente un crapaud ou une rose.

Une certaine conscience d'être, moi ou je, se confond au départ avec toutes les perceptions passées et présentes, toutes les formes : je suis grand, je suis petit, je suis malade, je suis en bonne santé, je suis heureux, je suis désespéré. Et peu à peu commence à se dégager ce témoin, ce qui apparaît comme une dissociation, et même, si l'on n'est pas très attentif, comme une dualité. Le témoin ne change pas. Ce qui change tout le temps, c'est ce qui est vu, mais la vision du changement, elle, reste immuable. Dans nos premières tentatives, le témoin est faible, fragile, presque inexistant et pourtant c'est ce qu'il y a de plus réel en nous. C'est le sujet pur. Et puis ce témoin gagne en stabilité, il est moins souvent englouti, absorbé (ce que mon propre gourou appelait absorption du sujet par l'objet). Et peu à peu un fond de conscience neutre, non affecté, se dégage et se stabilise. Et plus tard, on découvre que cette distinction du spectateur et du spectacle, ou du sujet et des objets, n'est pas une véritable distinction. Toutes les formes de conscience émanent de la conscience sans forme. Mais dans l'approche védantique, il y a d'abord, comme pratique, cette dissociation du sujet et de l'objet, du spectacle et du spectateur, tout en admettant dès le départ qu'il n'y a pas une véritable distinction, de même qu'il n'y a pas de distinction réelle entre les vagues et l'océan. Ce dont nous prenons conscience est changeant, ce qui prend conscience est immuable. Mais surtout ne confondez pas le témoin – ou plutôt la « position de témoin de la conscience » avec l'ego.

Une femme. *En moi, je sens à la fois la personne qui cherche le bonheur, c'est-à-dire à être un avec la situation, et cette part de moi-même qui bataille avec l'autre pour m'empêcher d'atteindre ce bonheur; je le ressens comme une dualité.*

Arnaud. Absolument. C'est encore une dualité parmi tant d'autres ou un visage de la dualité. Il faut entendre ce terme de non-dualité, qui est tellement utilisé, dans le sens le plus immédiat : *un* ou bien *deux*. Et, s'il y a deux, il y a trois, quatre, cinq, six, cent mille et un million. *Un* ou *deux*.

Il existe deux grandes approches doctrinales qu'on

désigne par dualisme et non-dualisme. Le non-dualisme affirme l'unité ultime de toute la réalité et qu'il n'y a pas de différence fondamentale entre l'absolu et le relatif. Le dualisme maintient une distinction essentielle entre l'homme et Dieu, bien que beaucoup de mystiques tiennent des propos qui paraissent plus non dualistes que dualistes, même dans les voies dites religieuses.

Mais ensuite, il y a la dualité au sens de « deux » au lieu de « un », avec toutes les implications possibles et notamment les dualités de base, d'abord celle de moi et de tout ce que je considère comme autre que moi, le non-moi, ensuite celle des paires d'opposés : réussite-échec, santé-maladie, richesse-pauvreté, etc.; et puis tous les fonctionnements dualistes du mental qui divise la réalité, qui crée autre chose que ce qui est, surimpose sa propre création sur la réalité relative et ainsi de suite. Donc, cette dualité, ou les dualités au pluriel, on va les retrouver partout, notamment dans les conflits intérieurs où nous constatons que nous ne sommes pas unifiés mais divisés.

Émotions, vigilance et attention

UNE FEMME. *Quand j'ai une émotion, je prends appui sur la vigilance pour ne pas être complètement emportée. Mais j'ai alors l'impression de faire appel à quelqu'un d'autre – comme si la vigilance ne venait pas de moi – et de ne pas pouvoir vivre seule.*

ARNAUD. La vigilance dépend de vous, personne d'autre ne peut être vigilant à votre place. Le mot anglais *awareness*, abondamment utilisé par tous les sages hindous, est un terme-clé souvent traduit par « attention ». Ordinairement, nous sommes identifiés, absorbés, emportés par les pensées, les émotions, les désirs, les peurs et tout ce qui fait le courant de nos existences. Et cette vigilance est une conscience particulière qui nous permet de nous dissocier sans refus du courant des formes à l'intérieur de nous et de devenir ce « témoin » dont nous parlions tout à l'heure. Vous, vous dites : « Cette vigilance, cette conscience ou ce témoin, ce n'est pas moi. » Est-ce bien cela?

La même personne. *C'est une fuite pour ne pas m'impliquer complètement, pour ne pas vivre cette chose qui me fait peur.*

Arnaud. Non, surtout pas fuir, vous la vivez mais vous la vivez consciemment. Par conséquent, vous pouvez en avoir vraiment l'expérience. C'est à travers les situations les plus concrètes de l'existence que nous pouvons progresser sur le chemin.

La même personne. *Si je n'avais pas cela, je serais incapable de vivre correctement.*

Arnaud. Mais vous l'avez! Vous avez cette possibilité d'être plus attentive, plus consciente, plus lucide. Non seulement cette vigilance ou cette conscience n'est pas un autre que vous mais c'est ce qui est le plus vous-même. S'il n'y a ni vigilance ni conscience particulière, nous sommes complètement instables – ouverts et pleins d'amour le matin, fermés et aigris le soir. La manière dont nous nous ressentons nous-mêmes n'a pas de liberté. Je me ressens sûr de moi puis malheureux et perdu, je me ressens confiant et optimiste puis déprimé et découragé. On a beaucoup employé l'image du kaléidoscope : une petite secousse et l'image se trouve complètement modifiée.

Tandis que cette capacité de voir, d'être lucidement consciente, elle, est pareille à elle-même. Ce qui est vu – émotions, pensées, peurs, désirs – est changeant. Ce qui voit peut demeurer identique à soi-même. C'est la vision pure. En vérité, ce qui est le plus vous-même, c'est cette petite possibilité de voir, d'être le témoin de vos phénomènes intérieurs. Ce qui est vu est le fruit des conditions extérieures mais la vision ne dépend pas des circonstances. C'est l'aube, la première lueur à l'est avant le lever du soleil, de ce qui est réel en vous et qui est merveilleusement impersonnel.

LA MÊME PERSONNE. *J'ai l'impression d'avoir besoin d'une aide que d'autres personnes plus fortes que moi n'ont pas besoin d'avoir.*

ARNAUD. Ne comparez pas avec d'autres. Voyez comment vous, vous envisagez le chemin et à quoi vous aspirez.

LAMA DENIS. On parle de choses similaires avec des formulations qui varient. Il y a la dualité observateur-observé avec la non-dualité finale qui est le dépassement de l'expérience du sujet et de l'objet et puis il y a la dualité – celle dont vous parliez tout à l'heure, Madame – qui est cette attitude d'ambivalence dans laquelle on se trouve lorsqu'on a envie à la fois de faire et de ne pas faire quelque chose. Une image illustre très bien cela, celle de Milou dans Tintin – je crois que c'est justement dans *Tintin au Tibet* qu'on m'a offert récemment. *(Rires.)* Milou part à la recherche des amis de Tintin qui sont perdus dans un accident d'avion, il est porteur d'un message et tout d'un coup, il tombe sur un os. Il est pris dans le dilemme, prendre l'os et perdre le message qu'on lui a confié ou renoncer à l'os pour garder le message. On voit alors près de Milou un Milou ange qui lui dit : « le message » et un Milou diable qui lui dit : « l'os ». *(Rires.)*

On a ce comportement ambivalent. Et dans le travail avec nos émotions, nos dilemmes, nos contradictions intérieures, l'attitude que nous enseigne la pratique méditative est une approche de non-agression. Il ne s'agit pas de se maîtriser, de se dominer ou de faire prévaloir un côté de nous au détriment de l'autre. Il ne s'agit pas d'engager une sorte de guerre ou de croisade intérieure dans laquelle le bon lutterait contre le mauvais. Cette attitude renforce la situation de conflit dans laquelle on est. L'agressivité que l'on investit pour réprimer un aspect jugé négatif nourrit le problème. Une attitude dominatrice, volontariste dans la relation avec nos pensées et nos émotions, entretient les difficultés. Une image que j'utilise souvent compare les pensées et les émotions à la balle de ce jeu qu'on appelle le jokari (une balle reliée à un élastique); la balle vient à nous et, en tapant dessus, on la rejette; plus l'on frappe fort, plus elle part loin et met du temps à revenir, mais plus elle revient fort. Il en va de même avec nos émotions et la relation juste avec celles-ci, et d'une manière générale avec les pensées, est de ne pas rejeter mais d'accueillir, d'accepter d'une façon non interventionniste, non impliquée, qui est ce qu'on appelle la vigilance.

La vigilance ou l'attention est une qualité de lucidité, c'est-à-dire de connaissance dégagée, sans lutte, qui consiste à connaître, donc à être dans un état vigile mais sans rien de plus alors que, très souvent, la pratique de l'attention est comprise à tort comme une attitude dans laquelle on essaierait de prendre ses distances et de s'immuniser pour ne pas être touché. On a peur d'être affecté, emporté et on voudrait se trouver un îlot stable. Mais cette attitude de retrait est une attitude de fuite qui est, en fait, une amplification de la dualité dans la rencontre d'une pensée ou d'une émotion. Lorsqu'on est vigilant, on se contente de voir et il y a, avec l'expérience qui est celle de l'instant, la relation minimum – une observation neutre. Plus cette relation est non impliquée, plus elle est juste et profonde. On peut, à juste titre, dire que la pratique de la méditation est la pratique de l'attention ou de la vigilance qui est aussi celle de l'observateur abstrait.

L'attention est la qualité naturelle de notre esprit lorsqu'il est lucide, clair, dans une attention sans intention, sans attente, sans orientation, c'est-à-dire libre d'implications en vue de changer, modifier la situation, en vue de la manipuler et d'interférer avec celle-ci. L'attention ainsi comprise est l'expérience très directe de l'environnement, tel quel, libre des jugements ou des notions que, d'ordinaire, on aurait tendance à surimposer à celui-ci pour l'interpréter ou l'utiliser. Il n'est pas inutile de rappeler que cette qualité d'attention est radicalement différente de l'indifférence, l'indifférence étant l'état dans lequel, de façon grossière ou subtile, on refuse l'expérience ou on refuse d'être réceptif et disponible à la réalité de l'instant. L'indifférence est un état dans lequel on essaie de se protéger pour préserver artificiellement ce qu'on a l'impression d'être notre bien-être ou notre tranquillité individuelle, elle implique une sorte de fermeture, d'enfermement dans un cocon.

L'attention est l'état d'ouverture et de clarté dans lequel nous sommes réceptifs ou disponibles à la situation alors que l'indifférence est l'état de fermeture et souvent aussi de refus de voir ou de comprendre, ce qui ne nous rend de fait ni réceptifs, ni disponibles.

L'attention me semble être une relation pointue aux situations, je n'arrive pas à l'envisager comme une connaissance dégagée.

Lama Denis. Il est important de distinguer deux types d'attention : l'attention ponctuelle et l'attention dégagée. L'attention ponctuelle est naturellement l'attention à un point particulier de l'expérience dans lequel nous nous absorbons. Cette forme d'attention ponctuelle rejoint ce que l'on appelle la concentration.

L'autre forme d'attention, dégagée comme son nom l'indique, est un état d'attention non engagée qui est la clarté de l'esprit lorsque celui-ci est dans un état de repos vigile. On l'appelle alors attention pure. Elle est la présence à la situation dans sa globalité, dans sa totalité, elle est fort en rapport avec ce qu'on appelle la conscience dégagée ou la conscience nue. Ces deux formes d'attention peuvent se réunir : dans l'ouverture de la conscience dégagée réside une capacité de discernement aiguë, précise, qui est capable de voir avec acuité les détails de la situation sans pour autant se polariser en perdant l'ouverture et l'expérience de l'environnement. Il y a alors simultanément le centre et la périphérie de l'expérience présents sous forme d'attention : attention simple aux éléments du centre de l'expérience et attention dégagée qui permet d'expérimenter aussi l'environnement et la périphérie.

Arnaud. Pour mieux cerner l'attitude juste par rapport aux émotions, Swâmi Prajnanpad utilisait l'expression « *to be one with* », « être un avec ». Quand je suis ému, agité, emporté, je ne suis pas un avec l'émotion, je suis emporté par elle. « Être un avec l'émotion » est tout à fait différent de « être emporté par l'émotion ». Swâmiji m'avait écrit un jour : « *You annihilate the distinction between you and your emotion* », vous annihilez la distinction entre vous et votre émotion. Dans mon vécu, quel sens ces mots vont-ils prendre pour moi ? Il s'agit en fait de connaître l'émotion sans aucun refus, même si c'est une émotion cruelle d'angoisse ou de désespoir, d'en avoir une expérience complète, de la ressentir, de la laisser vivre et de la goûter, si je puis dire.

Une image peut donner une approche de cette différence entre « être un avec l'émotion » et « être emporté par l'émotion ». Un très bon nageur monte sur le tremplin olympique et il plonge : un corps physique, soumis à l'attraction terrestre, quitte le tremplin et pénètre dans l'eau. Quelqu'un qui sait à peine nager, et encore moins plonger, monte sur le grand tremplin pour voir quel effet ça fait de là-haut, glisse et tombe dans l'eau. La même loi est à l'œuvre. Mais l'état intérieur du plongeur et de celui qui tombe est complètement différent. Le premier est *un* avec la chute, le second est emporté par la chute. Intérieurement, celui qui plonge délibérément est entièrement dans le *oui*. Par contre, celui qui n'avait aucune intention de plonger, qui a glissé et qui chute, n'est intérieurement qu'un immense *non* et pourtant il tombera dans l'eau lui aussi.

Vous pouvez vivre la même émotion comme le plongeur, dans la perfection du *oui* à cette émotion, ou comme celui qui a glissé du tremplin, c'est-à-dire intérieurement dans le refus. Je ne suis pas d'accord pour souffrir, je souffre de souffrir, et je me débats dans ma souffrance. Ou au contraire, je suis d'accord. Et cela change tout parce que la quasi-totalité de nos émotions douloureuses a été vécue, jusqu'à ce que nous ayons compris cette vérité, dans le refus. Je suis désespéré d'être désespéré, angoissé d'être angoissé au lieu d'être simplement angoissé, sans qu'il se rajoute un décalage.

QUESTION À ARNAUD. *Est-ce que c'est ce que vous appelez dans vos livres la jouissance de l'émotion ?*

ARNAUD. Je n'utilise pas personnellement le mot « jouissance » – employé dans les livres de mon « frère en Swâmiji », Daniel Roumanoff, parce qu'il est parfois mal compris, mais « appréciation » pour traduire le mot sanscrit *bhoga*. Aussi étrange que cela paraisse au premier abord, on peut apprécier une émotion même cruelle comme on apprécierait un grand cru de Bordeaux.

LAMA DENIS. Dans le dharma, on dirait la même chose sur l'acceptation de l'émotion. La relation juste à l'émotion est d'abord dans l'acceptation de celle-ci qui est simplement une attitude réaliste. L'émotion est là et lui dire *non* est nier sa réalité. Une pleine acceptation, une pleine appréciation ou expérience, peut-être pas jusqu'à la jouissance, parce que ce serait en rajouter un peu...

Il y aurait juste une différence de formulation ou en tout cas des subtilités sur lesquelles il convient de bien s'entendre autour d'« être un avec l'émotion ». Si l'on est « un avec l'émotion », la formulation suggère qu'il y a l'émotion et moi et que l'on est un, une sorte d'indissociabilité entre l'émotion et moi. Plutôt que d'« être un avec l'émotion », ce qui peut suggérer de maintenir son identité avec l'émotion, on apprend à « lâcher prise », à disparaître devant l'émotion, en l'acceptant pleinement, en allant dans le sens du *oui* mais jusqu'au bout, un *oui* qui est un don total et un abandon. On accepte l'émotion pleinement avec toute sa dimension énergétique, tout ce qu'elle peut avoir d'irritant, mais soi, on décroche. On ne se maintient pas comme témoin devant l'émotion, en action-réaction avec celle-ci, en termes de oui ou de non, je veux, je ne veux pas. Dans ce lâcher-prise, le témoin ou le sujet que nous sommes devient transparent et, dans cette transparence, il n'y a pas de heurt ou de conflit avec l'émotion. C'est finalement dans la perception de cette transparence que l'émotion et l'expérimentateur de celle-ci ne sont plus deux. L'émotion et son expérimentateur sont un parce que l'expérimentateur est devenu tellement transparent qu'il n'est plus là. C'est dire la même chose mais il faut bien s'entendre.

La même personne. *Si le mot « jouissance » est entendu comme un terme juridique au sens où l'on parle de jouir d'un bien...*

Arnaud. Je vous redis qu'en ce qui me concerne, je n'utilise pas ce mot de « jouissance ». *(Rires.)* C'est une expérience sans aucun refus et c'est pour cela que j'ai dit appréciation. Mais le point que vient de soulever Lama

Denis sur la transparence du sujet est très important. S'il y a le phénomène *et* le témoin, il semble au premier abord qu'il y ait deux. Qu'est-ce alors que ce témoin dont on nous dit, en même temps, qu'il doit disparaître pour que ne subsiste aucune trace d'un « second »? Lama Denis parle en effet de transparence au point que le sujet disparaît et je dis moi-même : « Non pas je regarde l'émotion mais l'émotion est regardée. » Il y a bien un regard sur l'émotion, une vision mais ce n'est plus « moi ».

J'ai l'impression que, lorsqu'une émotion m'embête, on est déjà deux en fait parce que je la refuse. Par contre, si je décide de vivre cette émotion – et non pas de la regarder – je me sens un avec et ça devient tout à fait autre chose. Bien sûr, je dois la vivre sans avoir le désir de m'en débarrasser, sinon ça ne marche pas.

ARNAUD. Vous avez très bien dit : « L'émotion m'embête et il y a deux. » Il y a moi qui souffre d'être malheureux, moi qui ne suis pas d'accord pour souffrir. « Être un avec l'émotion » relève d'une attitude consciente. J'adhère tellement à l'émotion, je suis tellement d'accord pour qu'il y ait souffrance que celui qui souffre, qui reconnaît la souffrance comme douloureuse, disparaît. Il reste la souffrance et la conscience. Mais la conscience n'est pas « moi ». Et je reviens à la formule de tout à l'heure : « Non pas, je regarde la souffrance, mais la souffrance est regardée. » Lama Denis, est-ce que vous admettez cette manière de s'exprimer?

LAMA DENIS. Tout à fait. Mais vivre l'émotion ne veut pas dire mettre l'émotion en acte, suivre passionnellement l'impulsion de l'émotion. On peut dire être un avec l'émotion, au sens où on disparaît devant l'émotion et où on la vit, on est l'énergie de l'émotion en n'étant plus devant celle-ci. Il reste une énergie mais une énergie qui n'est pas possédée, sans quelqu'un qui s'approprie cette énergie et qui la manipule. Le point important est que le travail avec l'émotion va, à tous les niveaux, dans le sens du *oui* et de la dissolution de l'appropriation; c'est ce qu'habituellement on exprime simplement dans la notion de non-fixation : la pratique va toujours dans le sens de l'abandon des fixations.

Mais lorsque l'on est concrètement aux prises avec ses émotions, ça ne marche pas si facilement. Avant de pouvoir vivre l'émotion, d'être un avec l'émotion ou ne pas être devant celle-ci, laissant son énergie libre, il y a tout un long travail d'approche et de pratique qui est celui de l'attention ou de la vigilance dont on parlait tout à l'heure, l'attention, la vigilance étant cette attitude dans laquelle on ne regarde pas l'émotion mais dans laquelle l'émotion est regardée. La nuance est importante dans une réduction de l'intensité de la relation et de la dualité qui existe entre l'émotion et moi. L'émotion est regardée ou simplement vue, contemplée dans une observation qui est de plus en plus légère, dans une conscience qui est de plus en plus dégagée. Dans le dharma, on découvre cette pratique en situation privilégiée dans la méditation assise et ensuite, lorsqu'elle est comprise, qu'elle a été expérimentée et tant soit peu déjà stabilisée, elle est intégrée aux situations quotidiennes de notre vie professionnelle, familiale, ce qu'on appelle la méditation en action.

La colère

UNE FEMME. *Je n'arrive pas à trouver la relation juste avec ma colère car je voudrais éviter d'une part l'explosion qui détruit l'autre et d'autre part la répression qui me donne l'impression de me détruire moi-même.*

ARNAUD. Il y a différentes méthodes. Ce qui est important, c'est en effet de trouver la position juste entre la négation – c'est-à-dire la répression – et l'expression. Entre ces deux extrêmes, qu'est-ce qui est possible ? On a un peu tendance aujourd'hui, sous l'influence de la psychologie moderne, à considérer que la vie consiste soit à réprimer, soit à exprimer et, pour éviter le refoulement, on compense celui-ci par l'expression : je crie, je hurle, je tape sur un coussin, je donne au coussin tous les coups que je n'ai pas pu donner à mon père et à ma mère quand je les détestais. On oublie une attitude possible, même si elle n'est pas facile, qui consiste à reconnaître complètement l'énergie investie dans la colère et en même temps à apprécier la situation, c'est-à-dire à se demander s'il convient de manifester, d'extérioriser ou non cette colère.

Comment puis-je ne pas exprimer la colère et en même temps ne pas la nier ? L'habileté réside dans l'acceptation totale et parfaite de cette énergie qui prend la forme de la colère et dans l'acceptation de la situation qui ne justifie pas que je l'exprime. Ni expression ni négation ou déni. Il s'agit d'être parfaitement d'accord pour qu'il y ait mobilisation de l'énergie sous forme de colère, puisque c'est la réalité de l'instant, tout en se soumettant à la nécessité de la situation. Je prends un exemple sur lequel nous serons tous d'accord, j'ai envie d'exploser contre ma femme parce qu'elle m'énerve, je ne le fais pas devant un enfant de cinq ans qui va en être très perturbé : la situation ne le permet pas. Si cette énergie sous forme de colère est complètement acceptée, sans dualité, sans conflit et qu'elle ne peut pas non plus s'exprimer, c'est comme une vague qui monte et qui redescend sans que l'énergie investie dans l'émotion de colère ait été dépensée.

Une grande part de l'existence est un jeu de tension et de détente de la tension. Il est certain que, si je donne un immense coup de pied dans la porte ou que je casse de la vaisselle, il se produit une détente. La voie spirituelle nous demande de dépasser ce jeu sous sa forme ordinaire, c'est-à-dire que l'énergie, qui aurait besoin d'exploser étant parfaitement acceptée et n'explosant pas non plus, change elle-même de qualité. C'est une loi qu'on retrouve dans la nature : un accroissement quantitatif, à partir d'un certain seuil, devient un changement qualitatif. Par exemple, si on chauffe un métal, il donne d'abord de la chaleur et ensuite de la lumière. Ce principe, de même que beaucoup d'autres lois naturelles, se retrouve aussi à des niveaux subtils. C'est plus facile à dire qu'à vivre mais, si vous y croyez un peu, si vous le tentez, vous verrez que la colère se transforme en tout autre chose. L'énergie investie dans la colère n'étant pas dispersée sous forme d'explosion, mais n'étant pas du tout niée non plus, change de qualité et se transforme en un état beaucoup plus fin et calme. Vous n'avez pas consommé l'énergie, vous l'avez amenée à un changement qualitatif que parfois on appelle un raffinement, terminologie souvent utilisée en Inde : *gross and fine*, grossier ou raffiné.

LAMA DENIS. Il y a deux attitudes erronées : la destruction de l'autre dans l'accès de colère, dans son expression, ou la destruction de soi dans la répression, dans le refoulement. Arnaud vient de le dire très bien, l'attitude juste, niée dans l'expression, niée dans la répression, se trouve dans ce principe de neutralité qui est le cœur de ce qu'on appelle la pratique de la méditation. La neutralité ici ne signifie pas, comme nous l'avons déjà souligné, ça m'est égal – ce serait l'indifférence –, mais consiste, face à l'énergie de cette colère, à ne pas dire non, à l'accueillir et à ne pas dire oui au sens de la suivre. Il s'agit en fait de ne rien dire, ni oui ni non, et c'est une situation qu'on peut exprimer simplement en disant : être absent. Ne refusez pas la colère mais développez face à celle-ci cette aptitude à vous absenter. Ce n'est pas facile mais décrochez, absent : « Il n'y a plus d'abonné au numéro que vous avez demandé », vous ne répondez pas, vous avez décroché.

UN HOMME. *Dans ce cas, est-ce que l'énergie ne risque pas de couler à l'intérieur pour ressortir encore plus violemment ensuite ?*

LAMA DENIS. Absent ne veut pas dire que vous dites non mais que vous êtes neutre – c'est la même chose que le témoin neutre, tellement neutre qu'il est absent. Dans cette attitude se passerait exactement ce que décrivait Arnaud précédemment, c'est-à-dire la décharge de cette énergie. Elle s'exprime, elle rayonne mais elle n'est pas manipulée, elle n'est pas possédée, elle n'est pas dirigée vers un objet, elle n'est pas possédée par un sujet, elle se décharge, se dissout. L'image de la vague a été employée à l'instant, la vague qui monte et qui déferle ou encore, le lait qui monte et, si on coupe le feu, qui redescend. C'est la manière fondamentale et radicale de traiter la colère, et d'ailleurs toutes les émotions. Bien sûr, ce n'est pas toujours évident.

A un niveau plus simple et préliminaire, on peut apprendre à dissoudre l'objet de la colère. La colère est une émotion qui a besoin pour se construire, pour se développer, d'un objet : « C'est toi qui m'as fait ça, je le sais. » S'il n'y a pas l'autre, s'il n'y a pas l'objet, la colère devient sans objet. On apprend à voir la transparence de l'objet. Si quelqu'un nous a fait du mal et que l'on est en colère à cause de cela, plutôt que de se dire : « C'est toi le coupable et j'ai de bonnes raisons de t'en vouloir parce que tu m'as fait ça », on voit que cette personne, à qui l'on en veut, agit en fait elle-même sous l'emprise de ses émotions, de son désir, de sa propre colère, de son orgueil, de sa jalousie ou de quoi que ce soit d'autre. Plutôt que de lui en vouloir, il serait plus juste d'en vouloir à *cela* qui anime son esprit, à cette émotion d'orgueil, de jalousie, etc., en sachant que, sous-jacente à cette émotion, il y a la confusion fondamentale, l'ignorance. Finalement, à qui en vouloir si ce n'est à la confusion fondamentale qui naît de l'ignorance? Si vous apprenez à voir les situations conflictuelles dans cette perspective, d'une façon tout à fait concrète, la colère devient sans objet, en tout cas elle perd son objet. C'est un remède très efficace.

La culpabilité

UNE FEMME. *Est-ce que vous pouvez nous parler de la culpabilité? On a beaucoup reproché au christianisme d'être culpabilisant et nos sociétés sont imprégnées de morale chrétienne, ce qui n'est pas le cas de l'hindouisme ou du bouddhisme. Quels sont les moyens pour en sortir?*

ARNAUD. Qu'est-ce qui nous fait grandir et progresser vers la liberté, l'absence de peur et l'amour? Sûrement pas la culpabilité. Est-ce qu'elle nous permet notamment de dépasser l'égoïsme ou l'égocentrisme? Sûrement pas non plus. Il peut y avoir un sentiment juste, profond, de réelle valeur, par lequel nous considérons qu'avec notre compréhension d'aujourd'hui nous n'accomplirions plus certaines actions; mais ce sentiment ne relève pas dc la culpabilité au sens ordinaire. Il s'agit plutôt d'une impulsion forte qui nous pousse à vouloir changer, à vouloir être plus libres. Mais il ne faut pas non plus, sous prétexte que la culpabilité est étouffante ou aliénante, imaginer qu'on peut se conduire n'importe comment, dans une amoralité ou immoralité totale, et en arriver à la destruction de tout sens de notre propre dignité. Ce ne serait pas une voie de libération et encore moins une voie d'amour. Nous pouvons juste sentir : me comporter comme je me suis comporté ou comme je me comporte encore dans certains domaines de l'existence, c'est au-dessous de ma dignité. Mais c'est tout à fait différent de la culpabilité.

La culpabilité est fondée sur cette idée : « Je devrais être autre que je ne suis », ce qui est impossible. Quand, dans l'enfance, on nous a proposé une perfection que nous ne pouvions pas incarner, nous avons été divisés et nous nous sommes sentis défaillants par rapport à un idéal qui aurait été en fait flatteur pour notre vanité et nous aurait permis de nous sentir aimés et admirés par nos parents et notre entourage. Nous en arrivons donc à nous détester nous-mêmes d'être ce que nous sommes ou, selon une manière bien erronée de s'exprimer, de *n'être que ce que nous sommes*. Si j'étais autre – tout cela remonte à l'enfance –, je me sentirais tout le temps aimé, jamais critiqué, jamais refusé, et, qui plus est, admiré. L'émotion de culpabilité, c'est cette scission entre ce que je voudrais être et ce que je suis, alors qu'en vérité, à chaque instant, je ne peux être que ce que je suis. Sur la base de cette division qui n'a aucune valeur spirituelle et qui conduit au non-amour de soi, je ne peux pas progresser. Un être divisé ne peut pas croître, évoluer. Un être unifié inévitablement progresse. En fin de compte, à l'âge adulte, cette culpabilité devient diffuse et fait que nous ne trouvons plus grâce à nos propres yeux, autrement dit que nous ne pouvons plus nous aimer tels que nous sommes. Et cela prendra peut-être ensuite des années pour que nous retrouvions grâce à nos propres yeux.

C'est un point vraiment essentiel de ne surtout pas confondre cet amour heureux pour soi-même avec l'amour-propre, la vanité ou la susceptibilité qui sont au contraire des marques flagrantes de non-amour de soi. Parce que je ne peux pas m'aimer moi-même tel que je suis, je deviens très vulnérable à l'admiration, à la louange ou, au contraire, à la critique. Nous pouvons bien sûr nous sentir déroutés au premier abord par un enseignement qui nous demande de nous aimer nous-mêmes alors qu'on nous a toujours dit qu'il fallait s'oublier soi-même pour aimer les autres et que tout le mal venait justement de ce qu'on s'aimait soi-même au lieu d'aimer les autres. Par un étrange paradoxe de notre mental, nous trouvons tout à fait normal et naturel que le sage nous aime tels que nous sommes d'un amour inconditionnel et absolu mais, nous, nous ne pouvons pas nous aimer parce que nous ne sommes pas ce que nous voudrions être ou ce que, selon les modèles qu'on nous a proposés, nous devrions être.

Donc, je le redis, ce type de culpabilité non seulement n'a aucune valeur mais nous maintient dans l'égoïsme et les compensations propres à l'égoïsme. Mais, j'insiste, cela ne veut pas dire non plus que n'importe quel comportement soit justifié. Remplaçons la culpabilité par un sentiment profond de notre propre dignité lequel ne vient pas du dehors, du magistère de l'Église ou des éducateurs, mais émane de nous : voilà comment je me sens appelé à me comporter, à agir ou à ne pas agir, voilà à quoi, dorénavant, je ne m'abaisserai plus. C'est un vécu qui vient de la profondeur de nous-mêmes ; c'est un sentiment personnel, intrinsèque, intime, une question entre nous et nous qui ne relève pas des normes extérieures qui nous ont été imposées. Même si ces normes en elles-mêmes étaient justifiées, si, comme enfant, nous n'étions pas capables de les vivre tout de suite, nous nous sommes trouvés divisés et plus tard, convaincus de notre médiocrité, renonçant à être des saints, nous avons renoncé à tout avenir spirituel, nous contentant de vivre n'importe comment. Si vous vous exprimez ainsi : « C'est au-dessous de ma dignité », vous prenez appui sur votre dignité tandis que si vous commencez à dire : « Je suis indigne », c'est comme si vous preniez appui sur votre indignité et c'est cela qui fait toute la différence. La première manière de s'exprimer laisse la porte ouverte à un changement, à une croissance tandis que la seconde bloque toute possibilité d'évolution. Il faut, d'une manière ou d'une autre, réussir à se pardonner complètement et à s'aimer soi-même inconditionnellement grâce à l'ensemble de toutes les pratiques d'une voie, quelle qu'elle soit, sur laquelle vous vous engagez.

LAMA DENIS. La culpabilité imprègne très fortement nos mentalités et il est vrai que la perspective bouddhiste, à cet égard, est différente. Le mot « culpabilité » suggère qu'on a été jugé, le verdict est tombé et on a été déclaré « coupable » ; ce qui nous amène dans une situation juridique, avec un juge, qui est le regard de Dieu, et une notion de récompense : on est méritant ou on est déméritant. Ces jugements de valeur engendrent l'écrasement et la culpabilité. Cette culpabilité en fait est une forme d'auto-agression dans laquelle « je ne suis pas bien, je ne suis pas digne, c'est ma faute, ça ne va pas » et on se tape dessus, ce qui a même historiquement amené à des débordements auto-agressifs, doloristes ou flagellants. Ce genre d'attitude punitive, finalement masochiste, a un côté, s'il est excessif, franchement morbide. Et bien sûr, cette auto-agression culpabilisante ne peut avoir aucune valeur libératrice.

Cette notion juridique est étrangère à la mentalité bouddhique ; s'y substitue une mentalité que l'on peut appeler médicale. Il y a, là aussi, des choses qui sont bonnes ou mauvaises mais non pas en référence à un code, à une morale édictée par une instance divine qui, s'il y a transgression, nous juge, nous condamne et nous fait nous sentir coupables. Il y a simplement des situations qui sont saines et des situations qui sont malsaines. Si vous vous comportez d'une façon malsaine, vous vous empoisonnez et l'empoisonnement est pathogène, douloureux, il engendre des conséquences pénibles. Mais c'est une réaction de cause à effet. A l'inverse, si on se comporte de façon saine, ce comportement sain – ce n'est pas la peine d'y mettre un « t » *(rires)* – amène des conséquences heureuses, la santé. Dans la perspective du dharma et de la méditation, il ne s'agit pas de se culpabiliser, de s'autoagresser mais, au contraire, de se réconcilier avec soi-même et, dans la perspective médicale que j'évoquais à l'instant, de s'éveiller à ce que l'on appelle « notre santé fondamentale », c'est-à-dire comprendre que nous avons en nous un potentiel essentiellement sain. Nous sommes porteurs de la nature divine, nous sommes des bouddhas virtuels, et cela rejoint cette notion de dignité dont parlait Arnaud. Cette santé fondamentale, notre nature de bouddha, est voilée ou masquée, elle ne nous est pas accessible aujourd'hui mais elle est là et on s'en rapproche en se réconciliant, en devenant « ami avec soi-même », en faisant la paix avec soi-même.

Faire la paix avec soi-même signifie arrêter d'être en conflit, arrêter de faire la guerre. C'est ce que l'on apprend à faire, entre autres, dans la pratique de l'attention : plutôt que de lutter avec ses émotions, ses pensées, plutôt que de se sentir coupable d'avoir d'ignobles fantasmes, on accepte ce qui émerge sans juger et par là même sans y mettre cette charge de culpabilité. On se réconcilie avec soi-même – une amitié, une acceptation. Cette acceptation permet le dépassement du conflit, de l'agression et de la culpabilité. Mais ce qui me semble très important, c'est que, même si on retrouve dans la discipline du dharma des points qui sont communs, voire certaines fois identiques avec les normes de l'éducation chrétienne, tels que : ne pas tuer, voler, avoir de mauvais désirs sexuels, mentir, parler en créant la discorde, parler de façon blessante ou futile, etc., la façon dont la discipline est vécue, c'est-à-dire l'état d'esprit sous-jacent, est très différente. On peut sortir en partie d'une attitude de culpabilisation si on voit bien les deux états d'esprit : un état d'esprit que j'appellerai théiste et juridique et un autre état d'esprit non théiste et médical. Tous les problèmes peuvent être pensés, conçus et vécus selon l'une ou l'autre perspective et cela change tout.

QUESTION À ARNAUD. *Vous avez dit que si l'on proposait des modèles éducatifs contraignants à des enfants, ils les acceptaient ou les refusaient. Pourquoi, dans un milieu donné, certains enfants sont-ils frappés de culpabilité et d'autres pas ? D'autre part, une personne dont la vie est conditionnée par la culpabilité doit-elle être soignée par la psychologie ou peut-elle accéder directement au dharma dont parlait Lama Denis tout à l'heure quand il disait qu'il fallait être ami avec soi-même ?*

ARNAUD. Je n'ai pas dit qu'un enfant acceptait ou n'acceptait pas ce que lui proposaient les adultes. Ce que j'ai dit concerne l'origine de la culpabilité qui est de demander à des enfants ce dont ils ne sont pas immédiatement capables, de leur donner une injonction au présent alors qu'elle devrait être présentée comme une possibilité à laquelle l'enfant pourra se préparer peu à peu. Mais tel qu'il est, il ne peut pas répondre à la demande des parents, ce qui crée en lui une scission. Bien sûr, il y a des modalités différentes suivant le climat général de la famille, l'autorité exercée par les parents, la force avec laquelle cet idéal est proposé à l'enfant à mesure qu'il grandit; l'idéal en question peut lui sembler très beau, très noble mais, s'il n'en est pas capable, il se trouve divisé et c'est la grande erreur de certaines éducations.

LA MÊME PERSONNE. *Est-ce que cela ne vient pas aussi de ce que l'enfant a été mal reçu et est mal accepté ?*

ARNAUD. Certainement, tous ces facteurs très intimes – la relation profonde, affective de l'enfant par rapport à sa mère et à son père, par rapport à ses frères et sœurs – interviennent dans nos structures psychologiques et donc dans nos existences. L'enfant à différents âges – c'est vrai encore dans l'adolescence mais plus l'empreinte est ancienne, plus elle nous marque – sent qu'il porte en lui son propre ennemi en ce sens qu'il est capable d'accomplir des actions qui font lever de très fortes réactions chez les adultes : « Qu'est-ce que tu as fait ! Tu n'as pas honte ! » Cette réprobation est d'autant plus terrifiante qu'elle est parfois complètement inattendue pour l'enfant : Qu'est-ce que j'ai fait ? Je vois que je n'aurais jamais dû le faire. Mais pourtant je l'ai fait. Donc je ne peux pas compter sur moi. Je suis capable d'accomplir des actions – soit que j'ai trouvées sur le moment très bien, très drôles, très amusantes, soit que je ne l'ai pas fait exprès – qui entraînent tout un drame.

A l'inverse de cela, une femme hindoue m'a raconté une histoire qui m'a beaucoup frappé. Quand elle était une petite fille d'environ quatre ans, elle avait, en s'appuyant maladroitement, cassé chez ses parents un immense vase. Et son père s'était écrié d'un ton admiratif : « Oh ! Une si petite fille qui peut casser un si grand vase ! » Après, peu à peu, il lui a bien sûr expliqué que si c'était merveilleux qu'une si petite fille ait pu casser un si grand vase c'eût été encore mieux si le vase était resté intact, pour qu'elle ne se demande pas : « Qu'est-ce que je pourrais bien casser pour être encore admirée ? » *(Rires.)* Cette histoire est presque inécoutable si l'on se réfère à ses propres blessures d'enfant et à cette culpabilité tellement forte, qu'on oublie peu à peu mais qui s'enfonce dans l'inconscient et nous enlève complètement la confiance que nous pouvons avoir en nous-mêmes. Que de temps sera nécessaire ensuite pour aider quelqu'un à retrouver tout simplement cette confiance en lui ou en elle...

Par ailleurs, vous dites : « Est-ce que la culpabilité peut

être guérie par des moyens psychologiques ou est-ce qu'elle peut l'être par la pratique du dharma ? » Il ne faut pas faire une distinction tranchée entre une approche psychologique et une approche spirituelle. Les voies spirituelles comportent toujours de grandes connaissances psychologiques et des possibilités concrètes de nous transformer dans ce domaine. Simplement, la méthode est différente des thérapies classiques. Une voie spirituelle ne se réduit pas à une psychothérapie mais ce que nous attendons de la psychothérapie, nous sommes en droit de l'attendre de la voie.

LA MÊME PERSONNE. *Si la culpabilité empêche la confiance en soi, je suppose qu'elle entrave aussi la possibilité de la reconnaissance en soi de l'esprit de Bouddha, de la nature de bouddha ?*

ARNAUD. Tout à fait ! Ce qu'on peut faire de plus important pour un enfant, c'est de ne pas lui faire perdre sa confiance en soi, ou d'essayer de la lui redonner s'il l'a perdue.

LAMA DENIS. En écoutant la question, il me venait à l'esprit une anecdote que l'on m'a rapportée tout récemment au sujet du très jeune enfant d'un résident qui habite ici et qui va à la petite école. Un de ses camarades lui a demandé : « Est-ce que tu crois en Dieu ? » Apparemment, cela ne lui disait pas grand-chose et le camarade en question a donc expliqué : « Tu sais, Dieu, c'est ce monsieur qui sait tout ce que l'on fait. » L'origine du problème réside quelque part par là. S'il y a Dieu, le grand monsieur qui voit et qui sait tout ce que l'on fait, qui est toutpuissant, qui juge, qui nous récompense si on a été bon ou qui nous punit si on a été méchant, et si l'on structure ses références dans la vie dès le plus jeune âge avec ce genre de mentalité, plus ou moins intense suivant les contextes, on développe cette attitude de culpabilité au sens où l'on vit sous le regard de la répression : « Fais attention, tu es surveillé ! Et même si personne ne te voit, tu es quand même vu ! De ce que tu fais, tout est su et tu seras puni. » Ce sont les renseignements généraux infaillibles et cela ne peut que marquer. Comment ensuite se dégager de ce genre de mentalité ? Cela prend certainement beaucoup de temps. C'est vivre, apprendre à revivre les situations sur un autre mode.

Pour ce qui est d'une approche psychologique ou spirituelle, c'est un gros problème. Beaucoup de gens se posent la question : « Est-ce que mon cas relève d'une psychothérapie ou de la voie spirituelle ? » La limite effectivement n'est pas très claire et il y a entre une démarche psychologique et une démarche spirituelle une plage de recouvrement qui est très grande. Dans ses aspects extérieurs, une démarche spirituelle peut toujours être utile à tout le monde dans la mesure où elle propose un certain nombre de repères sains qui permettent de structurer sa vie et sa façon d'agir. Dans la dimension la plus intérieure, dans la pratique méditative, il faut avoir plus de discernement. Une pratique méditative classique n'est pas nécessairement bonne et adaptée pour n'importe qui. Si l'on est trop névrosé, notre névrose peut récupérer la pratique, la dévier à son profit et s'en nourrir. Le critère, pour savoir si une pratique spirituelle dans sa dimension méditative profonde est applicable, est d'être, je l'ai dit, « normosé », normalement névrosé. Si cette névrose arrive au point où elle nous empêche d'avoir une relation saine à la pratique, c'est-à-dire où l'on n'est pas capable de se donner à la pratique mais où la pratique est donnée à la névrose comme aliment, à ce moment-là il faut vraisemblablement considérer une autre approche. Mais, dans la plupart des cas, si l'on n'a qu'une névrose normale, il est possible, par la pratique du dharma et dans le cheminement spirituel en général, de résoudre sa « normose » et petit à petit de se libérer.

Psychothérapie ou méditation?

QUESTION À ARNAUD. *Quelle différence faites-vous entre le chemin que vous proposez et le travail que l'on peut faire auprès d'un psychanalyste?*

ARNAUD. Je souris parce que je pense : y a-t-il un psychanalyste dans la salle qui m'attend au tournant? *(Rires.)* J'oserai dire que la demande que l'on adresse à un gourou est encore plus importante que celle qu'on adresse au psychanalyste. Si l'on s'appuie sur la célèbre définition de Freud : permettre à quelqu'un de fonctionner harmonieusement dans la vie professionnelle et dans la vie sexuelle et amoureuse, c'est déjà beaucoup. Mais une personne qui a réussi sa psychanalyse va-t-elle pour autant être complètement libérée de toute peur quelle qu'elle soit? Pour le psychanalyste, c'est même pathologique d'oser s'exprimer ainsi, ce ne peut être qu'un mensonge destiné à mieux étouffer des peurs qu'on ne veut pas assumer. Il y a dans la voie spirituelle des prétentions exorbitantes aux yeux du psychanalyste, qui lui paraissent inadmissibles et qu'il ne peut interpréter qu'en termes de névrose ou de compensation. Je ne dis pas que tous les psychanalystes soient aussi sévères pour l'espérance que fait naître l'approche spirituelle mais certains, oui.

Très souvent, la différence sera que le psychologue – je parle d'une manière très générale, il y a tant d'approches thérapeutiques aujourd'hui – vous dira : vous avez des faiblesses et si vous voulez les accepter, vous vivrez mieux. Et le sage ose affirmer : vous pouvez vous libérer complètement de ces faiblesses. Prenons ce point, plus immédiatement compréhensible peut-être que des mots, comme illumination ou même sagesse : que toute forme de peur – peur de quoi que ce soit dans n'importe quelle circonstance, dans n'importe quel contexte – ait complètement et définitivement disparu. La voie spirituelle nous promet que c'est à cela que nous sommes appelés de notre vivant. A ma connaissance, aucun psychanalyste n'oserait faire une promesse aussi étonnante.

UN HOMME. *Où situez-vous la psychothérapie dans le contexte général de la recherche spirituelle ?*

ARNAUD. Il faudrait d'abord être bien d'accord : qu'est-ce que j'entends exactement par psychothérapie? Certaines écoles de psychothérapie se réclament même de la spiritualité, comme le mouvement dit transpersonnel. Thérapie veut dire soigner, la psychothérapie se propose donc de soigner le psychisme. La réponse que je voudrais vous donner, Lama Denis l'avait magnifiquement formulée la dernière fois que je suis venu ici. Est-ce que ma perturbation ou ma névrose me permet encore d'entendre l'enseignement et de le mettre en pratique ou est-ce qu'elle me submerge au point que je n'entends plus l'enseignement et que je suis incapable de le mettre en pratique?

Certains n'entendent pas vraiment et ne peuvent pas mettre en pratique parce que quelque chose de trop fort réclame en eux : je souffre, personne ne m'aime, personne ne me comprend, je suis tout seul. Donc la psychothérapie nécessaire – quelle que soit la technique utilisée, que cette psychothérapie soit préalable à l'engagement sur le chemin ou qu'elle fasse partie du chemin comme c'était le cas auprès de Swâmi Prajnanpad dont je me réclame –, c'est celle qui va nous donner un commencement de disponibilité pour devenir au moins un disciple. Ne mérite le nom de disciple que celui qui peut vraiment entendre et ensuite mettre en pratique ce qui lui a été proposé. Et la psychothérapie s'impose si chaque fois qu'il faudrait se souvenir de l'enseignement, tout est oublié, parce qu'il n'y a plus que le cri intérieur de désarroi et l'affolement des pensées.

LAMA DENIS. Je ne peux qu'être d'accord. *(Rires.)*

LA MÊME PERSONNE. *N'avez-vous pas ressenti une contradiction quand votre maître vous a mené à cette étape directement thérapeutique ?*

ARNAUD. Jamais je n'ai utilisé auprès de Swâmi Prajnanpad le mot de psychothérapie, de même qu'il n'a pas utilisé une seule fois le mot anglais « *neurotic* » qui veut dire névrosé. Il disait : *manas, the mind,* le mental. En soi, le mental est déjà une anomalie par rapport à la pureté de l'esprit, mais en plus il peut être spécifiquement anormal à cause de telle ou telle déformation psychologique, de telle ou telle donnée puissante dans l'inconscient.

Dans la perspective du vedânta, la Réalité est unique et immuable, échappant au temps. Or nous n'avons que l'expérience de la multiplicité et du changement à tous égards, dans tous les domaines, en nous et hors de nous. Je vois le multiple, je ne vois pas le *un*, je vois le changeant, je ne vois pas l'éternel, ou encore j'ai bien accès au relatif mais je n'ai pas accès à l'absolu. Et l'apport original de Swâmi Prajnanpad a été de me faire comprendre : « En fait vous ne voyez pas le relatif tel qu'il est, comment pouvez-vous prétendre voir l'absolu dont ce relatif est une expression? » Je n'avais qu'une perception subjective, partielle et partiale du monde des formes.

Le poids du passé, les dynamismes de l'inconscient, ce que la psychologie des profondeurs appelle les projections, cela joue pour tout le monde, que je m'intitule ou non chercheur spirituel, que je me considère comme rattaché à une lignée ou non. Donc très naturellement venait un travail de ce type auprès de Swâmiji. Nous utilisions les expressions *manonasha* qui signifie « destruction du mental » et *chitta shuddhi*, purification du psychisme. Toute la littérature classique hindoue enseigne que « *manas* » a une double fonction : voiler ce qui est et faire voir ce qui n'est pas comme dans l'illustration célèbre que vous connaissez sûrement tous, celle de la corde que dans la pénombre on prend pour un serpent. Le mental cache la corde – je ne vois plus la corde – et crée le serpent. Cette définition du mental est vraie à tous les niveaux. Elle est vraie au niveau ultime : je vois le monde changeant, irréel, je ne vois pas le réel immuable. Mais elle est vraie aussi à un niveau relatif : si la forme de votre visage me rappelle une image inconsciente, je ne vous vois plus vous, je projette. Donc au niveau le plus grossier comme à des niveaux beaucoup plus subtils, le mental a toujours cette double fonction : empêcher de voir le vrai et faire voir un non-vrai. Et la « destruction du mental » doit commencer par le premier niveau. Si je porte en moi de voir tout en rose : « ça marchera, y a jamais de problèmes, c'est gagné d'avance », je ne vois pas la réalité et si je vois tout en noir : « oh, ça va encore rater », je ne vois pas la réalité non plus. Je n'ai jamais fait de psychothérapie avec aucun thérapeute, qu'il soit jungien, freudien, lacanien ou qu'il se réclame de Janov – mais ce que je dis là s'applique à la psychothérapie : commencer à détruire les perceptions et conceptions irréelles et les remplacer par des perceptions et conceptions déjà plus véridiques au niveau relatif. Et quand le relatif sera vu tel qu'il est, d'une manière totalement pure, il pourra nous révéler l'absolu dont il est une expression ou une manifestation.

Question à Lama Denis. *Justement, j'ai eu l'occasion de vous entendre dire que le fait de méditer dissout progressivement le poids du passé et j'ai trouvé cela réconfortant. Il n'y aurait donc pas besoin d'analyse...*

LAMA DENIS. Non seulement il n'y a pas besoin d'analyse mais, qui plus est, la tentative d'analyse risque fort d'amener le contraire du but recherché qui est la dissolution de l'empreinte en question. L'analyse induit un jugement, une évaluation. Elle nous amène à nous situer par rapport à telle émotion et, dans cette situation, à prendre position et à réagir. Nous avons déjà dit que « l'autre » existait par rapport à « moi »; mes pensées existent par rapport à moi et elles vivent de la relation que j'entretiens avec elles. En entrant dans une démarche d'analyse, d'évaluation, de prise de position, donc de réaction, on entretient un processus autosustentateur. Le caractère cyclique et autosustentateur de ce processus d'illusionnement est précisément ce qu'on appelle, dans le dharma, le samsara, le cycle existentiel. La pratique de la méditation consiste à créer une brèche dans ce cercle vicieux en amenant l'esprit dans un état où il cesse de réagir, de répondre, de juger, en l'amenant au point mort. Rester dans cette position dégagée, dans ce point mort, ne veut pas dire que le cycle va s'arrêter tout de suite; il possède un certain élan et il va continuer à tourner mais, pendant un certain temps, il tourne à vide. L'attitude de la méditation consiste à rester débrayé. On n'embraye pas, ni en marche avant, ni en marche arrière. Dans cette attitude débrayée, l'élan du flot des pensées, du flot émotionnel, petit à petit se ralentit et perd de sa consistance, se dissout et se décharge. Il n'y a rien à faire si ce n'est de rester dans cette attitude débrayée et dégagée. Mais on peut compliquer de façon extrêmement sophistiquée en faisant des choses pour ne pas faire et même pour apprendre à ne pas faire le non-faire. Ces complications reviennent toujours à perpétuer le même processus et plus on complique, plus on s'éloigne de l'essentiel. C'est pourquoi la notion de simplicité dans la méditation est d'une grande importance. La méditation profonde est l'accession à ce dégagement de simplicité.

QUESTION À LAMA DENIS. *Que pensez-vous du travail qui est fait sur la levée des émotions ?*

LAMA DENIS. Je ne suis pas sûr de ce que vous entendez par là. Généralement ce genre de travail, psychologique ou psychothérapique au sens large est nécessaire lorsque la prégnance des empreintes et des émotions met dans une situation telle qu'il n'est pas possible d'utiliser la pratique de la méditation. Si, du fait de la force des émotions, le moindre petit débrayage s'avère impossible – ce n'est pas qu'il en faille beaucoup au début, la brèche, la fissure dans laquelle l'eau s'infiltre et qui devient une craquelure, une faille, peut être infime au départ – on risque de récupérer une technique de méditation de façon névrotique. Mieux vaut donc faire autre chose comme travail préliminaire.

ARNAUD. Le « lying » que nous pratiquions auprès de Swâmi Prajnanpad est l'expression directe des émotions et le retour à la conscience de situations traumatisantes qui ont été oubliées à la surface mais qui demeurent très actives dans la profondeur et continuent à nous régir. C'est une manière de rendre conscient l'inconscient. Mais si on veut trop analyser, on va utiliser la tête, penser et effectivement donner de plus en plus d'importance à ce dont on cherche à se débarrasser. Vous avez peut-être vu ce gag dans certains vieux films où quelqu'un essaie de décoller d'un doigt un papier collant genre attrape-mouches, qui se colle aussitôt à l'autre doigt et dont il ne parvient plus à se défaire. Il y a une manière de vouloir se débarrasser qui est sans issue. On n'en sort plus. Si vous lisez les trois tomes des *Chemins de la Sagesse* * d'Arnaud Desjardins qui sont le témoignage de ma sadhana auprès de Swâmi Prajnanpad, il y a en tout et pour tout une page sur les trois tomes qui fait allusion au lying.

* La Table Ronde.

Il s'agit d'une nouvelle manière d'être et de vivre sans dualité. Selon Swâmiji, la vérité – pour l'instant nous parlons de la vérité relative –, quelles que soient les circonstances, *est toujours une, sans un second. UN*. Juste ce qui est et rien d'autre. Et le mental crée un second, propose, ici, maintenant, autre chose que ce qui est. Il faut que ce point soit rigoureusement clair. Naturellement, en face d'un malade, le médecin songe au même malade guéri, et en ce sens il crée un second. En ce qui concerne le futur, nous sommes d'accord ; pour que ce soit différent dans une seconde ou dans dix ans, qu'est-ce que je peux faire ? Mais sur ce qui est ici et maintenant, on ne peut pas intervenir. Je suis donc d'accord pour que ce qui est soit, simplement parce que cela est. Il s'agit rigoureusement de ici et maintenant. C'est là l'essentiel. Et le mental crée un « deuxième » – nous pouvons l'observer dans le cas d'un refus quel qu'il soit avant de nous attaquer aux plus bouleversantes réalités comme la mort d'un enfant – surimpose ce qui devrait être sur ce qui est, réfère ce qui est à ce qui devrait être et, au nom de ce qui devrait être selon lui et qui n'a aucune réalité, refuse que ce qui est soit. D'où l'émotion. Swâmiji disait : « *Be advaïta here and now* », « soyez non duel ici et maintenant ». Sur cette base, nous avons de multiples occasions de découvrir en pleine lumière ce fonctionnement aberrant : je ne me gêne pas pour refuser que ce qui est soit.

Or, nous nous apercevions parfois auprès de Swâmiji que, même complètement convaincus de cette absurdité du mental, dans certaines situations, notre conviction et notre compréhension étaient balayées. L'émotion nous submergeait, nous étions impuissants. Nous n'avions précisément aucune prise. Nous cherchions à être sans émotion – « ce qui est, est » –, à vivre par la vigilance dans le monde réel et non pas dans le monde de nos projections et, dans certaines circonstances, la réalité n'était pas supportable. Pourquoi ? Pourquoi l'émotion est-elle si forte que je ne peux plus rien tenter, je n'existe plus, je suis comme un fétu de paille emporté par un torrent ? Devant certaines situations de l'existence, j'étais impuissant, l'émotion me débordait complètement, m'emportait. C'était l'indice qu'il y avait quelque chose de plus que l'apparence. Je me disais : « J'ai quarante ans, une certaine réussite professionnelle, je ne suis plus un gamin perdu comme je l'étais à vingt ans, comment se fait-il que telle situation me fasse si mal ? » C'est parce que cette situation réveillait dans la profondeur le souvenir d'une situation ancienne qui, pour le petit enfant, avait été suffocante, inacceptable, incompréhensible. Ça s'était gravé, ça m'était, comme on dirait en bon français, resté en travers. J'avais donc une possibilité de faire sauter un obstacle à la mise en pratique de la vérité : « Ici et maintenant, ce qui est, est ; je réponds dans l'adhésion, dans la non-dualité. »

D'autre part, cette non-dualité, c'est non seulement ne pas créer « un second » que je surimpose sur ce qui est, mais c'est aussi la communion avec ce qui est, l'adhésion, pour diminuer peu à peu la conscience de la séparation ou de la séparativité qui affirme moi et qui affirme l'autre. Plus l'affirmation « moi » diminue, plus l'affirmation « l'autre comme un autre » diminue. On peut appeler cela communion. Si le comportement de l'autre fait lever en moi une émotion sur laquelle je n'ai pas de contrôle, comment l'ego individuel, qui voit l'autre en mode d'attraction et de répulsion pourrait-il alors disparaître ?

Avec la méthode de Swâmiji, on pouvait aller directement à la recherche de ce que la situation actuelle réveillait dans l'inconscient. En effet, ce n'est pas la situation actuelle qui vous est insupportable mais le réveil de l'ancienne situation. Ce travail était une forme de non-dualité. En partant de l'émotion actuelle, du type de situation qui m'est insupportable et dont je retrouve le souvenir dans des conditions favorables, je me laisse submerger par cette émotion devant laquelle je suis tellement impuissant et, tout naturellement, le souvenir ancien revient à la surface. Il peut alors être accepté, neutralisé. Ensuite, je n'ai plus à affronter que la situation réelle d'aujourd'hui qui, elle, est supportable si j'ai compris certaines vérités et si je suis décidé à les mettre en œuvre. Je ne me demande pas si c'est merveilleux ou si c'est atroce, je me demande si c'est ou si ça n'est pas. Je dis oui à ce qui est ici et maintenant. Il ne s'agit donc pas vraiment d'analyse. Il ne s'agit surtout pas de mijoter dans son passé pendant deux ans, trois ans, cinq ans et de le ruminer toute la journée, ce qui est une erreur trop fréquente.

UNE FEMME. *Ce que vous venez de décrire me paraît ressembler à une méthode de méditation puisque cela demande qu'il y ait un témoin neutre qui accepte l'émotion qui monte...*

LAMA DENIS. C'est la question que je voulais aussi poser. Ce que vous avez décrit là, Arnaud, c'est l'acceptation, arrêter de dire non, laisser monter. C'est exactement, en fait, ce que l'on apprend à faire, petit à petit, dans la pratique de la méditation.

ARNAUD. Oui, c'est une forme de méditation, à condition que cette manière de s'exprimer ne choque personne, puisqu'on est tout de même allongé *(lying)* au lieu d'être assis en lotus et qu'on laisse non seulement le cœur exprimer mais le corps. Il peut y avoir des cris, des pleurs, des manifestations physiques quelque peu spectaculaires. Celui qui regarderait cela par le trou de la serrure penserait : « Voilà une drôle de rencontre entre un gourou et un disciple; je vois le gourou calme et souriant et le disciple qui se tord par terre comme un homard qu'on met vivant sur le gril. » (*Rires.*) Mais je suis d'accord que, si on ne s'arrête pas à cette apparence déroutante, c'est une méditation, une pratique de non-dualité qui permet de découvrir la part impersonnelle de nous qui est neutre et non affectée.

Lama Denis. Dans la méditation, il ne s'agit pas d'une expression. S'il y a expression, il n'y a plus le témoin neutre...

Arnaud. Il y a, vu de l'extérieur, quelqu'un qui se tord, qui crie, qui gémit. Mais pour celui qui le vit, l'expression des pires souffrances n'a plus rien de douloureux. On revit une souffrance qui a été insupportable à l'enfant, qui nous fait hurler quarante ans plus tard et, dans cette adhésion parfaite à ce que nous avons nié, refoulé, réprimé, nous cessons de fuir. C'est comme si nous avions été, pendant quarante ans, poursuivis par une meute de loups qui veulent nous dévorer et que, tout d'un coup, nous nous arrêtions, nous faisions demi-tour, nous disions : « dévorez-moi » – et nous nous apercevons que nous sommes « indévorables ». Quand l'expression est parfaite, se révèlent alors, à l'intérieur d'une manifestation qui paraît spectaculaire, une liberté totale, un calme parfait, une conscience qui n'est plus ni de maintenant ni de quarante ans plus tôt – intemporelle. C'est dans ce sens que le lying de Swâmi Prajnanpad est une méditation, malgré l'expression de ce qui avait été réprimé. L'image de l'écran de cinéma qui n'est jamais affecté par le film qu'on projette sur lui devient très éloquente dans le lying tel que je l'ai vécu. Les tensions se détendent, sur fond de neutralité complètement non affectée, sereine, au moment même où, vu du dehors, on est en train de se tordre de souffrance. Les deux simultanément. Il s'agit là d'une aide proposée par Swâmiji mais on peut très bien concevoir l'adhyatma yoga sans cette pratique.

Question à Lama Denis. *A votre avis, peut-on pratiquer la méditation et faire parallèlement une thérapie ?*

LAMA DENIS. D'une façon générale, une bonne pratique de la méditation est certainement compatible avec un bon travail psychothérapique, analytique ou autre, au sens où les deux vont dans une même direction, qui est la dissolution d'un certain nombre de conditionnements et de problèmes douloureux, et une adaptation au réel. Dans le cas d'une bonne psychothérapie, celle-ci s'oriente vers plus d'ouverture, de clarté et aussi de disponibilité et, en ce sens, il peut y avoir une profonde compatibilité entre la pratique de la méditation et la psychothérapie.

On rencontre de part et d'autre, enseignants de la méditation et psychothérapeutes, de nombreuses réticences, parfois même une discréditation mutuelle radicale, ce qui n'est pas dénué de fondement car chacun critique alors dans l'approche de l'autre ce que celle-ci peut avoir de limité, de critiquable et souvent aussi de dévié. Je ne pense pas qu'on puisse donner une réponse précise sous peine de prendre des positions qui risqueraient d'être abusives. Il n'y a pas une pratique de la méditation, une forme de psychothérapie, il y en a de nombreuses et, en chacune de celles-ci, il y a des réceptivités très différentes. Donc il semble qu'il faille considérer chaque cas particulier en rapport avec son guide dans la pratique méditative et son thérapeute éventuel. Il faut qu'il y ait entre eux une connaissance réciproque, connaissance par chacun de ce que fait l'autre, ce qui peut amener une rencontre de leurs deux pratiques, entendu que, même s'ils vont dans une même direction de déconditionnement et de libération, leurs domaines sont différents. Le travail thérapeutique permet l'adaptation à un environnement habituel, permet la transition d'un état anormalement conditionné, pathologique à un état de conditionnement normal. La pratique de la méditation étant, quant à elle, l'union à l'expérience primordiale qui est la libération de tout ce qui constitue les conditionnements habituels et normaux.

De toute évidence, les deux approches peuvent dans ce qu'elles ont de meilleur s'avérer complémentaires, ce qui ne veut pas dire qu'il faille nécessairement faire une psychothérapie mais si un état d'urgence ou de nécessité aiguë le rend inévitable, c'est possible et même souhaitable. Cela ne signifie pas non plus que si l'on est engagé dans une pratique méditative, il ne faille aucunement s'intéresser aux données de la psychologie occidentale qui peut apporter des éclairages utiles pour comprendre comment nous agissons et réagissons.

Il y a donc une direction commune avec des différences de méthode, de niveaux mais le Bouddha lui-même fut appelé le grand thérapeute, c'est-à-dire celui qui enseigne la libération de tout conditionnement.

5

LA PRATIQUE
DE LA MÉDITATION

I. – INTRODUCTION

LAMA DENIS TEUNDROUP. Aujourd'hui, Arnaud puis moi-même ferons une brève présentation de ce qu'est la pratique de la méditation à partir de la tradition du vedânta en ce qui le concerne et de celle du dharma en ce qui nous concerne. Si, dans l'esprit, il y a une convergence dont nous sommes intimement persuadés, dans les formulations par contre on trouve souvent des divergences apparentes et un échange permet, au travers d'éclairages différents sur une même réalité, d'approfondir sa propre compréhension.

ARNAUD DESJARDINS. Qu'est-ce que la méditation? La méditation, c'est la recherche et si possible la découverte de l'absolu en nous. Absolu signifie qui n'est pas relatif, c'est-à-dire qui n'est en relation avec rien, à aucun égard. Quelle réalité en nous, quelle réalité de nous-mêmes est ainsi absolue? Commençons par le plus accessible. J'utiliserai des termes auxquels nous donnons tous un sens, même si ce sens peut s'approfondir : le mot « être » et le mot « conscience ». Chacun d'entre nous est conscient qu'il est (ou qu'il existe) et avec un peu plus d'attention intériorisée, on peut même être conscient que l'on est conscient. Là, il n'y a rien de très extraordinaire, il suffit de tourner l'attention vers soi-même.

Les Hindous utilisent une formule très connue « satchidananda », *Sat*, être, ce qui est, par opposition à ce qui n'est pas. On peut aussi traduire *sat* par le réel, distingué de l'irréel, *chit* par conscience et *ananda* par béatitude, ces trois mots désignant une seule et même réalité intérieure, envisagée sous trois aspects. De ce point de vue, ce qu'on peut dire de la méditation est extrêmement simple. Généralement, l'expérience que nous avons de nous-mêmes, c'est l'expérience changeante, conditionnée qui comprend des états physiques (on se sent mal dans sa peau ou en pleine forme), des états émotionnels (optimistes, enthousiastes, déprimés, désespérés) et une tournure particulière de nos pensées (quel type de préoccupations nous assaillent aujourd'hui). La perception d'une réalité plus fondamentale, stable, non changeante, nous échappe le plus souvent.

Un des maîtres le plus célèbre du XXe siècle, Ramana Maharshi, a utilisé l'image moderne d'un film qu'on projette sur un écran. Le film n'est fait que de changements : contradictions, naissances, morts, moments heureux et moments tragiques, mais le film est supporté par l'écran immuable. A la fin de la projection, s'il s'agit d'un film de naufrage, l'écran n'est pas le moins du monde mouillé ; s'il s'agit d'un film d'incendie, l'écran n'est pas le moins du monde brûlé. Notre réalité essentielle est une Conscience que rien ne peut atteindre ou affecter, ni nos conditions physiques changeantes ni les phénomènes extérieurs et intérieurs. Pour découvrir cette réalité immuable en nous, nous partons de la surface, des formes, d'un état d'esprit et d'un état d'âme particuliers et nous essayons de descendre plus profondément dans le silence intérieur, un « je suis » qui n'est même plus une formulation, une pensée mais juste une réalité d'être et de conscience dépouillée de tout ce qui se surajoute à « je suis ». Dans cette pure conscience, il n'y a même plus : je suis un homme, je suis une femme, je suis jeune, je suis vieux, je suis quelqu'un qui a tout raté, je suis quelqu'un qui a tout réussi. Un « je suis » sans aucune forme particulière, un « je suis » impersonnel. L'absolu dont je parlais tout à l'heure ne se découvre donc pas en rajoutant quoi que ce soit à ce que nous connaissons déjà ; il ne peut se découvrir, se révéler que par un effacement intérieur, un silence.

On utilise aussi une autre image très connue : quand le vent a cessé, les vagues à la surface de l'océan s'apaisent, jusqu'à ce que l'océan soit complètement lisse. Toutes nos formes de conscience, tout ce que nous vivons, nos perceptions, nos conceptions, tout ce qui se passe là-dedans (Arnaud désigne son front du doigt) et dans tout notre organisme, ce sont des vagues à la surface d'un immense océan de plénitude que les Hindous décrivent comme plein, *purnam*, mais mon propre gourou hindou utilisait le mot familier aux bouddhistes *shunyam*, vide comme l'espace. Le ciel nous donne l'impression d'être immense, infini, vide et pourtant ce vide du ciel n'a jamais paru désespérant à qui que ce soit, nous le ressentons au contraire comme heureux et positif, comme plénitude.

Il existe donc une approche de la méditation qui serait la recherche du silence total en nous. Une autre approche – étant donné que toute perception, toute pensée, toute sensation ne disparaissent pas si facilement – consiste à essayer de ne plus se confondre, de ne plus s'identifier à ses pensées, ses sensations, d'essayer de les voir sur fond de ciel bleu, si je puis dire, comme on regarde passer un oiseau dans le ciel, sans perdre la conscience du ciel dans lequel l'oiseau apparaît et disparaît ou comme on regarde passer les nuages. Par rapport aux nuages limités, conditionnés, changeants et éphémères, le ciel se révèle immuable, toujours pareil à lui-même, éternel.

On peut poursuivre un peu plus loin cette comparaison très connue. Certains jours, nous voyons seulement quelques légers nuages dans le ciel, d'autres jours le ciel est entièrement couvert ; et pourtant, n'importe quel avion qui décolle et s'enfonce dans la couche de nuages débouche toujours, au bout de quelques minutes, sur ce glorieux ciel bleu et lumineux. Ceci pour rappeler que, quelle que soit notre condition du moment – excité, heureux, déprimé, désespéré, furieux, plein d'amour pour les autres, le cœur fermé –, un peu plus profondément en nous cette perfection absolue, purement lumineuse, règne toujours. Il me revient à l'esprit un des slogans les plus célèbres de Mai 68 : « Sous les pavés, la plage. » « Sous les angoisses, la paix ultime. » On peut dire que sous tous nos états de conscience déterminés, y compris les plus haineux ou les plus douloureux, plus profondément en nous est là, même si nous n'en sommes pas conscients, cette perfection. Pour être moins absorbés, emportés, confondus, identifiés, moins limités par ces formes changeantes, comment pouvons-nous entrer dans ce silence intérieur ?

Par une démarche complètement simple. De même que l'océan cesse de faire des vagues, en nous, par l'acceptation, ça cesse de bouger dans notre conscience, dans notre esprit (les deux mots peuvent être utilisés en français) et le calme des profondeurs se révèle. Pour se dissocier des agitations de la surface et pour que s'apaisent les agitations de la surface, pour retourner à ce silence lumineux, il existe de multiples méthodes. Certaines, justifiées dans les premiers temps, reposent sur le contrôle, l'effort, la concentration, *dharana* en sanscrit, qui suppose de lutter contre l'éparpillement des pensées ; d'autres, plus subtiles, consistent simplement à prendre du recul par rapport à ce jeu des pensées mais un recul qui ne soit pas une division. Certaines méthodes s'appuient sur la sensation du corps, d'autres sur la conscience de la respiration, d'autres encore sur la concentration de la pensée dans une formule, un mantram. Les techniques qui viennent à notre aide sont nombreuses et diffèrent suivant qu'il s'agit d'un moine tibétain, d'un soufi, d'un yogi hindou, mais l'essentiel est d'une simplicité totale : notre fonctionnement habituel s'apaise peu à peu et la pure vigilance se révèle, sans aucune forme, à sa source, la conscience infinie dont émergent toutes les formes avec lesquelles nous nous confondons à longueur de vie.

LAMA DENIS. La méditation, du point de vue du dharma, a une fonction exactement similaire à celle qu'Arnaud vient de décrire en tant que découverte de ce qui, au plus profond de nous-mêmes, est au-delà des agitations, des perturbations, des troubles, des différentes formes de conditionnements et de souffrances. C'est ce que l'on appelle la nature de bouddha. Cette nature de bouddha est aussi décrite comme notre santé fondamentale, c'est-à-dire l'état essentiel et fondamentalement sain qui demeure au plus profond de nous-mêmes, par-delà ce qu'on appelle les différents voiles qui recouvrent habituellement celle-ci. Nous existons, nous vivons à la surface des choses – dans le film pour reprendre l'exemple – manquant ainsi l'expérience du substrat fondamental qu'est l'écran, cette nature de bouddha, la claire lumière.

La pratique de la méditation est un terme qui recouvre l'ensemble des pratiques spirituelles permettant de sortir des conditionnements de notre mental et de notre conscience habituelle, pour faire petit à petit l'expérience de cette santé fondamentale qui est en nous. Elle est au-delà de la pensée discursive, du bavardage intérieur et de toutes les conceptions ; elle est stable au-delà des mouvements émotionnels ; elle est vide au sens d'être dégagée, un dégagement qui est semblable à l'espace et qu'on appelle ouverture; elle est lumineuse car claire et connaissante, c'est sa « clarté »; elle est aussi, dans cette ouverture et cette clarté, une réceptivité et une disponibilité qui sont l'amour et la félicité absolus. Cette qualité est la présence authentique qui permet l'action juste.

Les diverses traditions et approches utilisent une terminologie différente, néanmoins se référant toujours à une seule et même expérience que l'on appelle, dans la tradition du tantra, la plénitude du vide ou le vide de plénitude. Nous aurons certainement l'occasion de préciser ce rapport entre le vide et la plénitude. Le vide dont il s'agit est le vide de nous-mêmes, le vide de notre conscience. Là, il y aurait déjà un problème de terminologie car Arnaud et moi n'employons pas forcément « conscience » dans le même sens. Pour le dharma, la conscience est l'expérience dualiste, la connaissance de quelque chose. C'est dans le dépassement de nos perceptions dualistes, conflictuelles, et dans le dépassement des différentes luttes que nous perpétuons avec nos objets en termes d'attraction, de répulsion, d'indifférence, que se trouve petit à petit cet état « libre », sans entraves, qu'est la présence authentique. La pratique de la méditation est un processus de libération, libération des identifications, libération des fixations, libération des attitudes passionnelles.

Ensuite vient la méthode. Pour commencer, il serait bien de mettre en garde contre certaines erreurs possibles dans la compréhension. On peut parler de cette nature profonde comme d'un absolu, mais du point de vue du dharma, si l'on dit que l'absolu c'est être en relation avec rien, cela peut poser un gros problème. Et si l'on comprenait la vacuité comme « rien », on glisserait dans ce que l'on appelle une expérience de nihilisme. Être en relation avec « rien », c'est l'angoisse métaphysique. Moi, l'ego, confronté à rien, une béance. La véritable vacuité dont il s'agit est l'absence d'autre, y compris du rien qui pourrait être subtilement posé comme expérience d'altérité face à laquelle l'on serait. Cette absence d'autre est simultanément l'absence de moi ; dans cette non-dualité se découvre une expérience de plénitude totale, de totalité. Et c'est dans ce sens qu'on peut l'appeler « absolu ».

La pratique de la méditation utilise un certain nombre de méthodes dont le dénominateur commun est d'apprendre à dépasser nos fixations, nos identifications. Il ne s'agit aucunement de rechercher un état de paix intérieure au sens où l'on essaierait d'imposer à notre esprit un calme, un silence. La lutte et les tentatives que l'on ferait dans cette direction entretiennent l'agitation et perpétuent les problèmes. La pratique de la méditation ne consiste pas non plus à se mettre en retrait par rapport à ses émotions ou par rapport à ses pensées. Il y a deux extrêmes qui sont des erreurs au même titre, le premier consistant à plonger dedans, plonger dans ses pensées en étant fasciné par celles-ci et en les suivant, plonger dans ses émotions en étant submergé par celles-ci ; ou, à l'inverse, se mettre en retrait, essayer de garder une distance pour ne pas être pris ou pour essayer de rester neutre, indemne, non contaminé.

La pratique de la méditation est l'abandon, l'apprentissage du dépassement de la relation, que celle-ci soit en termes de plonger ou en termes de retrait. C'est l'apprentissage d'une qualité de transparence qui amène à la désidentification, au dégagement, à l'ouverture. Il devient alors possible d'avoir une expérience vive, claire, dynamique de la réalité telle qu'elle est. *Dharma* est un mot sanscrit que l'on traduit de différentes façons mais qui peut, dans ses multiples registres, se traduire par « réalité », la pratique du dharma étant l'apprentissage de la réalité au présent, dans une connaissance directe, simple, immédiate. La méditation est un apprentissage.

Arnaud. Lama Denis a employé l'expression « au-delà » que j'ai beaucoup entendue en Inde aussi : beyond ; on pourrait aussi dire *en-deçà*, c'est-à-dire ne pas voir la plénitude, la simplicité, l'absence de forme de la conscience, comme « plus loin », mais à la source, à l'origine, en faire la réalité première dont émanent sans cesse toutes les formes de conscience limitées.

Lama Denis. Tout à fait. La notion d'au-delà est très fortement utilisée dans une approche théiste dans laquelle on est là, et au-delà est Dieu, un Dieu transcendant. L'approche du dharma a d'ailleurs tendance à d'abord mettre l'accent sur l'en-deçà. La nature de bouddha est immanente, elle est en nous, elle est notre nature profonde. Dans un premier temps, suivant les perspectives, on peut parler de l'au-delà ou on peut parler de l'en-deçà. Un point qui est important est de se rendre compte ensuite que l'au-delà et l'en-deçà existent l'un par rapport à l'autre, existent dans leur relation. Une critique peut être faite de certaines conceptions propres aux formulations théistes dans lesquelles la divinité est autre, le Tout Autre, à jamais inaccessible et inconnaissable. L'au-delà et l'en-deçà sont les deux termes d'un mode de connaissance dualiste. En-deçà il y a moi, et au-delà il y a l'Autre avec le grand « A ». La pratique de la méditation dans sa dimension la plus profonde est précisément le dépassement, la résolution d'une expérience en termes d'au-delà et d'en-deçà, en termes de moi et d'autre, cet autre fût-il transcendant. Le dépassement de l'ici et du là-bas, de l'en-deçà et de l'au-delà, du sujet et de l'objet, du saisisseur et du saisi, amène à une expérience sans intérieur et sans extérieur, sans dichotomie et c'est cette expérience qui est pleine d'absolu car vide de dualité.

Question à Lama Denis. *Sur le chemin qu'Arnaud propose, il est question de déjouer les mécanismes par la vision, par la* buddhi, *de se libérer par la connaissance, comme si la* buddhi *était toute-puissante pour pulvériser les empreintes du passé et tout ce qui a pu nous conditionner. Y a-t-il un équivalent dans la voie du bouddhisme ?*

UNE PERSONNE DANS L'ASSISTANCE. *Et d'abord, quelle est la définition de la* buddhi *?*

ARNAUD. La *buddhi* est l'intelligence objective lucide qui n'est pas contaminée par notre subjectivité et qui nous permet de voir la réalité relative telle qu'elle est.

LAMA DENIS. Il y a une concordance et peut-être des différences d'accent. Dans l'approche du *dharma*, on parle de reconnaître : on se libère de ses conditionnements, de ses illusions, en les reconnaissant, en reconnaissant le mécanisme sustentateur de ces illusions et de ces conditionnements et, quand il est vu, le caractère conditionnant disparaît. L'exemple le plus classique est celui du rêve. Le rêveur vit celui-ci comme la réalité ; c'est même, au moment de son rêve, sa seule réalité. Il peut être complètement pris dans ce rêve, faire des cauchemars, avoir des expériences de souffrances intenses. Supposons que le rêveur soit en danger d'être tué, qu'un assassin de rêve se propose d'exterminer son corps onirique. Si le rêveur reconnaît qu'il est en train de rêver, que l'expérience qu'il vit est une production de son esprit, que cet esprit le situe lui-même dans cette situation avec un corps onirique, le pouvoir de l'illusion est déjoué. L'illusion est de prendre une réalité pour ce qu'elle n'est pas : le rêve est une réalité mais une réalité relative et prendre cette réalité relative et même, somme toute, fictive pour la réalité véritable au point d'en faire un cauchemar, est une illusion.

Cet exemple peut être transposé dans n'importe quelle autre situation. On vit dans le monde de ses projections comme le rêveur vit dans son monde onirique en surimposant tout le temps, sur la réalité, notre propre version de celle-ci. Nous pouvons effectivement mettre fin à ce processus en nous rendant compte, en voyant avec cette intelligence que nous appelons dans le bouddhisme *prajna*, l'intelligence qui coupe le pouvoir de l'illusion et qui permet de voir, au travers des projections, que les constructions de notre mental sont uniquement des constructions et n'ont pas de réalité autre.

C'est ce que l'on fait tout simplement lorsque l'on médite et que l'on étiquette les pensées : « pensées ». C'est une façon de reconnaître que nos pensées sont des pensées et ne sont pas quelque chose d'autre, c'est une façon de ne pas investir dans celles-ci toute une charge d'affects, de jugements, d'interprétations. En chaque situation, on apprend à reconnaître la nature de la situation.

Il y a une différence entre la pratique du dharma et certaines approches psychologiques en ce sens que, dans la pratique du dharma, l'intelligence et la reconnaissance s'appliquent à la nature du phénomène, quel que soit le phénomène, beaucoup plus qu'aux formes que prend le phénomène. Il ne s'agit pas d'un processus analytique dans lequel on s'intéresse précisément à la situation, aux tenants et aux aboutissants, à la biographie du sujet, à la constitution de l'environnement – bien que quelquefois il y ait une composante importante à ce niveau ; l'accent est mis sur la nature de l'expérience, quelle que soit la situation, au niveau essentiel.

Cette approche n'est possible que si nous avons l'attitude que nous appelons « normosée ». Si nous sommes pris dans des situations conflictuelles névrotiques extrêmement intenses, au point qu'un début de relation au niveau le plus simple avec la nature de notre expérience n'est pas possible, à ce moment-là, il faut un travail préliminaire qui permette de décanter, d'éliminer, d'élaguer. Mais si l'on a simplement une névrose normale, avec ce travail de reconnaissance de la nature des pensées, de la nature des émotions, de la nature des perceptions que l'on fait dans la pratique de *shamatha vipashyana*, on déjoue les mécanismes d'illusions, quels qu'en soient les facteurs constituants et quelle que soit la façon dont ils se sont structurés, en s'attaquant, en travaillant avec le cœur même du problème. Mais l'érosion des pouvoirs conditionnants et des illusions prend très longtemps.

La pratique méditative consiste à se mettre en état d'être érodé. On s'assied et, dans le silence, dans le calme de la pratique, si l'on peut dire, on est érodé, les passions s'érodent.

LA MÊME PERSONNE. *Comment le fait d'étiqueter les pensées peut-il éroder quelque chose dont les pensées ne sont que la manifestation ?*

LAMA DENIS. Parce qu'il y a un processus autosustentateur. Les pensées sont l'expression d'empreintes latentes, mais la réaction que l'on a par rapport aux pensées est source de nouvelles empreintes : c'est un cercle vicieux que l'on appelle précisément le *samsara* et il faut laisser ce cercle s'interrompre si l'on veut s'en sortir. C'est par la simple reconnaissance, par une attitude qui ne réponde pas, qui ne réinvestisse pas, qui ne redonne pas une impulsion, qui ne relance pas le processus que celui-ci s'épuise finalement. Reprenez l'exemple du rêve : lorsque vous rêvez, supposez que vous étiquetiez « rêve, rêve ». A ce moment-là le rêve n'aura pas ce pouvoir conditionnant, fascinant ou captivant et vous resterez un spectateur neutre. Et cette attitude d'observateur abstrait fait que vous ne nourrissez pas la production onirique. Si vous réagissez, votre réaction est une énergie nouvelle qui abonde ou contrarie d'une façon ou d'une autre, qui alimente le processus et l'entretient. Dans cette attitude d'observateur abstrait, vous permettez une décharge, comme si l'énergie qui était là restait sans suite. Ne trouvant pas de répondant, petit à petit, elle se décharge.

II. – MALENTENDUS À DISSIPER

La méditation, oui mais...

Cette question s'adresse à Arnaud Desjardins. A l'époque où j'ai lu vos livres, vous m'avez posé de gros problèmes car vous avez écrit : « La méditation, oui mais... » Or, à chaque intervention, Lama Denis parle toujours de méditation ; le bouddhisme zen, lui aussi, repose entièrement sur la méditation à laquelle vous semblez accorder peu d'importance ou, en tout cas, beaucoup moins d'importance. Comment intégrez-vous la méditation dans le chemin que vous proposez ?

ARNAUD DESJARDINS. Vous dites : « Le bouddhisme zen consiste presque exclusivement dans la méditation. » Sensei Deshimaru (dont je peux témoigner qu'il était pris très au sérieux au Japon) disait également : « Le zen, c'est le zazen », c'est-à-dire l'assise. Or, le zen, ce n'est pas seulement le zazen, c'est aussi une manière d'être, une façon de vivre l'existence. Aucune vie de moine zen ne peut se dérouler vingt-quatre heures sur vingt-quatre dans l'immobilité. Que se passe-t-il en dehors de l'assise proprement dite? Au Japon, l'abbé d'un petit monastère *Soto*, dans lequel je filmais, me dit dès mon arrivée : « Quel dommage que vous ne soyez pas venu plus tôt, nous aurions été au complet : je viens d'envoyer deux moines faire la bringue à Tokyo pendant une semaine. Ils en reviendront encore plus convaincus et motivés. » Cet aspect surprenant au premier abord est un visage du zen authentique.

En ce qui me concerne, comme beaucoup d'Européens de ma génération, j'ai découvert vers l'âge de vingt-trois ans que la spiritualité n'était pas une affaire de dogme, de croyance ou de morale mais d'expérience, de réalisation et qu'il existait des moyens, des méthodes pour *réaliser*, avoir l'expérience. Je me souviens de mon émerveillement devant cette parole de Ramakrishna à Vivekananda : « Je te ferai voir Dieu avec autant de certitude que tu me vois en ce moment. » C'est un langage théiste mais, même dans mon éducation chrétienne, je n'avais jamais entendu ce genre de choses. J'ai peu à peu découvert qu'il existait des techniques de méditation, de respiration, de concentration, d'attention et j'ai fondé un immense espoir sur la méditation, le yoga m'aidant par ailleurs à mieux conserver la posture, à améliorer la colonne vertébrale et à rester plus longtemps sans tension.

Par la suite, cependant, je me suis rendu compte que des Hindous ou des Européens, qui avaient pu consacrer dix ou vingt ans de leur vie à la méditation dans les conditions exceptionnellement favorables d'un ashram, c'est-à-dire en s'y adonnant plusieurs heures tous les jours, n'avaient pas profondément changé. Entre les méditations, ils étaient toujours mesquins, jaloux, brouillés les uns avec les autres. Cette constatation a été d'autant plus déchirante pour moi que les méditations telles que je les pratiquais avaient atteint un palier. Les années passaient et je voyais bien que les pulsions, les dynamismes, les prédispositions – ce qu'on appelle *vasanas* en sanscrit –, toutes les manifestations de la dualité, demeuraient toujours très puissantes en moi. Au bout de treize ans, la méditation ne m'avait pas guéri des moments de découragement, d'angoisse, de tristesse, de perturbations diverses dont tous les textes nous disent fort clairement que le sage est libre.

L'apport de Swâmi Prajnanpad, que j'ai tout de suite reconnu non pas seulement comme un sage que je pouvais vénérer mais comme un guide, a été de me montrer qu'un travail très important devait être accompli en dehors des moments de méditation, à savoir une nouvelle manière d'assumer la réalité de mon existence dans le monde relatif. Bien sûr, j'ai tout d'abord été très dérouté par cette approche qui semblait ne pas faire grand cas de la méditation immobile car c'était la première fois que j'entendais un maître tenir ce langage, mais force m'a été de reconnaître que cette nouvelle manière d'affronter l'existence relative, avec le jeu des opposés – attraction et répulsion, bonheur-malheur, réussite-échec –, me paraissait très convaincante. Il s'agissait d'une forme de conscience lucide, de vigilance dans le courant de l'existence, d'une méditation dans l'action.

Quelqu'un m'a dit un jour : « Vous ne parlez jamais de méditation dans vos livres. » Je lui ai répondu : « Mais je ne parle que de l'érosion de ce qui nous empêche de méditer *. » Autrement dit, de ce qui produit les tensions, les distractions, tout ce qu'on pourrait appeler les obstacles à la méditation. Avant de rencontrer Swâmiji, une grande part de mes méditations consistaient à lutter, selon des méthodes diverses, contre les distractions ou les associations d'idées qui me happaient sans cesse. C'est facile, si nous n'avons pas la maladie de Parkinson, de

* Arnaud Desjardins a néanmoins publié un ouvrage consacré à la méditation : *Approches de la Méditation*, Éditions de La Table Ronde.

nous demander l'immobilité physique; mais c'est une tout autre affaire que de se demander d'arrêter de penser à volonté tant qu'il y a en nous des latences d'où émergent les pensées. Ce que j'ai découvert auprès de ce maître, c'est une méthode, parmi bien d'autres, pour tarir la source même des agitations qui nous maintiennent dans le monde des opposés, ou ce qu'on pourrait appeler la croyance aux « formes », étant bien entendu qu'une émotion est une forme, qu'un malaise physique est une forme et qu'un état d'âme, quel qu'il soit, est une forme. Tout ce dont je parle dans mes livres, c'est en fait de l'érosion progressive de ce qui nous interdit de vivre en état permanent de méditation.

Lama Denis Teundroup. Tout ce que vient de décrire Arnaud est très significatif d'approches erronées de la méditation. Il faut vraiment dire « méditation, oui mais... ». Beaucoup de personnes qui prétendent méditer essaient différents exercices avec pour intention de développer un état de repos, d'induire un bien-être, un état de non-pensée, de faire le vide. Elles font beaucoup d'efforts pour produire un résultat. Cette approche de la méditation fondée sur l'auto-amélioration doit être, à juste titre, abondamment décriée.

En fait, la véritable pratique de la méditation n'est autre précisément que l'expérience juste de la vie, l'érosion des *samskaras* et des *vasanas*, qu'on appelle en tibétain *doudje* et *patcha*. La méditation, c'est le cheminement qui permet de dépasser ces imprégnations, ces états de conscience assujettis aux conditionnements de l'ego. Ce qu'Arnaud décrit comme ce qui permet d'arriver à l'état de méditation, c'est exactement ce que, nous, nous décririons comme la pratique de la méditation, étant entendu qu'il existe deux aspects de la méditation : la méditation assise et la méditation en action. Le point essentiel de la pratique est la méditation en action. Celle-ci ne consiste pas à développer un état particulier, à être en extase ou à être « high », à se sentir « très méditatif, très spirituel »... La méditation en action est la relation simple et directe au présent, qu'on appelle présence authentique et qui est en fait l'expérience des choses telles qu'elles sont, du monde tel qu'il est dans une relation immédiate et spontanée. La méditation en action est l'expérience de ce qui est, tel quel, libéré des conditionnements venant des *samskaras* et des *vasanas*.

La découverte de cette expérience authentique est quelque peu problématique dans la mesure où tous les efforts que l'on peut faire pour y arriver ont précisément comme résultat le contraire du but recherché, c'est-à-dire de nous empêcher de l'expérimenter. Il existe donc une préparation, un exercice, qui se fait effectivement sur un coussin, avec une certaine posture et des méthodes variées. La méditation assise est la pratique de l'abandon de la tentative, l'abandon de la réponse, l'abandon de la réaction, l'abandon de la maîtrise de l'ego, l'érosion, le laisser tomber, le lâcher-prise par rapport aux facteurs conditionnants que sont les émotions, les pensées, les *samskaras*, les *vasanas*. Cette pratique se fait silencieusement en utilisant certaines méthodes de désidentification, de désappropriation par rapport aux fixations dualistes de l'ego. L'on use ainsi l'ego, on le laisse s'épuiser et, lorsqu'une compréhension de cet état simple et direct a été perçue dans les conditions privilégiées de la méditation assise, il est ensuite possible de développer un rappel de cet état dans les situations de la vie quotidienne qualifiée alors de méditation en action.

Il existe tellement de malentendus, de caricatures concernant la pratique méditative qu'il est nécessaire d'insister sur le fait que la méditation en action n'est pas du tout une abstraction, un recul par rapport au monde, une fuite, une marginalisation. L'état fondamental de méditation, en fait, n'est autre que l'état de non-dualité. C'est l'état de non-ego, ou encore de transparence ultime de l'ego. C'est un état d'harmonie, dans lequel l'action se déroule de façon spontanée, c'est-à-dire non intentionnelle, libre de références. C'est ce qu'on appelle l'action éveillée, qui est une adéquation directe, immédiate, avec la réalité. Réalisé, cet état s'expérimente partout, tout le temps, dans les situations de la vie quotidienne, dans votre relation à votre patron, à votre concierge, à vos enfants, à votre femme.

Êtes-vous d'accord qu'il existe des niveaux, que l'on peut proposer certains modes de méditation à un débutant, pourvu que ces pratiques aillent dans la bonne direction, et proposer ensuite autre chose au bout de quelque temps ?

LAMA DENIS. C'est là que réside la résolution de toutes les contradictions. Certaines pratiques élémentaires peuvent être critiquées d'un point de vue plus profond mais – et c'est là un point délicat – il n'est pas bon de les critiquer sous peine de priver le débutant d'un point d'appui dont il a besoin au départ. Il y a une méthodologie, une propédeutique qui est indispensable dans tout processus d'éducation. Un des engagements du vajrayana et de la tradition est de ne jamais faire perdre confiance à quelqu'un en une pratique qu'il utilise et qui peut être pour lui profitable, même si elle est, d'un point de vue plus profond, critiquable. Le Bouddha a souvent été présenté comme un médecin qui encourage ce qui est à encourager, qui décourage ce qui est à décourager. A ceux qui croyaient en la non-existence, il a enseigné l'existence, à ceux qui croyaient en l'existence, il a enseigné la non-existence, entendu que la vérité n'est ni l'existence, ni la non-existence, ni « je suis », ni « je ne suis pas ».

La méditation est ce par quoi, petit à petit, l'on peut dissoudre les différentes fixations ou identifications, quelles qu'elles soient. Il existe des approches extrêmement variées – avec supports, sans supports – qui peuvent convenir à divers types de personnes mais qui ont toutes la même fonction. Kalou Rinpoché aimait dire à ce sujet : « Le vajrayana est comme un supermarché alimentaire avec toutes sortes de produits dans des emballages différents. Chacun se sert en fonction de ses goûts, de son tempérament, de ses affinités – certains préfèrent tel ou tel produit dans tel ou tel emballage –, mais fondamentalement la pratique méditative ou l'enseignement a une seule et même fonction, de la même façon que ces différents produits ont tous une fonction nutritive. » Il y a des conditionnements, des présentations, des approches variées pour convenir aux sensibilités, aux réceptivités des uns et des autres. Le point essentiel est de comprendre que, fondamentalement, la pratique juste de la méditation, quelle que soit sa présentation, est ce processus de désappropriation, désidentification, de dissolution et d'épuisement des *vasanas* et *samskaras*, c'est-à-dire du karma.

Les techniques modernes de relaxation

Il me semble, d'après ce que vous dites de la méditation, qu'elle s'apparente beaucoup à la sophrologie que je pratique depuis plusieurs années.

Arnaud. Il existe en effet des pratiques qui vont plus ou moins dans le même sens que la méditation mais qui ne doivent cependant pas être confondues avec celle-ci parce que le contexte et l'aspiration ne sont pas les mêmes. Toutes les techniques de méditation que j'ai pu approcher dans mes années de voyages et d'études impliquent un relâchement musculaire profond. Nous savons que dans la sophrologie ou dans le training autogène de Schulz, une sensation de chaque partie du corps détendu a sa place. La respiration basse profonde, l'inspiration commençant par l'abaissement du diaphragme, se retrouve dans beaucoup d'approches qui nous sont proposées par le zen ou le yoga hindou ou même tibétain. Il est bien normal aussi qu'un kinésithérapeute propose à une personne nerveuse de respirer plus profondément pour qu'elle ne soit plus bloquée dans le haut de la poitrine. Nous allons donc rencontrer des similitudes heureuses mais il faut être plus strict en ce qui concerne des assimilations trop rapides. C'est la même chose jusqu'à un certain point, mais seulement jusqu'à un certain point. Cela ne diminue pas la valeur de la sophrologie à son niveau et dans son domaine.

Lama Denis. C'est une question en effet de niveaux et de domaine. En ce qui concerne le training autogène, Schulz, dans la préface de la première version de ses œuvres, disait s'être inspiré de méthodes de méditation et de yoga orientales. D'autres personnes – Caycedo entre autres – ont été directement inspirées par ces mêmes méthodes. Il y a en Occident une très forte tendance à emprunter des méthodes de méditation et à les utiliser sans souvent bien citer ses sources. N'importe quel professeur de yoga, sophrologue, ou même certaines fois apprenti gourou s'empare de telle ou telle méthode qu'il prend à son compte. On trouve aussi dans la relaxation, dans la sophrologie, beaucoup d'éléments extrêmement positifs qui sont en fait des emprunts. Je voudrais, avant d'aller plus loin, insister sur l'apport bienfaisant de ces méthodes pour les Occidentaux contemporains qui sont pour le moins des gens tendus, nerveux, crispés. La relaxation est quelque chose dont 99 % des Occidentaux moyens peuvent tirer de grands bénéfices. La sophrologie, dans beaucoup de ses aspects, est également tout à fait bénéfique.

Mais un problème très grave surgit lorsque les personnes qui enseignent ou qui suivent ces méthodes ont l'impression de suivre une voie spirituelle. Prendre la sophrologie ou une quelconque technique contemporaine similaire comme un ersatz ou un substitut de religion ou de voie spirituelle constitue une subversion totale. On rencontre beaucoup de personnes profondément sincères, qui se sont écartées de leur tradition d'origine, qui cherchent dans la psychologie, la psychanalyse, dans le yoga, dans les différentes techniques modernes – elles ont beaucoup de noms, le marché est fort encombré! – et qui, parce qu'elles y trouvent quelque chose de bon leur apportant une certaine sagesse et un certain bien-être, s'illusionnent finalement en pensant par là s'être engagées dans une véritable voie spirituelle. A ce moment-là, ce qui était bon à un niveau contingent devient extrêmement mauvais à un niveau essentiel. Il est donc important de bien définir les domaines. Lorsque certaines personnes proposent par exemple la sophrologie comme une nouvelle approche de la religion – et très vite une nouvelle religion, *la* religion contemporaine, quintessence de tout ce qu'il y a de bon dans toutes les traditions et dégagée de tout ce dont on n'a plus besoin –, il y a là un gros problème.

En résumé, il y a donc quelque chose de très bon dans ces techniques à condition de comprendre leurs limites. Si l'on ne se leurre pas en s'imaginant être sur une voie spirituelle du simple fait que l'on pratique ces techniques, elles peuvent être une inspiration, un support ou un tremplin pour ensuite pratiquer véritablement dans une dimension spirituelle authentique. Si par contre on s'illusionne en pensant que l'on est déjà dans une voie spirituelle parce que l'on fait quelques exercices de sophrologie et de relaxation, à ce moment-là on commet une erreur qui devient une voie de garage irrémédiable.

LA MÊME PERSONNE. *En sophrologie, nous utilisons certaines visualisations comme support pour arrêter la pensée. C'est un outil, quand le mental est arrêté, pour aller au-delà, c'est-à-dire parvenir à l'esprit calme, sans support. Dans le cadre de la méditation tibétaine, vous utilisez aussi des visualisations. Pouvez-vous m'expliquer en quoi cela consiste réellement sur le chemin ?*

LAMA DENIS. Ce serait long et difficile. Très brièvement, il y a d'abord un problème lorsque l'on parle de visualisations parce que ce terme ne correspond pas vraiment à un mot sanscrit ni à un mot tibétain. En outre, il est malheureux car il donne l'impression qu'il s'agit de devenir, en quelque sorte, un projecteur de cinéma essayant de projeter sur l'écran de son mental des images particulières. On devient « visualisateur ». La pratique de la visualisation – gardons pour l'instant le terme puisque c'est celui qui est couramment utilisé – ne consiste pas à induire des images par un effort mental mais bien plutôt consiste en une substitution des contenus de notre mental. On apprend à investir notre mental dans différentes expériences imagées. On peut donc parler d' « imagination ». La différence peut sembler subtile entre imagination et visualisation. Mais néanmoins il y a une différence pratique, l'une étant une simple invocation qui vient naturellement à notre esprit dans un certain contexte et l'autre – la visualisation – étant une production qu'on essaie d'induire activement. En d'autres termes, la pratique de la visualisation utilisée dans les techniques modernes est une technique de suggestion mentale : « Je vois un cercle bleu, je vois un triangle rouge, je vois ceci ou cela. » On imagine, on plaque sur l'écran de son mental telle ou telle image.

Par contre, ce qu'on appelle *mikpa* en tibétain, dans le vajrayana, est en fait une substitution des contenus du mental : on substitue à la versatilité, aux pensées de notre esprit ordinaire d'autres notions : il y a un phénomène de déplacement qui se fait petit à petit. On investit notre mental dans un monde avec des références différentes de celles de notre mental habituel. On reste dans le monde du mental, des pensées mais, dans un premier temps, on passe des pensées et des projections ordinaires à des projections plus subtiles. C'est une étape qui nous permet, dans un deuxième temps, un passage au-delà des représentations. Tout cela nécessiterait des développements et beaucoup d'explications, ce qui n'est pas possible maintenant. Disons que la « visualisation » pratiquée dans le vajrayana n'a absolument rien à voir avec les techniques modernes suggestives telles que : « Vous avez devant vous un soleil et le soleil irradie, il vous baigne, votre conscience s'élargit, vous percevez la conscience cosmique... » qui relèvent uniquement de la « suggestion sophronique », comme on dit.

Arnaud. Ne confondons pas une image, une comparaison qui nous est donnée à titre d'illustration, avec une visualisation et encore moins avec une étrange tentative que j'ai vu pratiquer ici ou là d'identification. Par exemple, j'emploie moi-même une image qui consiste à dire qu'on ne peut pas concevoir un arbre qui déploierait ses branches vers le ciel et qui n'aurait pas de racines. Cette image qui n'est pas de moi m'a paru éloquente et je la réutilise personnellement. Mais cela ne va pas plus loin. Des personnes m'ont raconté avoir pratiqué certains exercices dans lesquels on leur demandait de se représenter qu'elles étaient un arbre, que leurs racines poussaient dans le sol, qu'elles étendaient leurs branches... en s'identifiant complètement à l'arbre. J'espère qu'il est clair pour tous, quand j'utilise par exemple dans une méditation dirigée l'image du sablier dont le réceptacle supérieur se vide tandis que le réceptacle inférieur se remplit, qu'il s'agit uniquement d'une image pour inciter à quitter la tête et à mieux vous situer dans le bassin. C'est de ma part une tentative, qui sera éloquente pour l'un et sans valeur pour l'autre, de pointer dans une certaine direction : « Un doigt pointe vers la lune, tant pis pour ceux qui regardent le doigt. »

Phénomènes inhabituels en méditation

UNE FEMME. *Je tiens tout d'abord à remercier Arnaud Desjardins car j'avais auparavant toutes sortes d'états intérieurs et j'étais incapable de mener correctement ma vie de tous les jours; et, en mettant en pratique ce que vous décrivez dans vos livres, en essayant d'être la plus consciente possible dans ma vie quotidienne, je suis d'abord de plus en plus capable de la vivre, de prendre des responsabilités et aussi bien ma vie familiale que ma vie professionnelle ne me pèsent plus, pour l'instant en tout cas. J'en arrive à présent au point qui me préoccupe : lors des méditations que je pratique régulièrement, je ressens de drôles d'impressions et je ne sais jamais s'il faut que je suive ces impressions ou s'il faut que je m'arrête. Je ne sais pas quoi faire. Les phénomènes de lumière ne me dérangent pas mais je suis perturbée quand je ressens des phénomènes étranges : par exemple, je sens que mon corps est aplati et qu'il s'en va. Ce sont des sensations que j'éprouve dans le corps et qui sont difficiles à décrire. Faut-il que je m'abandonne à ces phénomènes ou non ?*

ARNAUD. Si vous avez tant soit peu peur et que vous ne puissiez pas entrer dans les détails avec un guide, comme pourrait le faire un yogi qui vivrait auprès de son maître, en effet, arrêtez. Si cela vous paraît tant soit peu bizarre, coupez ! Levez-vous, allez boire un verre d'eau. Cependant, ne soyez pas non plus perturbée pas des états intérieurs un peu particuliers qui peuvent se présenter mais qui n'ont en fait pas grande importance. N'allez pas non plus en conclure trop vite que ce sont les signes extraordinaires de phénomènes supranormaux. Le fait de rester un moment immobile et détendu peut créer des perceptions déroutantes, par exemple devenir extrêmement léger comme si nous allions entrer en lévitation ou extrêmement lourd ou avoir des sensations de paralysie ou encore nous sentir soudain très très vastes ou au contraire tout petits. Il s'agit de modifications de la perception habituelle. Cela ne se produit pas toujours mais peut survenir de temps en temps. Si cela n'est pas trop fort pour vous inquiéter, il suffit de constater, cela disparaît et ne revient généralement plus. Un critère dont il faut cependant tenir compte, c'est si vous sentez qu'il y a des perturbations dans votre existence hors de moments de méditation mais que vous sentez directement liées à celle-ci. Or, d'après ce que vous dites, ce n'est pas le cas.

Lama Denis. Ce que vous avez décrit est quelque chose de très classique et en fait de tout à fait normal. Bien sûr, au départ, on se demande : « Qu'est-ce qui m'arrive, vais-je perdre les pédales ? » Lorsque l'on se détend, que l'on relâche un peu ses points de référence habituels, il y a tout un registre de phénomènes qui apparaissent, dont des phénomènes lumineux, et puis aussi des expériences perçues comme une déstabilisation, comme un vertige – on pourrait dire la peur du vide. Cette peur est tout à fait normale. Il s'agit simplement de la façon dont on perçoit le manque de nos repères habituels. Le vertige est simplement l'état d'absence des repères de verticalité, d'horizontalité par rapport auxquels on se situe habituellement.

Vous disiez que vous vous sentiez partir. C'est à ce stade de la méditation qu'il faut appliquer le principe de neutralité, c'est-à-dire ne pas réagir par rapport à ces expériences, ne pas croire que ça y est, que c'est en train d'arriver « depuis le temps que je médite, il ne s'est jamais rien passé, aujourd'hui, ça va être le satori ! », ne pas avoir cette attitude d'attente, de fascination ni non plus paniquer. Il suffit de traiter l'expérience de façon neutre. Ni bonne, ni mauvaise, ni à encourager, ni à décourager. Ni fascination, ni fuite.

Bien sûr, il est indispensable d'avoir quelqu'un à qui l'on puisse en parler, autrement on peut effectivement se faire peur et même dérailler dans toutes sortes de directions. Il est important à ce point aussi d'avoir confiance et dévotion. Dévotion ici signifie l'aptitude à s'abandonner à l'esprit du Bouddha ou à laisser tomber, laisser partir et se laisser aller comme le petit enfant dans les bras de sa mère ou comme on s'abandonnerait aussi complètement dans les bras de son amant ou de sa bien-aimée. C'est dans cette attitude que l'on peut aller au-delà de l'appréhension et de la peur. Et c'est dans cette direction que la méditation se développera. Il y a une propension de fuite, on a envie de partir et on ferait n'importe quoi plutôt que d'affronter cet état, on aura tendance tout de suite à partir, à aller nettoyer sa table, donner un coup de balai à la cuisine ou à faire ses comptes. On trouvera toutes sortes d'occupations pour se justifier de ne plus être confronté à cette situation.

Il y a deux types d'expériences spirituelles : des expériences qui correspondent à la rencontre de notre état naturel et puis des expériences qui sont sciemment ou inconsciemment suggérées et induites. A l'heure actuelle, il y a énormément de techniques dites spirituelles qui proposent à leurs pratiquants un certain nombre de symptômes expressifs de leur succès, comme de trembler par exemple lorsque vous recevez la grâce : la preuve que vous avez reçu la grâce, c'est que vous tremblez. D'autres techniques vous proposent de vous exprimer lorsque vous êtes en état de grâce en vous mettant à parler dans d'autres langues d'une façon ou d'une autre. D'un point de vue traditionnel, il y a un gros problème avec ce genre d'approches qui ne vont pas dans la direction d'une réintégration de notre état naturel. Notre état naturel maintenant, lorsque nous sommes ici, relâchés, détendus, n'est pas de trembler ni de vibrer physiquement. Ce type de manifestations ne sont pas considérées comme nécessaires, encore moins indispensables et, au mieux, ce seraient des accidents, l'expression de la décharge d'une névrose ou d'une tension intérieure passagère. Mais dans la tradition bouddhiste, aussi bien au niveau du mahayana, d'une méditation de type zazen, *samatha-vipasyana,* que même des méditations tantriques sur la kundalini, *toumo,* il ne s'agit jamais de se mettre à trembler. On regardera toujours ce genre de phénomènes avec un certain sens de l'humour.

Arnaud. Ce que je vais dire n'engage que moi. Je ne porte pas un jugement ou une condamnation sur certaines pratiques, au moins à certains moments, dans lesquelles on laisserait des décharges s'exprimer, une spontanéité du corps et des tremblements se produire. Dans des conditions où l'on est tendu, conflictuel, n'ayant pas pu s'exprimer à telle ou telle époque de sa vie, fût-ce dans l'enfance, rendre une spontanéité, même un peu désordonnée, au corps peut être justifié. Je pense notamment à une technique japonaise connue sous le nom de mouvement régénérateur. Certaines personnes de ma connaissance en ont tiré un très net bénéfice. Mais il faut considérer ces pratiques comme limitées, même si elles permettent certaines décharges, un lâcher-prise où le corps tout à coup a besoin d'une certaine agitation. Surtout, ne pas leur donner plus de valeur qu'elles n'en ont et ne pas y voir des manifestations extraordinaires de libération de l'énergie, de shakti ou autres.

LAMA DENIS. Oui, le problème est que beaucoup de gens ont « la kundalini qui s'éveille »... parce qu'ils ont des démangeaisons ici ou là, tremblent ou se trémoussent... Ce sont des expériences généralement induites consciemment ou inconsciemment qui, si on y attache de l'importance, deviennent des obstacles.

La posture de méditation

Que conseillez-vous en méditation si l'on n'a pas la possibilité physique de mettre les genoux à terre?

ARNAUD. Vous pouvez être aidé en utilisant un coussin plus ou moins haut ou prévoir deux petits coussins fermes que vous poseriez sous les genoux. Vous pouvez surtout essayer d'améliorer progressivement la posture par la pratique, le relâchement, le yoga, mais vous ne devez pas hésiter à utiliser les aides qui conviennent à votre propre morphologie. Quand la position est douloureuse – elle peut l'être pendant un certain temps, jusqu'à ce que le corps en ait bien pris l'habitude –, c'est une opportunité pour aller dans le sens de cette souffrance physique au lieu de la refuser et de voir qu'on a plus de liberté qu'on ne le croit par rapport à celle-ci : si la douleur physique est vraiment acceptée, elle est acceptable. Bien sûr, on peut aussi méditer assis sur une chaise mais mon expérience a confirmé que la posture classique, jambes croisées ou à genoux, si on la supporte, est en elle-même une aide tellement précieuse que cela justifie de s'exercer jusqu'à ce que l'on puisse la prendre et la conserver au moins une demi-heure.

Pendant les méditations dirigées, vous avez beaucoup insisté sur l'attitude intérieure mais vous n'avez pas parlé de la posture des mains, de la nuque, comme c'est le cas en zazen où tout est codifié. Personnellement, je ressens à certains moments le besoin de mettre les mains ouvertes sur les genoux. A d'autres moments au contraire, j'éprouve le besoin de réunir les mains en les posant l'une sur l'autre. Je me demande ce que signifie ce besoin de prendre des postures différentes. S'agit-il d'une interprétation toute personnelle? Est-ce juste ou non?

Arnaud. Surtout restez très sobre et ne cherchez pas à vous faire plaisir en adoptant des attitudes qui sembleraient venir de la profondeur mais qui ne seraient en fait que des imitations. Sinon le mental va encore y trouver son compte en imitant certains gestes ou mudras qui ne correspondent pas à une nécessité et à une réalité pour vous. Tenez-vous-en toujours à la sobriété, la discrétion, la modération.

Lama Denis. Nous n'avons pas donné d'indications très précises sur la posture dans la mesure où nous essayions de suggérer quelque chose d'essentiel et la posture, toute importante quelle soit, fait partie des formes et n'est pas l'essentiel. Les formes sont très importantes mais la sobriété est toujours de rigueur. Beaucoup de gens s'expriment dans leur posture : on voit par exemple des gens qui sont réceptifs, on les voit tout ouverts, en train de jubiler ; quand une parole leur plaît, ils ouvrent les mains, ils sont un calice, ils reçoivent... D'autres au contraire sont extrêmement sérieux, en posture de zazen, rigides. De différentes façons, on s'exprime dans sa posture. Il y a les intellectuels, les affectifs... Le mental se traduit dans la posture.

Pour éviter ce genre de singularités qui sont des singularités de l'ego ou du mental, il existe une posture très simple, codifiée. C'est un état d'équilibre, de repos du corps dans lequel il est possible de trouver la détente et l'aise la plus parfaite qui soit. Cette posture est l'essence de tous les *asanas* qui sont, dit-on, au nombre de 108 et qui se résument dans la posture de méditation. Lorsque le corps est dans cette posture, les canaux ou *nadis*, qui sont les circuits qu'emprunte l'énergie subtile, le *prana* du corps, se trouvent dans une position droite et les souffles peuvent y circuler librement. Il s'établit alors un état d'équilibre des souffles qui correspond à un équilibre du mental, le corps et l'esprit sont alors en harmonie.

La posture présente donc une double utilité : d'une part dépasser les singularités personnelles du mental et d'autre part trouver cette attitude d'équilibre et d'harmonie entre le corps et l'esprit. La posture est d'autant plus importante que l'on est débutant. C'est un adjuvant extrêmement utile. Lorsque l'on a une réalisation véritable de l'expérience intérieure de la méditation, l'on n'est pas dépendant de la posture : la méditation se pratique aussi bien en posture de zazen qu'affalé dans un sofa. Mais aussi longtemps que cette réalisation intérieure n'est pas présente, la posture se révèle très précieuse.

ARNAUD. Il vaut mieux démasquer très vite l'imitation inconsciente de modèles. Attention de ne pas plagier tout simplement telle photo de yogi, telle sculpture du musée Guimet ou tel sourire de Bouddha Khmer. Nous sommes tous susceptibles de cette erreur grossière et il faut tout de suite dépister cette tendance et décider d'être vrai.

LAMA DENIS. Cette mimique que fait l'ego de quelque chose qu'il juge spirituel est ce qu'on appelle quelquefois le matérialisme spirituel.

ARNAUD. Que vous ayez les mains comme en zazen ou simplement posées sur les genoux, ce n'est pas cela qui est primordial. Dans le zazen, oui, c'est primordial, puisque celui-ci est fondé sur la posture incluant une position très précise des mains l'une sur l'autre et des pouces. Tout dépend de la voie que vous suivez. On en revient toujours à la même question : qui me guide sur le chemin? Et, si j'ai un guide, je fais ce qu'il me suggère. S'il me dit que pour l'instant cela n'est pas important, je lui fais confiance. Et s'il me dit de méditer d'une manière très précise, je médite comme il me le demande.

Les bienfaits de la méditation

Pourriez-vous nous dire l'un et l'autre quels sont les bienfaits que l'on peut retirer de la méditation pratiquée avec régularité?

ARNAUD. Les bienfaits de la méditation sont innombrables et ils opèrent à des niveaux très différents. Cela peut d'abord être de se sentir moins désemparé dans l'existence, un peu mieux situé, un peu mieux centré. C'est un commencement. Certains ont une grande fragilité, on a l'impression qu'une chiquenaude physique ou psychologique va les faire tomber, ils sont d'une vulnérabilité complète et la méditation leur donnera un peu plus de calme, de force de caractère, de force d'âme comme on disait autrefois. On ne peut pas dire qu'il s'agisse d'un niveau réellement spirituel mais cela va déjà dans une direction heureuse. La méditation peut conduire aussi à ce dont il est même difficile de parler, c'est-à-dire des niveaux de liberté intérieure, de vastitude, d'immensité, que pendant longtemps nous n'avions pas même soupçonnés. Chacun de ces différents niveaux a sa place.

L'important, c'est qu'il n'y ait pas de coupure entre une vie avec laquelle je me mets en porte-à-faux parce qu'elle ne me plaît pas, et puis les méditations proprement dites qui deviennent des moments de fuite, auquel cas la méditation agit comme un stupéfiant. Cela c'est grave. Pour certains, la méditation est difficile mais d'autres éprouvent une réelle facilité à rentrer en eux-mêmes, à faire silence, à se trouver bien, ce qui peut vraiment devenir comme une drogue qui ne résoud pas fondamentalement la dualité, l'attraction, la répulsion.

Il est donc important que la méditation soit prolongée dans l'action. C'est un point qui doit être clair pour tous dès le départ : en aucune manière il ne faut établir une différence entre la paix de la méditation et puis « la merde de la vie quotidienne ». Surtout pas. Sinon, nous nous enfermons dans une terrible division que nous avons nous-mêmes fabriquée. La question de la dualité, la réalité relative du monde n'est pas du tout effleurée.

Faut-il chercher à méditer quand on traverse une période un peu difficile dans sa vie ou vaut-il mieux aller faire un footing? (Rires.)

ARNAUD. Voilà typiquement le genre de questions dont la réponse ne peut pas être générale mais personnelle. Et, qui plus est, personnelle pour moi aujourd'hui (en n'oubliant jamais que vous êtes dans un processus évolutif et que la réponse qui vous est donnée aujourd'hui n'est pas celle qui vous sera donnée dans quelques années ou même dans quelques mois). Si je vous dis qu'il vaut mieux méditer et que vous n'êtes pas convaincu, votre méditation ne sera pas fructueuse. Cela dépend tellement du contexte. Dans certains cas, la réponse sera : « Vous méditez, même si tout en vous refuse de méditer. » Il n'y a pas une seule réponse pour tout le monde et il n'y a pas une seule réponse pour quelqu'un qui soit valable tous les jours. Dans un monastère zen, la cloche sonne, vous allez au zazen, que vous en ayez envie ou non. Dans une autre approche, il faut avoir une certaine habileté pour ne pas arriver à une saturation qui cristallise en un refus et produit donc, par la loi d'action et de réaction, l'effet contraire de ce que l'on recherche : pendant des semaines je ne vais plus méditer parce que cela ne m'est plus supportable. Peut-être que si vous aviez l'habileté de rester une semaine sans vous demander de méditer, vous retourneriez ensuite de tout votre cœur à la méditation. C'est pourquoi je veux bien me garder de donner la moindre réponse qui paraisse valable pour tous et à tous moments. Il y a une manière de vivre le bureau, le métro, les coups de téléphone qui est aussi une forme de méditation et qui, elle, ne doit jamais être abandonnée. Vivre avec plus de vigilance, plus d'adhésion à la réalité, savoir ce qu'on est en train de faire, pourquoi on le fait, sans conflit intérieur, c'est aussi une forme de méditation. Une manière juste, nouvelle, éveillée de vivre les situations de notre propre destin est vraiment fondamentale.

Lama Denis. Je répondrai un peu la même chose en le radicalisant cependant et en disant qu'il faut toujours méditer, entendu que par méditation on signifiera quelque chose d'un peu différent. Il y a la méditation assise et il y a la méditation dans l'action. Faire un footing peut être une méditation, de même qu'aller au bureau, prendre sa voiture, s'occuper des enfants, vaquer aux tâches ménagères. La méditation ne doit jamais être perçue comme un exercice particulier ou une technique que l'on applique dans un cadre spécifique – une pratique parfois même exotique.

La méditation est une qualité de relation à ce qui est ici. De ce point de vue, le cheminement spirituel dans sa dimension intérieure et la pratique de la méditation ne sont qu'une seule et même chose, c'est-à-dire à chaque instant la relation juste à ce qui est là. Il n'y a pas d'autre pratique de la méditation. Par contre, cette relation juste à la situation présente étant difficile à trouver spontanément, un apprentissage est nécessaire, qui est la pratique assise. Suivant notre conscience de l'importance de cette pratique et du cheminement, suivant notre motivation, suivant notre énergie, on sera plus ou moins diligent, assidu et persévérant dans la pratique de la méditation assise, entendu qu'il s'agit d'une situation privilégiée, d'un tremplin pour la méditation dans l'action qui est cette relation, cette qualité d'être de chaque instant. Donc, de ce point de vue, il faut méditer, il ne faut que méditer et le faire vingt-quatre heures sur vingt-quatre. La méditation est l'expérience authentique de la vie.

ARNAUD. Quand j'ai rencontré Swâmi Prajnanpad en 1965, je « méditais », c'est-à-dire que je m'asseyais immobile depuis seize ans, avec des résultats insatisfaisants pour moi et je ne supportais plus beaucoup la méditation. Et Swâmiji m'avait donné ce conseil tout simple : « Méditez en marchant. » Il avait ajouté : *« Walking properly is equal to meditating properly »* (« Bien marcher équivaut à bien méditer »). Et il m'avait donné des indications sur la manière d'aller me promener.

LAMA DENIS. Bien vivre est finalement la même chose que bien méditer.

III. – L'ESSENCE DE LA PRATIQUE

Le travail avec les pensées

UNE FEMME. *Pendant la méditation, le mental nous joue des tours : il peut par exemple nous faire douter de notre propre pratique, nous suggérer que nous avons mieux à faire que de méditer. Comment arriver à le faire taire ?*

ARNAUD DESJARDINS. Cela prendra du temps. Si vous voulez faire taire le mental tout de suite, cela va être une lutte qui sera forcément tendue et le mental prendra sa revanche. « Mental » est un terme vaste et la difficulté que vous signalez – nous faire douter inutilement de ce qu'à d'autres égards nous avons reconnu comme vrai – n'en est qu'une manifestation parmi tant d'autres. Le mental c'est la forme, manifestée au niveau des pensées qui sont plus ou moins accompagnées d'émotions, d'un fond d'où naissent ces pensées. Donc, l'important, c'est de tarir peu à peu ce fond qui n'est autre que ce qu'on appelle l'inconscient. Les pensées ne sont que des effets derrière lesquels se cache une cause plus profonde. Plutôt que de tenter de faire disparaître les effets, c'est la cause qu'il faut faire disparaître. C'est cela qui prendra du temps et c'est l'ensemble de la voie que nous suivons qui va contribuer à tarir la source même de toutes ces pensées inutiles et stériles.

LAMA DENIS TEUNDROUP. Comment faire taire le mental? Il y a là aussi un gros problème concernant la pratique de la méditation. Votre question, dans sa formulation même, laisse entendre qu'il faudrait que le mental se taise et que l'idéal de la méditation serait donc un mental complètement silencieux. Électroencéphalogramme plat. *(Rires.)* La pratique de la méditation, dans ce qu'elle a d'essentiel, ne vise pas à chasser les contenus du mental ou, comme on dit si souvent, à « faire le vide » en chassant toutes les pensées car plus on essaie d'en enlever, plus il en vient. C'est la méditation de la pompe à vide. Mais, plus vous essayez de faire le vide, paradoxalement plus vous entretenez le mental. Une pensée qui vient est comme la balle du jokari, si vous lui dites : « Tais-toi! » et la renvoyez d'un fort coup de raquette, l'impulsion investie dans la répression sera d'autant plus forte en effet retour.

Donc, il ne s'agit pas de faire taire le mental, dans une attitude autoritaire et répressive, mais là aussi de développer par rapport aux contenus du mental une attitude de transparence. Cette transparence est d'abord celle du méditant qui laisse venir les contenus du mental. Il est neutralité bienveillante, accueillante, il laisse émerger, il laisse être. Il est aussi l'expérience de transparence qui ne se fixe pas sur l'événement mental qui apparaît. La pensée qui apparaît est alors aussi une pensée transparente, une pensée qui n'est pas catégorisée. Elle est simplement étiquetée : « pensée ». Pensée, point.

En entretenant cette relation de transparence réciproque du méditant et de la pensée, le mental se tranquillisera, de la même façon que si vous arrêtez de taper sur votre balle de jokari, l'élan s'épuise jusqu'à ce que la balle s'arrête. Mais la tranquillité est un effet secondaire, elle n'est jamais délibérément, intentionnellement produite et encore moins imposée.

Si l'on pratique et médite ainsi longuement, petit à petit peut se révéler une forme de compréhension qui n'est pas pensée mais qui pourtant est intelligente. C'est ce qu'on appelle la « pensée non pensée ».

Ce n'est pas le lieu d'en parler maintenant. Retenons d'abord qu'il est important de bien penser. Il ne faudrait pas, sous prétexte de méditation et de non-pensée, développer un certain snobisme anti-intellectuel et décréter que toute considération intelligente est inutile. Donc, d'abord bien penser, ce qui permet un discernement juste au niveau relatif, et ensuite, percevant dans la pratique méditative le caractère relatif du niveau de la pensée habituelle, une expérience au-delà du penser peut petit à petit poindre dans cette transparence.

Qu'est-ce alors que la concentration?

ARNAUD. Les Yoga Sutra de Patanjali distinguent trois étapes de méditation *dharana*, concentration, *dhyana*, méditation, quand la concentration devient aisée, et ensuite *samadhi*, perfection de la méditation. Il peut y avoir des différences de méthodes selon les voies, de même qu'il y a des différences si l'on fait le même trajet en train ou en voiture. Quelle importance donne-t-on aux efforts de concentration, considérée comme une pratique préalable et préparatoire permettant de ne plus être emporté par les idées? Dès qu'on essaie de méditer, on s'aperçoit qu'on est sans cesse repris par les pensées. La pensée part à gauche, part à droite comme un troupeau de singes dans un arbre qui bondissent de branches en branches. Dans cette absorption par les pensées, ou les distractions si vous préférez, les associations d'idées, y a-t-il des points d'appui, des aides pour stabiliser la pensée, pour l'attacher à une seule idée ou à une seule perception, soit extérieure à moi, telle que la flamme d'une bougie, soit intérieure à moi, comme la respiration ? Cela suppose un certain effort pour que la pensée ne vagabonde plus. Dans la plupart des méditations, le but est d'atteindre une conscience sans pensée. Comment y arriver ? Je peux bien avoir un corps sans mouvement pendant quelques instants, mais un cerveau sans pensée, c'est la difficulté sur laquelle butent tous les pratiquants.

On peut donc faire une distinction très simple en disant que si l'on considère toutes les méditations connues et proposées, il existe en gros deux types d'assise immobile. Celle que je viens d'évoquer, où nous souhaiterons autant que possible éviter les pensées et les associations d'idées. Il s'agit essentiellement de concentration (on dit *ekagrata* en sanscrit, ce qui veut dire concentré sur un seul point ou bien *dharana*, concentration) : j'essaie de centrer toute ma pensée sur un seul thème, une seule réalité et d'éviter qu'elle se disperse. Là, la décision est nette : je vais tenter de ne pas avoir de pensées parasites. Il est évident que si je cherche à demeurer conscient de ma respiration, unifié à ma respiration, je souhaite aussi ne pas avoir d'associations d'idées, de distractions. Mais si elles se présentent, j'évite d'être déçu, c'est la première chose.

D'autres types de méditation ne proposent pas du tout d'éliminer provisoirement les associations d'idées et de diriger son intérêt et son attention dans une certaine direction mais de laisser monter tout ce qui peut monter en le regardant. En anglais, on dit : « *Let them come, let them go* », laissez les pensées venir, laissez-les s'en aller. Je me souviens d'un entretien très important pour moi en 1964 avec Abo Rinpoché qui m'avait bien expliqué cette forme de méditation. Quand j'avais rapporté cette expression à Swâmiji, il avait légèrement modifié la formule : « *Let them come, they will go* », « laissez-les venir, elles s'en iront ». Cette approche est très riche et très fructueuse. Ce qui nous intéresse dans ce genre de méditations, c'est de voir tout ce qui va monter mais sans nous laisser emporter, comme nous regarderions un oiseau passer dans le ciel sans perdre pour autant la conscience de l'immensité du ciel à l'arrière-plan.

LAMA DENIS. Ces deux approches correspondent aux pratiques de *shamatha* et de *vipashyana* qui se disent respectivement *chine* et *laktong* en tibétain. Dans la pratique de zazen, on retrouve ces deux dimensions : il y a une dimension d'attention au corps et, dans une certaine mesure, à la respiration, et aussi une dimension de neutralité, c'est-à-dire de non-interférence avec les pensées qui viennent, qui passent et qui s'en vont.

Dans la pratique de *samatha vipashyana,* l'accent est surtout mis sur l'attention. La notion de concentration amène souvent toutes sortes de problèmes. Néanmoins, le mot concentration est quelquefois utilisé pour traduire *dhyana* – *samten* en tibétain – qui veut dire stabilité de la pensée. En fait, il s'agit de développer une pensée stable et, pour y parvenir, il est indispensable, dans un premier temps, d'avoir un point d'appui sur lequel l'esprit puisse se poser d'une façon élective et constante, suivie. C'est ce qu'on appelle l'attention plutôt que la concentration. Pourquoi ? Avant tout pour une question de pédagogie, de pouvoir évocateur des mots. Si l'on utilise le mot concentration – et je l'ai fait pendant un certain nombre d'années en suggérant par exemple à un auditoire français de se concentrer sur un verre, une fleur, une image –, cette suggestion amène un état de crispation intérieure, de tension. Vous voyez certaines personnes froncer les sourcils et se plaindre ensuite de maux de tête, avec pour résultat que cette tension du mental produit une agitation encore plus grande.

Cette concentration est totalement étrangère à la méditation telle que nous la pratiquons. La pratique qui consiste à poser la conscience avec un support électif et, par là même, à éviter la dispersion habituelle de la pensée, nous l'appelons plutôt attention, l'attention est « a-tension » suggérant l'absence de tension que cette pratique suppose. Le mot *tsetchik* en tibétain ou *ekagrata* en sanscrit, quelquefois traduit par concentration, signifie en fait « une seule chose à la fois », ce qui est totalement différent de la concentration qui évoque une idée de focalisation du mental et d'effort. On reste attentif tout en douceur et dans cette attention simple, dépouillée, nue, le mental petit à petit s'apaise car l'agitation du mental est sous-tendue par ses tensions. Alors que si l'on se concentre avec un effort volontariste, la tension engendrée ne fait que perpétrer et même renforcer l'agitation mentale.

ARNAUD. Là il y a aussi une question de choix de vocabulaire, du fait qu'étymologiquement *ad* signifie vers et que *tendere* implique une tension. En ce qui me concerne, j'ai donc éliminé le mot attention et je l'ai remplacé par le mot vigilance pour traduire l'anglais *awareness*. Il est certain qu'il existe des pratiques hindoues connues dans lesquelles on insiste beaucoup sur « *to focus the mind* ». C'est comme une mise au point rigoureuse; on emploie l'image des rayons du soleil qui sont concentrés par une loupe pour allumer une feuille de papier. On peut comparer ce genre de pratique à un téléobjectif en photographie, alors que la vigilance est plutôt comme un grand angle, et se vit sans tension, tandis que dans la concentration il est en effet inévitable qu'il y ait une tension : je veux y arriver, je ne veux pas être distrait. Le plus souvent, on termine alors la méditation en étant contracté, douloureux et épuisé par la lutte contre les associations d'idées. Ce qui est bien sûr stérile. Pour éviter cet écueil, j'en suis arrivé, quant à moi, à employer l'expression : non-distraction.

Lama Denis. Oui, dans le texte que nous récitons au début de la méditation du matin, il est dit : « L'état de non-distraction est le cœur de la méditation. » La pratique de l'attention avec ou sans support est le moyen pour développer cette absence de distractions. Notre expérience habituelle s'investit dans toutes sortes d'objets : on s'investit dans un objet visuel, on s'investit dans un objet auditif ; l'esprit papillonne d'investissement en investissement au travers des six sens, on passe d'états de conscience en états de conscience, dans un mouvement extrêmement rapide, qui, comme les images d'un film, finissent par donner l'illusion de continuité à laquelle on s'identifie comme étant « moi ». Donc, dans un premier temps, la pratique de la méditation suggère de ne s'investir que dans une seule chose à la fois, c'est-à-dire d'arrêter l'éparpillement, l'attitude de girouette qui tourne au gré du vent ou de ouistiti qui sautille dans toutes les directions. Une seule chose à la fois mais, encore une fois, non pas dans un état de crispation et de tension mais dans un état de vision simple : voir ou entendre simplement une seule chose à la fois.

Vous disiez tout à l'heure que dans la méditation, il faut dire oui aux pensées, à tout ce qui vient, et non aux distractions. Je ne comprends pas car, pour moi, pensées et distractions, c'est la même chose.

Lama Denis. Les pensées ne sont pas en elles-mêmes distractions. Il ne s'agit pas de dire non aux distractions mais d'être sans distractions, la distraction étant précisément l'abandon du oui. Donc, être sans distraction, c'est rester constamment dans cette attitude de oui fondamental, d'acceptation, de lâcher-prise. Quand une pensée vient, la pensée en elle-même n'est pas distraction, la distraction survient lorsqu'on se fixe sur la pensée et que l'on réagit à celle-ci, que ce soit en la refusant, en la chassant, ou en abondant dans son sens et en la suivant. La pratique de la méditation consiste à rester dans l'ouverture qu'est le oui fondamental. La distraction est la fermeture, la fixation. Le rappel est l'apprentissage du retour à cet état d'ouverture.

ARNAUD. Il est très intéressant de constater que, contrairement à ce que vous avez cru entendre, Lama Denis et moi n'avions pas employé l'expression « non à la distraction » mais « non-distraction » car cela illustre combien souvent, à notre insu, nous remplaçons un mot ou une expression par une autre. Je l'observe personnellement à longueur d'année. Et après, c'est cette expression qui est devenue la nôtre, que nous portons en nous, que nous approfondissons, qui nous dirige de l'intérieur alors qu'elle est légèrement faussée. Il faut savoir que nous sommes tous susceptibles d'entendre autre chose que ce qui est dit ou parfois de croire que nous exprimons la même idée mais avec nos mots à nous. Et nos mots à nous, si nous les approfondissons, ne conduiront pas là où l'autre expression nous aurait conduit si nous l'approfondissons.

LAMA DENIS. « Sans distraction », c'est en fait « sans non ».

ARNAUD. Les pensées en question peuvent devenir des distractions suivant la manière dont nous les vivons au moment où elles se présentent.

LAMA DENIS. Répétons, car c'est essentiel, que la pensée en elle-même n'est pas une distraction, la distraction consiste à se fixer sur la pensée. La distraction est l'investissement, la prise de possession de la pensée, le fait de donner suite à celle-ci. La distraction est la relation avec cette pensée. Il n'y a pas une distraction que l'on entretient pour autant qu'on accepte la pensée telle quelle ; on reste au niveau initial, au niveau premier, celui de la simple émergence de la pensée. On reconnaît la pensée et on ne lui donne pas suite, on ne la suit pas.

Agitation et torpeur

Je suis très heureuse des méditations telles que vous nous les avez fait pratiquer pendant ces quelques jours. Cependant, je dois avouer que j'ai plusieurs fois éprouvé une irrésistible envie de dormir...

ARNAUD. Nous avons tous connu cette irrésistible envie de dormir. Jusqu'à ce qu'un certain éveil se soit produit en nous qui fait que nous retrouvons vite la vivacité et l'intensité, il y a dans la méditation les jours fastes et les jours moins fastes, comme un feu qui prend ou qui ne prend pas. Certains jours, dès le départ, nous voici attentifs, certains autres jours, nous ne ressentons que la lourdeur. Cela ne doit pas vous troubler.

Il arrive aussi que l'envie de dormir soit tout simplement naturelle parce que nous avons besoin de repos, que nous manquons de sommeil et que le fait de s'arrêter d'agir et de se détendre ramène à la surface ce besoin normal. C'est bien connu, beaucoup d'entre nous ne réussissent pas à se détendre complètement et à vraiment bien dormir. Nous vivons donc avec un certain arriéré de manque de sommeil.

LAMA DENIS. En méditation, on est confronté à deux obstacles majeurs. Le premier, c'est l'agitation. Généralement, on expérimente d'abord la dispersion, le vagabondage, la divagation du mental. Et lorsque l'agitation initiale s'estompe, un deuxième obstacle surgit, beaucoup plus subtil et profond : la torpeur, la somnolence, la ronflette *(rires)*, l'ennui, la monotonie.

C'est très intéressant de se demander et de comprendre pourquoi l'agitation et pourquoi la somnolence. En fait, ce sont deux systèmes de défense de notre mental. Notre mental survit, ou bien dans l'agitation en « speedant », en produisant de l'activité – il veut toujours faire quelque chose, trouver de nouvelles références, de nouveaux sujets, de nouveaux objets, de nouvelles distractions – ou alors, sevré de ces distractions, le mental se trouve dans une situation d'ennui, de frustration, et sa défense finale est de couper : « black-out ». Plutôt que d'expérimenter sa discontinuité, que d'éprouver l'espace et l'ouverture, le mental préfère couper dans l'inconscience, le sommeil.

La pratique de la méditation est donc l'apprentissage d'un état d'équilibre dans lequel on lâche les tensions, les distractions, les préoccupations le plus possible, tout en restant lucide et vigilant. Nous avons un certain seuil de vigilance : si on descend au-dessous de ce seuil, on tombe dans la torpeur. En apprenant à rester le plus détendu possible et néanmoins pleinement vigilant, peu à peu ce seuil descend, s'approfondit, et on devient capable d'un lâcher-prise, d'un abandon de plus en plus profond tout en restant lucide. Cette lucidité peut alors devenir pleine dans tous les états de veille et elle peut même se transposer dans l'état de sommeil. Mais il faut commencer par le B.A.Ba.

ARNAUD. Ces deux points que vient de souligner Lama Denis, à savoir l'agitation et la torpeur, sont en effet les deux défenses du mental. Sur la voie dont je me réclame, nous utilisons l'expression sanscrite *manonasha*, destruction du mental. Le mental, dans cette terminologie, est donc un fonctionnement qui est appelé à disparaître. Et on voit très bien comment ce mental, omniprésent en nous – qui réagit pour nous, ressent pour nous, pense pour nous, décide pour nous et qui est vraiment notre ennemi numéro un – utilise ces deux défenses, comment il se défend pied à pied, non seulement pendant les méditations mais dans la relation avec le gourou, et notamment pendant les entretiens avec celui-ci. Si le mental est mis en cause par le maître, il va se débattre en argumentant, discutant, passant d'une idée à l'autre, défendant ses positions. Et si le gourou est le plus fort, c'est-à-dire s'il arrive à coincer le mental, alors tout d'un coup on n'écoute plus, on ne comprend plus, on se sent fatigué, épuisé, dépassé. On n'a plus envie d'entendre quoi que ce soit d'important.

Il y a une progression – et pas seulement un beau jour un éveil, une illumination – et les pratiques ou approches de méditation évoluent au fur et à mesure de cette progression. Les méthodes, les moyens qui peuvent être utilisés doivent s'adapter à celui qui médite. Il n'y a pas une méditation passe-partout. Certes, l'essence est unique, sinon on n'irait pas dans la même direction, mais la méthode s'adapte à des natures, à des tempéraments différents et à des étapes différentes de la voie. Et la méditation s'adapte même – du moins sur la voie au nom de laquelle je parle – à notre condition de chaque jour.

Je vais prendre un exemple très simple à partir des deux obstacles à la méditation que mentionnait Lama Denis tout à l'heure, l'un étant d'être agité, excité, de ne pas tenir en place, ce qu'on appelle dans le vocabulaire hindou être « rajasique » et l'autre d'être somnolent, avec une tendance à la torpeur, « tamasique ». La pratique intérieure peut tenir compte et dans certains cas doit tenir compte de notre état d'être d'aujourd'hui. Si je me sens particulièrement endormi parce que je suis fatigué, le point de départ de la rentrée en soi ne sera pas le même que si je me sens très éveillé parce que j'ai un rendez-vous qui me passionne deux heures plus tard et que je n'arrive pas à rester tranquille et sans pensée un instant. C'est une question de connaissance de soi et de ses mécanismes qui grandit uniquement avec la pratique. Pendant un certain temps, en tout cas plusieurs mois, voire plusieurs années, la méditation est aussi une découverte de la manière dont fonctionne cette machine très complexe que nous sommes.

La méditation et l'inconscient

J'ai l'impression qu'on ne peut pas faire l'économie de l'analyse de l'inconscient pour avancer. En quoi la méditation peut-elle transformer, toucher les couches profondes de l'inconscient ?

ARNAUD. La réalité de l'inconscient est incontournable, et là je prends nettement position. Beaucoup de nos comportements sont régis à partir de l'inconscient et nous ne comprenons pas pourquoi, au lieu de répondre lucidement à la demande de la situation, nous réagissons en fonction de schémas passés que nous ne connaissons pas. Et rendre l'inconscient conscient, quelle que soit la méthode que l'on va utiliser, est précieux. Certaines existences sont demeurées bloquées dans la réaction, c'est-à-dire au niveau de « réponses » complètement inadaptées à la situation et qui vont à l'encontre de nos buts. Pourquoi ? Parce que c'est l'insconscient, tout-puissant, qui est à l'œuvre. Et il existe une possibilité de neutraliser ces impressions anciennes en les rendant conscientes. Mais croire qu'il suffit de ramener un souvenir ancien à la surface pour en être libre, c'est une illusion. Retrouver l'événement traumatisant majeur, le revivre complètement avec son contenu de souffrance, rendre conscient ce qui était devenu inconscient, ne suffit pas pour que l'existence cesse d'être une caricature. Si quelques vieilles blessures oubliées sont redevenues conscientes, cela ne remplace pas le travail de vigilance dans l'existence mais va simplement le rendre possible. Je compare le travail sur l'inconscient au fait de lever l'ancre pour passer sur l'autre rive. Si je rame et que le bateau est ancré, je rame stérilement. Pourquoi le bateau n'avance-t-il pas? Je plonge et, voyant que l'ancre est accrochée à un rocher, je la décroche. Lever l'ancre ne me dispensera pas de ramer. Et rendre conscientes certaines données importantes de l'inconscient – ce qui correspond à peu près à ce que Freud appelait l'abréaction – ne remplacera pas un travail de vigilance qui va durer peut-être plusieurs années pour émerger peu à peu de la force d'inertie du vieux comportement.

En ce qui concerne la seconde partie de votre question dans laquelle vous demandiez en quoi la méditation peut toucher les couches profondes de l'inconscient, cela dépend du type de méditation. Par exemple, dans le zazen, à partir de l'extrême rigueur de la posture dans l'immobilité totale, et ce plusieurs heures par jour, beaucoup de choses enfouies peuvent émerger à la conscience. Il y a donc une réelle possibilité, par le zazen, d'assumer ce qui monte à la surface, sans peur, et peu à peu la charge profonde se décharge. Je suis arrivé à la conviction personnelle que quelque chose en matière de purification – ou plutôt de neutralisation de l'inconscient – était réellement possible par la pratique du zazen et par les méditations tibétaines. Cela dépend de la forme de méditation que vous pratiquez mais cela prendra du temps et ce ne sera jamais un travail d'amateur. Il existe des méditations qui peu à peu neutralisent l'inconscient à sa source ou qui purifient celui-ci. C'est à vous de trouver la voie qui vous convient personnellement.

Lama Denis. Il y a un rapport direct entre l'inconscient et la pratique de la méditation. Dans la terminologie bouddhiste, on n'emploie pas le mot inconscient. On parle des empreintes latentes dans la conscience fondamentale, *alayavijnana*. Ces empreintes sont les empreintes karmiques que l'on a évoquées : samskaras (*doudje*) ou vasanas (*patcha*). La pratique de la méditation est, dans sa dimension profonde, depuis le début jusqu'à la fin, un processus de purification – non pas dans un sens moral mais dans un sens d'épuisement, de dissolution – de ces empreintes karmiques. Je rejoindrai très volontiers ce qu'a dit Arnaud à propos de la pratique de zazen : dans la pratique du mahayana, du vajrayana tibétain, ce que l'on connaît dans la tradition japonaise sous le nom de zazen s'appelle *shamatha vipashyana*. Il n'y a pas lieu de faire une distinction entre zazen et d'autres méditations. Donc, lorsque l'on fait zazen, ou plutôt *shamatha vipashyana*, on se met dans une position de neutralité. On pourrait facilement faire un parallèle entre la situation analytique où quelqu'un nous écoute avec une neutralité bienveillante et l'attitude dans laquelle le méditant est face à lui-même qui implique également un accueil neutre. Du point de vue bouddhique, nous l'avons vu, il n'est pas nécessaire de faire une psychanalyse ou une psychothérapie avant de s'engager sur la voie, à condition d'être normalement névrosé, c'est-à-dire de pouvoir commencer une relation juste à la pratique sans la faire dévier complètement. A partir du moment où l'on peut trouver, avec l'aide adéquate, cette position de témoin neutre dans la pratique de *shamatha vipashyana*, il y a toutes sortes de choses qui viennent, qui remontent et qui s'épuisent petit à petit. Le mot décharge est extrêmement parlant. Au lieu de réagir, lorsque cette énergie de pensées ou d'émotions surgit, en l'absence de réaction et d'interférence par rapport à celles-ci, il se produit comme une irradiation, elle se décharge dans l'espace. On ne peut pas faire l'économie de cette démarche. Et si une approche active de type analytique peut être un préliminaire, elle ne peut nullement s'y substituer. Elle peut aider au début, dans certains cas, quand on est « coincé », pour permettre en effet de lever l'ancre. Mais les soi-disant « courts-circuits » ou raccourcis, par une approche analytique, sont un leurre. Par contre, il y a dans l'approche tantrique d'autres méditations dont on peut dire deux mots : au lieu d'être un épuisement passif, elles amènent une dimension dynamique. J'emploie souvent une image en disant que la pratique de *shamatha vipashyana* est comme de laisser les empreintes karmiques s'évaporer : on reste exposé dans la pratique et ça s'évapore petit à petit tandis que la pratique du vajrayana introduit une pompe à samskaras, une pompe à vasanas. *(Rires.)* C'est extrêmement prenant et c'est comme du papier buvard. Dans sa dynamique interne, cela peut accélérer le processus, mais c'est une tout autre histoire.

QUESTION À LAMA DENIS. *Comment l'énergie contenue dans cette mémoire ancienne peut-elle se libérer sans expression ? Je ne vois pas comment la décharge peut se faire.*

LAMA DENIS. Dans la méditation, et plus particulièrement dans les méditations de type *vipashyana,* il y a la continuité de l'expérience de neutralité. Comme l'a souligné Arnaud, il n'y a pas de non, il y a acceptation, on laisse venir. En fait, il ne s'agit pas de rester témoin, de rester observateur. Aussi longtemps que l'on est observateur, que l'on est témoin, on résiste, on a peur d'être emporté. L'attitude juste est au contraire que l'observateur ou le témoin soit transparent. Il y a acceptation, absence de résistance et, dans la mesure où il y a cette transparence, il n'y a pas d'emportement et il n'y a pas non plus besoin d'expression. De ce point de vue, il n'y a ni répression ni expression, ni refoulement ni défoulement. Si l'on chevauche l'énergie et qu'on l'exprime, on est allé trop loin, on est passé à côté de la position de neutralité et de transparence. Le chevauchement de l'énergie dans le cycle – expression, impression – perpétue le cycle des samskaras. L'attitude de transparence dissout ce cycle. Au début, il n'y a qu'une toute petite transparence, une petite aptitude à laisser passer de petites pensées ou émotions mais la transparence et la neutralité fondamentale s'approfondissant, les émotions les plus intenses peuvent passer et se dissoudre véritablement.

ARNAUD. Je ne sais pas ce qu'il en est dans la réalité de la pratique tibétaine pour les uns et les autres mais dans le zazen au Japon aussi il y a des moments très durs. Bien sûr, le moine est aidé par l'atmosphère du monastère, par le maître, par l'ensemble de la communauté, mais ce qui se passe intérieurement est si fort que celui qui a pratiqué zazen dira peut-être un jour : « A cette époque-là, pendant le zazen, je croyais que j'allais devenir fou, j'avais envie de me lever et de hurler, de casser la gueule au maître. » La concentration sur la posture, dans le zazen, c'est la possibilité d'affronter ces tempêtes intérieures. Cela ne se produit pas chaque fois, pas systématiquement, mais souvent. On comprend, si c'est vécu sans prendre peur, que cela soit une purification.

LAMA DENIS. Je voudrais juste amener une petite nuance. Lorsque vient une émotion, lorsque vient un conflit, si l'on se concentre sur la posture ou sur la respiration, c'est la politique du couvercle sur la cocotte-minute – en tout cas ça peut l'être – et chacun sait comment cela se termine... Dans la pratique de *shamatha vipashyana*, il ne s'agit pas de se concentrer. Se concentrer, c'est se raccrocher à la posture par exemple. L'attitude juste est au contraire : lâcher, déconcentrer, laisser passer, laisser tomber : à ce moment, dans cette attitude de non résistance et de transparence, cela se dissout. C'est un peu comme en électricité : le courant ou la décharge la plus intense passera sans problème dans un circuit où il n'y a pas de résistance.

Il me semble, à partir de ce que j'ai entendu Arnaud dire sur l'attitude juste en lying, que celle-ci est la même dans la méditation profonde, c'est-à-dire que les émotions intenses sont revécues totalement, avec toute l'intensité de souffrance que cela peut représenter, tandis qu'une partie de l'être peut être située, non pas à un niveau géographique mais dans le sens où il y a quelque chose d'autre en nous qui reste stable et immuable. Autant que je puisse en juger, c'est le même processus que dans les lyings.

Lama Denis. Je ne connais pas le lying par expérience mais la différence avec la méditation semble être dans l'expression, dans le besoin d'exprimer du lying d'un côté et dans l'absence d'expression de la méditation de l'autre.

Arnaud. Une précision à propos de la concentration sur la posture. Il y a bien sûr une manière de se concentrer qui fausse complètement le jeu. Ce que j'ai voulu dire, c'est que la posture elle-même est une aide pour éviter d'être emporté, confondu, identifié, absorbé. C'est la garantie d'une certaine vigilance. Dans le zazen, l'important, c'est une conscience des pouces. Comme le montrait si bien et avec tant d'insistance Sensei Deshimaru, si la vigilance fléchit, les pouces commencent à s'affaisser, à monter, à bouger. Dans le zazen, la position des mains et des pouces demande une certaine attention – on peut utiliser ce mot – qui montre qu'il y a vigilance, qu'on n'est pas simplement en train de rêvasser en position immobile, qu'on n'est pas ballotté à droite et à gauche par les pensées.

J'ai pratiqué zazen et je ne remets pas zazen en cause. Mais le mot concentration, je l'ai vécu trop longtemps en termes de raideur presque militaire et comme un carcan épouvantable. Et il m'a fallu du temps pour en sortir sans être culpabilisée. Un jour, j'ai entendu Lama Denis caricaturer la raideur en parlant de pingouins et le mot était parfait. (Rires.) *Avec la pratique de zazen, j'étais devenue un pingouin. C'est un écueil qui ne remet pas en cause zazen mais un comportement qui peut être adopté à travers une mauvaise compréhension du mot concentration.*

ARNAUD. C'est vite fait de dévier n'importe quelle sadhana qui cesse alors d'être libératrice. A peine déviée, et c'est suffisant pour que l'on soit dans l'erreur. Cela ne concerne pas seulement zazen. L'ego et le mental ont mille ruses pour survivre. La voie est simple mais elle n'est pas facile.

La méditation dans l'action

J'aimerais revenir sur le thème de la méditation active. Comment la pratiquer, comment la ressentir ?

ARNAUD. Comme nous l'avons dit tout à l'heure, la méditation immobile, dans le silence et apparemment en dehors du courant de nos existences, prend son sens dans ce courant, surtout pour ceux d'entre nous qui, n'étant pas moines dans un monastère zen, ne consacreront pas leurs journées à la pratique de l'assise. L'essentiel de l'ascèse s'accomplit dans les situations concrètes du destin, du karma, des difficultés éventuelles de chacun, y compris les moments où tout nous réussit et où il ne faut pas se laisser griser par le succès. Comment faire pour que chaque minute de la vie telle qu'elle se présente et qui ne correspond pas forcément à nos rêves – en famille, en face des proches, au travail – soit un pas en direction du but d'éveil, de liberté? La méditation immobile est une préparation à une attitude plus vigilante dans le courant de l'existence. Comment vivre d'une manière nouvelle à laquelle l'assise immobile nous prépare?

Il n'y a pas une réponse « officielle » à votre question. Il faudrait répondre jour après jour et entrevoir peu à peu ce qui est possible. C'est d'abord une conscience de plus en plus précise de la situation dans laquelle nous nous trouvons, avec tout ce qu'elle implique, depuis les formes les plus grossières où nous ne sommes, pour parler familièrement, franchement « pas dans le coup » ou « à côté de la plaque », jusqu'à la plus grande finesse de perception. La méditation dans l'action, c'est une vigilance supplémentaire qui s'ajoute à la manière ordinaire de vivre. Ce supplément de conscience n'est pas nécessaire pour vivre à peu près : nous sommes suffisamment conscients quand nous sommes chez le dentiste pour lui parler de notre mal de dent et pas de notre déclaration d'impôts; mais ce n'est pas cela que nous appelons être conscients. L'acuité de la conscience, dans les situations de la vie dites existentielles peut beaucoup grandir, s'affiner. Et pour que cette idée prenne tout de suite un sens pour nous, je dirai qu'il s'agit d'une conscience de plus en plus complète et de plus en plus aiguë de la situation dans laquelle nous nous trouvons, ici et maintenant, avec tout ce qu'elle implique, et également d'une conscience de la situation intérieure, c'est-à-dire la manière dont nous réagissons, dont nous « réfléchissons » la situation, comme un miroir réfléchit. C'est donc une conscience vaste, qui inclut plus que ce que la conscience habituelle inclut. Qu'est-ce qui se passe là où je suis, quel est l'ensemble des éléments qui composent la situation dans laquelle je suis inséré – uniquement ici et maintenant –, comment est-ce que je peux non pas réagir, ce qui est un comportement mécanique, mais répondre, ce qui est un comportement conscient, à la demande même de la situation?

LAMA DENIS. Je répondrai volontiers en disant profondément la même chose avec des mots différents – et certaines fois des mots presque opposés. Pourtant, nous disons la même chose! La méditation dans l'action n'est pas un *plus* de conscience mais consiste à être moins conscient de soi-même dans les situations. Elle est fondée sur l'expérience directe, immédiate des choses telles qu'elles sont, qui n'est possible que dans la mesure où nous nous oublions face aux situations. Aussi longtemps que nous restons conscients de nous-mêmes dans la situation, nous vivons celle-ci avec *moi* qui suis en relation avec *ça* qui se passe : je suis conscient d'être en train, précautionneusement, de prendre mon verre, je le lève, je bois. La méditation en action, dans l'immédiateté de l'expérience, est finalement spontanée dans le dépassement de la conscience de soi. Essayer de mélanger la conscience de soi et l'action a été enseigné par des maîtres comme étant aussi difficile que de mélanger de l'huile avec de l'eau. Si vous essayez de planter un clou en vous efforçant d'être conscients de vous-même avec votre marteau en train de planter votre clou... vous risquez fort de vous taper sur les doigts. La méditation en action consiste à être un, c'est-à-dire à ne pas être deux : ne pas être moi avec quelque chose d'autre dont je suis le témoin. Cette notion est petit à petit découverte au travers de la méditation assise et de ce qu'on appelle l'observateur abstrait. On apprend à rester dans un état d'observation abstraite qui est justement un état d'absence de la conscience individuelle. Plutôt que d'expérimenter : « je vois, je regarde, je *te* vois », il s'agit simplement de voir. C'est une attitude beaucoup moins solide que celle qui est suggérée dans la formule : « *Je* regarde *toi* .» Il y a simple vision. C'est cette simple vision que l'on appelle l'observateur abstrait. Cette qualité d'être ou de témoin neutre est la méditation dans l'action, celle-ci se développant petit à petit dans la méditation assise.

Pour comprendre la complémentarité de la méditation assise et de la méditation en action, il est important de se demander quelle est l'essence de la pratique méditative. Suivant la façon dont on va répondre à cette question, toutes sortes de perspectives différentes peuvent s'ouvrir devant nous. Le cœur de la méditation est une expérience que l'on appelle en sanscrit *mahamoudra* et en tibétain *tchaguia tchènpo. Tchaguia, moudra* s'interprète comme « l'expérience de la connaissance primordiale non duelle », l'immédiateté. C'est une expression technique qui peut sembler un peu barbare et qui signifie simplement non-dualité; et *tchènpo* s'interprète comme « ne jamais quitter ». Donc *mahamoudra,* l'expérience ultime de la méditation, signifie au sens profond et littéral : ne jamais quitter l'expérience non dualiste. C'est vite dit et beaucoup plus difficile à réaliser; la réalisation, au mieux, est l'œuvre d'une vie. Mais si l'on comprend ce but, on comprendra ensuite les méthodes utilisées sur la voie. Elles proposent un apprentissage qui, dans ses premiers temps, est une sorte de tentative maladroite pour imiter ce dont il s'agit. Le musicien, lorsqu'il apprend à jouer, s'essaie avec son archet sur son violon et ses premiers balbutiements sont maladroits, jusqu'à ce qu'il acquière la dextérité et enfin la maîtrise totale. La méthode dans la méditation est l'apprentissage de la simplicité qui est le cœur de cette expérience non dualiste, une expérience profondément simple et directe de l'instant présent, de la situation quelle qu'elle soit.

Si l'on comprend cela, on comprend aussi précisément ce qu'évoquait Arnaud juste avant, à savoir que la méditation n'est pas quelque chose de coupé de la vie. C'est l'expérience parfaite, non égotique, perpétuelle. Si l'on vit d'un côté la méditation comme quelque chose d'exotique, une discipline à pratiquer dans un monastère, dans un lieu spécial, et de l'autre côté sa vie quotidienne, les autres situations ; si lorsque l'on est en méditation, l'on est serein, paisible, on est très méditant et très spirituel et que, sorti de sa méditation, on est un ours irascible, il y a quelque chose qui ne va pas dans la pratique. Le test de l'authenticité de notre pratique est une attitude de moins en moins passionnelle, de moins en moins arrogante, de plus en plus ouverte, disponible et profondément compassionnée.

De la même façon, il est essentiel de comprendre que la méditation en action, qui est cette immédiateté, comme on dit souvent, cette expérience non dualiste de l'instant présent, restera quelque chose de complètement abstrait, intellectuel et irréel s'il n'y a pas longuement et même très longuement comme préliminaire et comme apprentissage la pratique de la méditation assise, c'est-à-dire assis en utilisant une méthode simple telle que l'attention à la respiration comme nous l'avons pratiquée ce matin.

La même personne. *Lama Denis a parlé tout à l'heure de s'oublier face aux situations. Sans être fixé sur soi, cela ne suppose-t-il pas quand même un ancrage ? Dans la relation avec l'extérieur, personnellement je me sens centrée. Je ne suis pas axée sur moi mais je ne peux être totalement à l'extérieur que dans la mesure où je suis aussi totalement en moi. Est-ce que je me trompe ?*

Arnaud. B. *, je vais vous dire le point sur lequel vous vous trompez : vous entendez une manière de s'exprimer qui est un peu nouvelle pour vous, qui ne correspond pas exactement à vos références et, au lieu d'être simplement ouverte et disponible, vous essayez de retomber sur vos

* Arnaud connaissait la personne qui posait la question.

pieds. C'est là où est votre erreur. Vous êtes plus habituée à la formulation que j'utilise puisque vous venez régulièrement à Font-d'Isière. Nous venons d'avoir un exemple des contradictions apparentes entre les enseignements qui peuvent nous troubler tellement. Effectivement, ce qu'a dit Lama Denis, si nous nous en tenons aux mots, est l'opposé de ce que j'ai dit précédemment. Quand vous entendez une formulation inhabituelle, ouvrez-vous complètement pour être sûre que cette nouvelle approche vous a pénétrée, que vous l'avez comprise et oubliez pour l'instant vos références. Après, vous pourrez y revenir pour voir comment vous pouvez concilier ce que vous avez reçu de Lama Denis avec la manière habituelle dont Arnaud s'exprime. Sinon cela va devenir encore une forme, un conditionnement, un emprisonnement à une certaine étape.

Certaines formulations semblent complètement incompatibles au premier abord. D'un certain point de vue, le célèbre *rappel de soi* de Gurdjieff est une pure hérésie. Ou bien une expression comme « présence à soi-même et à Dieu » paraît affirmer et renforcer l'ego. Attendez! Quelle expérience se cache derrière les mots? Car vous pouvez lire dans des textes bouddhistes célèbres du hinayana : « Quand le disciple inspire longuement, il sait "j'inspire longuement". » Et dans certaines sessions vipassana, chaque geste est fait hyper consciemment. Alors, où réside la vérité face à de telles contradictions?

Je vais raconter une petite histoire, qui est en fait un souvenir personnel et qui illustre tout à fait ce que vient de dire Lama Denis. Lors de mon premier séjour auprès de Swâmi Prajnanpad, j'avais fait une remarque simple à propos d'un banian qui se trouvait près de l'ashram – le banian est un arbre dont les branches retombent jusqu'au sol et y font des racines –, cet arbre que je trouvais merveilleux et fascinant devait être d'une banalité totale pour un garçon bengali qui a vu cet arbre depuis sa naissance; par contre, si l'on avait réussi à planter un sapin du Jura au milieu des rizières du Bengale, le garçon en question aurait été fasciné par cet arbre tout à fait étrange pour lui. J'avais donc dit à Swâmiji : « Je comprends au moins que je ne vois pas le même banian que voit un villageois qui y est habitué depuis son enfance. » Swâmiji m'avait alors proposé une formule toute simple qui m'a beaucoup aidé : « Non pas " je regarde l'arbre " mais " l'arbre est regardé ". » C'est tout. Quel est ce *je* qui a disparu dans la formulation en question? Pour le sentir, il faut se lancer à l'eau et tâtonner : je me mets en face du banian, je me rends compte que « *je* » regarde l'arbre, et puis tout d'un coup l'arbre est regardé et le « *je* » a disparu. C'est cela qui change tout. Cette histoire est en conformité avec la manière dont s'est exprimé Lama Denis.

Quant à une certaine vigilance ou attention, elle est caricaturée en Inde par une histoire bien connue, sans nier que les expressions « discrimination du spectateur et du spectacle » ou « position de témoin » sont des données importantes du vedânta. C'est l'histoire du mille-pattes qui, après avoir écouté un maître du vedânta, a décidé de devenir très conscient du déplacement de chacune de ses mille pattes. Naturellement, il est resté cloué sur place jusqu'à ce qu'il devienne fou. Il s'agit d'une autre vigilance, fluide et impersonnelle.

LAMA DENIS. Les formulations paradoxales sont une caractéristique des enseignements. Il est aussi excellent d'entendre des formulations qui parlent à partir de systèmes de référence conceptuels différents. L'expérience foncière qui est en visée transcende ces systèmes de référence, quels qu'ils soient. Lorsque l'on est apprenti, on a besoin de ces systèmes de référence qui nous montrent, qui nous indiquent, qui nous suggèrent. Mais si l'on reste fixé ou identifié à telle ou telle formulation, notre cheminement est figé. C'est le rôle du guide de nous faire dépasser régulièrement nos références fixes : on a cru comprendre et il nous prend à contre-pied.

Nous avons la chance, dans cette discussion, de pouvoir envisager les mêmes choses à partir de différents points de vue. Mais il y a une convergence au-delà des indications conceptuelles. C'est très bon de pouvoir être pris à contre-pied.

ARNAUD. Pour Sensei Deshimaru, le mot entre tous merveilleux était « inconsciemment » alors que dans d'autres enseignements, le mot entre tous merveilleux c'est le mot « consciemment ». Qu'est-ce qu'il appelait inconsciemment, alors qu'un autre maître vous dira : « Tout doit être fait consciemment? » Encore une fois, qu'est-ce qui se cache derrière les mots?

LAMA DENIS. Revenons au niveau de l'expérience. Très souvent, la pratique de la méditation suggère la présence – « soyez présent » dit-on – et aussi le rappel de soi. On entend par là le fait d'être conscient de soi en train d'expérimenter la situation dans laquelle on se trouve. Il y a là un gros problème car plus on est présent à soi, plus on renforce d'une certaine façon une situation dualiste en solidifiant la distinction entre moi et l'autre. Dans la perspective de la méditation, cultiver cette présence de soi déboucherait sur une « pratique diabolique » au sens littéral de ce mot, c'est-à-dire qui provoque la coupure dualiste, qui crée la distance entre l'autre et moi.

De toute évidence, ce n'est pas cette présence à soi que l'on souhaite cultiver dans le cheminement. Dans un premier temps, il s'agit même plutôt d'une absence, c'est-à-dire d'apprendre à trouver cette qualité d'attention que décrit très bien Arnaud avec l'exemple du banian que l'on ne regarde pas mais qui est vu. Lorsque nous développons cet état dans lequel « le banian est vu », plutôt que l'état dans lequel « *je* le regarde », c'est déjà, par rapport à la solidité de notre moi habituel, un état de retrait ou d'absence. Cette idée d'absence est peut-être entr'aperçue dans la notion de contemplation. Par exemple, vous contemplez une fleur silencieusement, nûment, avec un regard tout simple, dépouillé, ou vous contemplez un spectacle dont la beauté vous ravit et vous vous oubliez dans cette expérience de participation ou de communion. Cette participation vient de cet oubli de soi, de ce lâcher-prise, qui est une absence.

Dans cette absence qui est une ouverture, on découvre une présence authentique qui est la réalité nue et dépouillée de l'objet contemplé ou qui est l'expérience pleine à laquelle on participe dans cet instant d'union, de communion. C'est une présence totale, une présence globale, mais qui n'a rien à voir avec la présence égotique génératrice de dualité que je dénonçais à l'instant; malheureusement les deux sont très souvent confondues. Cette présence authentique ne peut être découverte qu'en passant d'abord par l'absence ou, en d'autres termes, la plénitude ne peut être véritablement expérimentée que par le passage du vide ou de la vacuité. C'est en s'évacuant que l'on fait l'expérience de la plénitude. C'est dans la mort de soi-même, un état dans lequel le point de référence central que je suis n'existe plus, où l'observateur, le témoin, le sujet, s'est évanoui, que cette présence de plénitude se révèle. Mais toute la pratique de la méditation est un apprentissage qui commence par laisser aller, lâcher prise, vider, non pas vider dans un sens actif, laisser se vider. Au fur et à mesure que cette absence-vacuité s'instaure, l'on s'ouvre et s'éveille à une présence de plénitude.

Ces notions d'inconscience et de conscience sont cruciales. C'est ce que j'essaie d'évoquer quand je parle de présence et d'absence. Quand un maître dit : « Tout doit être fait inconsciemment », on peut entendre : « Tout doit être fait dans l'absence de la conscience du moi, dans l'absence de la conscience de l'ego. » Quand un autre maître dit : « Tout doit être fait consciemment », il faut entendre : « Tout doit être fait dans la conscience globale, dans une attitude de présence totale et dégagée. » La résolution du caractère paradoxal des formulations se trouve précisément dans le fait que cette présence ou cette conscience pleine et totale est concomittante avec l'absence de l'ego ou l'inconscience de l'ego individuel.

L'observateur abstrait

La position d'observateur abstrait ou de témoin neutre me semble possible dans la méditation assise mais difficile dans l'action. Comment développer cet observateur abstrait dans l'action sans nuire à la spontanéité ?

Lama Denis. La notion d'observateur abstrait, de témoin neutre, est effectivement très délicate. C'est le cœur même de la voie. Répondre à votre question nécessite de bien cerner ce que ces termes recouvrent et va donc m'amener à certains développements qui paraîtront peut-être un peu ardus. En tibétain, observateur abstrait se dit *ngoché tsam*. Le tibétain est une langue extrêmement riche à caractère monosyllabique dans laquelle il y a énormement d'homophones. Les Tibétains jouent beaucoup sur cette homophonie pour amener une compréhension à différents niveaux. Le terme *ngoché* signifie reconnaître, *ngo* signifie essence et *ché* signifie connaître, reconnaître. *Ngoché* est reconnaître l'essence. *Ngo* signifie aussi la face, c'est ainsi également reconnaître sa propre face. *Tsam* est une petite particule pleine de sens qui signifie *simplement, tout juste*. Juste reconnaître l'essence en étant observateur abstrait.

Cette notion d'observateur abstrait est très utile, c'est une expérience, ce n'est pas un concept philosophique ; l'expérience dont il s'agit se stabilisant peu à peu, les tendances réactionnelles de l'ego s'épuisent petit à petit. Les empreintes karmiques, ce qu'on appelle les *samskaras*, petit à petit, se dissolvent pour autant que les réactions impulsives de l'ego cessent de les entretenir. L'expérience évolue dans le sens d'une abstraction, d'une légèreté de plus en plus grande de l'observateur et débouche finalement sur l'expérience de l'observateur abstrait, celui-ci étant maintenant entendu comme l'état dans lequel il a été fait abstraction de l'observateur. L'observateur abstrait est alors l'absence d'observateur qui est aussi l'absence d'observé, l'absence de sujet et d'objet qui est à son tour l'expérience de non-dualité. C'est le vide de dualité qui est l'expérience de plénitude absolue.

On pourrait aussi rendre cette notion en disant l'observateur transparent. En fait ce dont il s'agit est d'amener dans notre présence, dans l'expérience de nous-mêmes en tant qu'observateur, une légèreté, une transparence. Dans le mot transparence il y a trans et apparence, étymologiquement le terme véhicule l'idée de passer au travers de l'apparent ou d'un apparent perméable au travers duquel on passe. La transparence est une expérience diaphane, une expérience qui ne s'arrête pas aux formes qui sont perçues. L'espace et la clarté se trouvent unis dans cette expérience. Il y a apparence et pourtant dans l'espace, l'apparence n'est pas figée, on ne la saisit pas, on ne se fixe pas dessus. Ce que nous essayons de faire sentir est le lien qu'il y a entre l'observateur transparent et l'expérience de transparence telle que nous venons d'en parler. L'observateur transparent est en fait l'observation ouverte et dégagée. Plutôt que regarder, on voit sans regarder, simplement, légèrement, tout en douceur, c'est ce qu'on appelle aussi certaines fois une vision nue, une vision dépouillée – on pourrait dire aussi virginité de la vision – une vision qui ne juge ni ne conçoit. Le cœur de la pratique de la méditation est la découverte de cette expérience d'observation abstraite et finalement la découverte de l'expérience transparente. Celle-ci se révèle à nous dans la détente, la détente de nous-mêmes qui s'opère naturellement lorsque nous acceptons de relâcher cette tension qui nous constitue comme observateur. Dans cette détente, ce relâchement, le positionnement qui est l'expérience de nous-mêmes comme observateur s'ouvre et se dissout ou se fond en l'espace. C'est une expérience extrêmement simple mais qui demande de se laisser aller, de se laisser partir en celle-ci, laisser partir étant ici le contraire de ce que l'on ferait en se retenant, en se rétractant. Notre esprit fait corps avec notre expérience et, à ce moment-là, notre expérience et notre esprit, l'expérience et l'observation, l'expérience et la cognition ne sont plus deux. Finalement, l'observateur s'est abstrait ou il a été fait abstraction de celui-ci. Il y a, dans l'absence d'observateur, une observation qui s'expérimente en elle-même sans que se positionne en celle-ci un point de référence, le point de référence qu'est l'observateur. Toute la pratique de la méditation se résume à cette expérience de transparence et, dans celle-ci, à l'incorporation de l'esprit à l'expérience.

Pour en revenir à votre question de départ, et à la relation de l'observateur abstrait à la spontanéité, lorsque cette incorporation de l'esprit à l'expérience s'effectue, encore plus si elle est effectuée véritablement, il y a naturellement union de l'esprit et de l'expérience, de la cognition et de l'expérience qui ne sont plus deux. Dans cet état, esprit, cognition et expérience sont parfaitement en harmonie, sont parfaitement synchrones. Il y a une synchronisation naturelle du corps, de la parole et de l'esprit à l'expérience et cette harmonisation est le sens précis et véritable de la spontanéité. Lorsque l'esprit est incorporé à l'expérience, lorsque nous faisons corps avec celle-ci, l'expérience est à elle-même son propre dynamisme et dans ce dynamisme se révèle la réponse adaptée aux questions dans une immédiateté qui opère en elle-même spontanément. C'est là le véritable sens de la spontanéité.

Arnaud. Une partie de mon existence a consisté à être déchiré par les contradictions apparentes entre les enseignements spirituels. Dualité, non-dualité, effort soutenu, lâcher-prise ; les hindous affirment l'atman, les bouddhistes nient l'atman. Et une autre partie de mon existence, celle qui a triomphé, c'est d'être émerveillé devant l'unité de ces enseignements dont je n'ai vu d'abord que les contradictions. Vous avez insisté, au début de votre réponse, sur *juste*, sur *reconnaître*, et il me semble entendre mon propre gourou (qui se réclamait avant tout des Upanishads) : *just see*, juste voir, *see and recognize*, voyez et reconnaissez. Un autre point qui est encore plus frappant, c'est un rapprochement avec le christianisme. Le Christ a dit : « *L'œil est la lampe du corps. Si ton œil est simple, tout ton corps est dans la lumière.* » L'œil signifie la vision, la lampe, c'est ce qui éclaire, et le corps signifie l'ensemble de nos fonctions, physiques et psychiques. La vision tournée vers l'intérieur est la lampe qui éclaire tous nos fonctionnements. Si ton œil est simple, terme que Lama Denis a employé tout à l'heure, tout ton corps est éclairé. C'est ce qu'on désigne en anglais par le mot *awareness*, le fait d'être parfaitement au courant, dans l'instant, de tout ce qui se passe.

Il y a un point signalé par Lama Denis sur lequel je veux également insister, c'est cette conscience qui n'est pas conscience de quelque chose. Toutes nos expériences se ramènent toujours au fait d'être conscient de quelque chose : je suis conscient que vous êtes là, certains assis sur le sol, d'autres sur une chaise, je suis conscient que je me sens mal ou que je suis en pleine forme. Et puis il y a une conscience qui n'est pas conscience de quelque chose, qui est *juste conscience*, ce qu'on pourrait appeler aussi le pur sujet (c'est la terminologie védantique) qui ne peut en aucun cas être objectivé. Et le sujet pur, la Conscience pure, ce que les hindous appellent *atman*, traduit en anglais par *self* et en français par le *Soi*, on peut seulement l'être. Il existe une expression hindoue célèbre qui n'en est pas moins sujette à caution, *atma darshan*, la vision du Soi. Je peux, au sens ordinaire du mot, voir la fenêtre mais, du point du vue du vedânta, personne ne peut voir le Soi, on peut uniquement l'être par le dépouillement de tout ce que nous ne sommes pas vraiment, de ce qui est conditionné, changeant, éphémère, jusqu'à ce que, à force de dépouillement, il reste l'ultime, le *pur sujet* ou la pure conscience dont on ne peut pas prendre conscience. C'est une expérience rigoureusement non duelle où il n'y a pas à prendre conscience de quoi que ce soit, juste être. Mais, à ce moment-là, on n'est plus rien de défini, de particulier, ni grand, ni petit, ni limité, ni illimité, ni fini, ni infini.

LAMA DENIS. Il y a là un problème de terminologie. Ce qu'Arnaud appelle le pur sujet, c'est en fait l'absence de sujet, c'est personne qui est... « personne » et qui, en ce sens, n'est plus un sujet.

ARNAUD. Eh oui, le pur sujet, c'est en fait l'absence de sujet.

LAMA DENIS. C'est là que, pour un bouddhiste, il y a quelque chose de curieux : on appelle pur sujet l'inexistence du sujet. Donc sa pureté, c'est son inexistence et il est pleinement, justement parce qu'il n'est pas. C'est un paradoxe.

Une autre notion sur laquelle il est important de revenir, c'est celle de *awareness*. Nous la rendons en français, dans le contexte de la méditation, par conscience dégagée. Comprenons qu'il y a une conscience engagée, partisane et conditionnée, avec des a priori : nous prenons parti en termes de désir, de répulsion ou d'indifférence. Engagée dans ces relations particulières, la conscience est obnubilée par son objet, il y a une sorte de fascination qui fait que la conscience saisit électivement un objet qui devient son point de référence et son centre d'intérêt. La conscience dégagée est la conscience sans cette fixation, sans cette obnubilation, sans ce point de référence. C'est une expérience d'ouverture, d'espace, spacieuse, ou encore de conscience ouverte.

La pratique de la méditation repose sur ces deux piliers que sont l'*attention* et *la conscience dégagée*. La pratique de la méditation est l'apprentissage, en chaque situation présente, en chaque situation de la vie quotidienne, de cette qualité d'attention et de conscience dégagée, l'attention permettant une clarté et une précision dans l'expérience et la conscience dégagée amenant une attitude d'ouverture, de réceptivité qui fait qu'il n'y a pas appropriation de l'expérience. Attention et conscience dégagée permettent la découverte de l'instant présent qui permet l'action juste. Trop souvent, il est important de le rappeler, on dissocie méditation et action, en percevant la méditation comme quelque attitude exotique qui serait en contradiction avec l'action dans la vie quotidienne, familiale ou professionnelle alors que la véritable méditation, l'expérience authentique de l'instant présent, est par excellence le lieu de l'action parfaite.

L'enseignement propose la recherche et les moyens de découvrir la réalité fondamentale. C'est, si vous voulez, une quête de la réalité. Mais celui qui a trouvé la vérité est dans l'erreur. Une vérité connue par quelqu'un est une illusion. On peut dire qu'il n'y a jamais personne qui ait trouvé la vérité. Ceux qui penseraient l'avoir trouvée risquent fort d'être des incurables. Si vous voulez, en tournant la phrase autrement : l'expérience ultime est celle de celui qui n'est plus quelqu'un. C'est une expérience dans laquelle, par le dépassement de l'individualité, se trouve la solution, la dissolution aussi bien de la question que de la réponse, du questionneur et de son interrogation.

UNE FEMME. *Je suis désolée d'insister mais le mot abstrait utilisé par Lama Denis me gêne, de même que le mot absence. C'est l'inverse de la présence sur laquelle on insiste tant dans certaines approches.*

LAMA DENIS. A qui posez-vous la question? Vous regardez Arnaud Desjardins.

LA MÊME PERSONNE. *Je sais que vous utilisez beaucoup ce terme, Lama Denis, mais je voulais demander à Arnaud ce qu'il en pense.*

ARNAUD. Les deux termes, présence et absence, peuvent convenir, à condition de bien comprendre ce que l'un et l'autre recouvrent. Nous pressentons bien qu'il y a une présence par rapport à l'éparpillement, à l'inexistence habituelle, d'où cette affirmation : *je suis* dans le vedânta, dont le plus illustre représentant au XXe siècle est Ramana Maharshi. Je suis mais je ne suis rien, et cette présence silencieuse, effacée est aussi une absence. « Je regarde l'arbre », il y a une présence, « l'arbre est regardé », le je est absent.

Un jour, un swâmi hindou m'a demandé :

« Connaissez-vous Hamlet? » Tout le monde connaît plus ou moins Hamlet et sa célèbre formule : « Être ou ne pas être, voilà la question. » Ce swâmi poursuit alors : « Qu'est-ce qui est important, être ou ne pas être? » Je lui réponds : « Bien entendu, être. » « Non, *not to be, not to be* », me dit-il. Je suis resté accablé. (*Rires.*) C'est une question de compréhension au-delà des mots. L'important c'est de ne plus être. Les soufis utilisent le mot *fana*, aussi célèbre que *nirvana* dans le bouddhisme et qu'on traduit en français par *extinction*. Ne plus être en tant que réalité individuelle, circonscrite, limitée.

Enfin, dernier point, quand vous vous trouvez en face d'un sage, vous n'avez certes pas l'impression pénible de quelqu'un qui n'existe plus. Dans cet effacement ou cette extinction, il y a une présence splendide. Ce qui s'éteint, c'est ce qui se surajoute, qui limite et qui divise. Le chemin ne consiste pas à acquérir ce qui nous manque mais à perdre ce qui est en trop.

Lama Denis. Il s'agit de dissoudre les voiles, c'est-à-dire ce qui masque notre nature éveillée, profonde. Il serait utile de revenir sur ces notions de présence et d'absence et d'essayer de comprendre ce que peut être une présence d'absence car la présence d'absence est précisément ce qu'on entend par observateur abstrait. Il ne s'agit pas d'être, il ne s'agit pas de ne pas être, il ne s'agit pas d'être et de ne pas être et il ne s'agit pas non plus de ni être ni ne pas être. Être est un extrême, ne pas être est l'autre extrême. Dire : il s'agit d'être sans être, ou de ne pas être tout en étant est la troisième erreur, et dire : il ne s'agit ni de ne pas être en étant ni le contraire est encore une autre erreur. Tout ceci est une façon de suggérer que l'expérience ultime dépasse toutes ces catégories, elle est au-delà des conceptions.

La méditation, c'est être absent. Mais parler ainsi d'absence est une proposition dangereuse qu'il faut bien comprendre. C'est cet état dans lequel l'observateur, celui qui regarde, est absent, et dans cette absence de l'observateur, c'est-à-dire de moi en tant que témoin, est une expérience de présence totale immédiate. C'est très important car on comprend souvent mal la pratique de la méditation comme étant une présence à soi-même. A ce moment-là, on inverse tout. On renforce alors le sentiment de moi, de je, de témoin, au lieu de le laisser se dissoudre. La pratique de la méditation va toujours dans le sens du dépassement de l'ego, de ses projections et de la dualité.

ARNAUD. Reprenons cette image : « Je vois le banian ou le banian est regardé. » Les hindous insistent beaucoup sur ce que le terme *advaïta*, non-dualité, ne signifie pas *un*, ce qui correspondrait en français au monisme, mais *non deux*. On prend comme point de départ l'expérience ordinaire qui, à tous égards, est l'expérience de la dualité, le moi et le non-moi, le moi et l'autre. Quelle que soit l'approche, il y a toujours deux alors que la vérité est non deux. Nous passons de l'identification qui est une fausse non-dualité dans laquelle nous sommes tout le temps sous l'emprise de nos colorations et de nos émotions, à une vraie dualité où nous essayons d'être là sans nous projeter sur l'autre. Et à partir de cette vraie dualité, la possibilité de dépasser la dualité s'ouvre devant nous.

Swâmiji m'avait dit une fois : *l'ego, c'est le sceau du moi apposé sur le non-moi*, comme une espèce de pieuvre qui étend ses tentacules. L'ego ne donne pas à l'autre le droit d'exister indépendamment mais réfère tout à lui : qu'est-ce que vous êtes pour moi, par rapport à moi, dans mon monde, est-ce que vous me plaisez, vous me déplaisez, vous me rassurez, vous me menacez, vous me frustrez, vous me gratifiez, etc. Oui, l'ego c'est le sceau du moi apposé sur le non-moi.

LAMA DENIS. L'ego, sceau du moi sur le non-moi, est, pour un bouddhiste, une définition de la projection. Le moi pose son sceau sur ce qui est autre. Tout le travail spirituel peut se comprendre comme un épuisement progressif de ces projections. Ce qui est important, c'est que nous n'existons que dans nos projections. Le moi n'est pas quelque chose qui projette sur quelque chose d'autre au sens où il y aurait un moi existant vraiment et où il y aurait quelque chose d'autre existant aussi vraiment et où ce moi réel projetterait sur cet autre réel. Le moi, l'autre et le processus projectif sont un seul et même phénomène, un seul et même processus qui, dans son opérativité illusoire, engendre la notion d'un sujet et d'un objet unis dans un acte projectif, de saisie conceptuelle. En épuisant les projections, l'on arrive à l'état sans projection, dans cet état sans projection, il n'y a ni moi ni autre : plus de banian et plus d'observateur.

ARNAUD. Lama Denis, en vous écoutant, une parole de mon propre gourou me revient à l'esprit : « *There is no seer and no seen, there is only seeing* », il n'y a personne qui voit, rien qui soit vu, il y a seulement vision.

Le saut dans le vide

QUESTION D'UNE FEMME. *Dans la conscience de soi, il y a ce qui est vu, à l'intérieur de soi, et ce qui regarde. Il arrive un moment où seul demeure ce qui est vu, ce qui regarde n'existe plus. Au moment où cette expérience se dissout et où je reviens à moi-même, cela me crée une peur, puisque j'ai l'impression que mon cerveau a eu une coupure, comme un arrêt et que je ne suis plus moi-même.*

ARNAUD. Au début de notre cheminement, nous expérimentons parfois des états de conscience tout à fait inhabituels. Nous n'avons jamais connu ces états puisque nous avons toujours eu des formes, des points d'appui. Là, rien : juste la conscience. A ce niveau, vous n'êtes plus ni vieux, ni jeune, ni même homme ou femme. Le fait de me sentir homme correspond à un ensemble de perceptions et de conceptions, *nama rupa,* le nom et la forme. Mais croyez-vous qu'un tout petit bébé sait s'il est un homme ou une femme? Cela ne vient que peu à peu. L'atman, ou le non-né, n'est ni garçon ni fille. A ce niveau, vous n'utilisez plus l'intelligence qui pourtant reste à la disposition du sage – vous n'utilisez plus les fonctions. Momentanément, il y a une suspension. C'est comme si sur un écran de cinéma on projetait la lumière mais sans le film. Le courant des formes s'arrête.

Cette conscience vide peut nous dérouter, nous faire presque peur, c'est vrai. Vous n'avez plus rien mais il n'y a pas de raison d'avoir peur. On n'est plus ce que l'on a considéré comme soi jusqu'à présent. Dites-vous que ce que vous venez de décrire comme vous faisant peur, c'est ce que recherchent ardemment des milliers de méditants védantiques qui ne rêvent que d'arriver à cette conscience vide, pure, sans objet, où il n'y a plus que le sujet. La conscience peut prendre conscience de tout mais pas prendre conscience d'elle-même en mode dualiste. L'œil peut tout voir mais ne peut pas se voir lui-même.

La même personne. *Ce qui me fait peur, c'est qu'il me semble que je ne suis plus maître de moi.*

Arnaud. Vous êtes toujours redevenue maîtresse de vous. Vous n'êtes pas entrée dans le samadhi définitif duquel on n'aurait jamais pu vous ramener sur terre.

La même personne. *Non, mais cette expérience ne m'a pas procuré un réel plaisir non plus.*

Arnaud. Si l'état avait été pur, vous ne pourriez pas dire : « Je n'ai pas éprouvé un réel plaisir. » Il ne serait plus question de cela. N'ayez pas peur. Maintenant, que le contenu de l'inconscient puisse s'être réveillé parce que nous faisons silence et que des peurs latentes apparaissent, cela fait partie de ce que nous aurons à neutraliser peu à peu. Ces peurs ne sont pas ressenties quand nous sommes dans le feu de l'action ou des distractions et préoccupations habituelles, mais elles commencent à se faire sentir quand nous lâchons un peu nos tensions. Elles peuvent alors monter à la surface et être vues. N'ayez pas peur de votre peur, soyez neutre, désengagée, tout ce qui a été dit ces jours-ci, et peu à peu le malaise va s'évaporer. Il y a deux peurs différentes : la peur (ou les peurs) que vous portez dans le subconscient parce que vous savez que vous avez souffert et qu'il est encore possible de souffrir. Et puis il y a la peur des états de conscience nouveaux, la peur du lâcher-prise, la peur de la perte des références et des contrôles habituels.

LA MÊME PERSONNE. *C'est cette peur-là précisément dont je ne suis pas libre.*

ARNAUD. Le chemin est pour ceux qui n'ont pas peur de leur peur.

LA MÊME PERSONNE. *Mais moi je suis justement très peureuse.*

ARNAUD. Alors, érodez progressivement la peur. Et puis, ne dites pas : « Je suis très peureuse », dites plutôt : « Jusqu'à présent j'ai été très peureuse. » N'impliquez pas l'avenir. Si vous affirmez : « Mais moi je suis très peureuse », alors je vous réponds brutalement : vous n'avez aucun avenir d'aucune sorte dans la spiritualité. Vous n'allez pas admettre une telle réponse. Donc, ne l'affirmez pas, cette peur. Jusqu'à présent, j'ai été peureuse. C'est tout.

LAMA DENIS. On a besoin de confiance pour aller au-delà de la peur, la confiance qu'en lâchant prise, en se laissant tomber, on atterrit dans sa nature de bouddha. C'est aussi provocant que de sauter du haut d'une falaise. On ne sait pas où on va atterrir et, curieusement, au fur et à mesure qu'on tombe, on se rend compte qu'on est de plus en plus léger, qu'on se dissout – c'est une vieille histoire qui a été maintes fois utilisée – et on ne s'écrase pas parce que, avant d'arriver au fond... il n'y a plus personne. Mais le fait de sauter demande témérité et confiance.

Bien qu'étant fondamentalement d'accord avec ce qu'a dit Arnaud, je rappelle que, d'un point de vue bouddhiste, parler d'un sujet ultime est dépourvu de sens ou illusoire. Il me revient à l'esprit une anecdote. Une fois, à la fin d'une conférence à Toulon, quelqu'un est venu vers moi, il était habillé tout en blanc, s'est approché avec une prestance solennelle et m'a dit : « OM, je suis ! » (*Rires.*) Je lui ai répondu : « Bonsoir Monsieur. » (*Rires.*) Je connais bien sûr le sens qu'on peut donner à la syllabe OM et à cette expression, mais elle devient facilement, surtout chez certains Occidentaux, une expression d'ego cosmique assez comique. « Je suis tout et il n'est rien hors de moi, je suis, il n'est que moi qui suis », c'est aussi ce que Trungpa Rinpoche a caricaturé par l'image du gorille cosmique. Mais entendons-nous bien au-delà des divergences de terminologie. Dans la pratique de la méditation, au lieu d'accéder à un sujet ultime, il est important d'arriver à cet état dans lequel je ne suis pas. Cette absence est comme nous l'avons déjà vu une présence authentique, celle de la non-dualité. Elle est dans le dharma présentée comme les trois corps du Bouddha, les trois facettes de l'éveil que sont l'ouverture, la clarté et la disponibilité ultimes. Ces trois qualités sont symbolisées par les trois parties de la syllabe AUM ou OM. Donc l'on pourrait aussi dire : « OM, je ne suis pas. » Bref, il s'agit de savoir ce que je suis et ne suis pas. Lorsque l'on a sauté de la falaise, plutôt que de s'écraser, avant d'arriver au fond, on se rend compte qu'il n'y a personne. On devient une personne qui n'est plus personne, dans une formulation paradoxale. Ce saut n'est possible que sur la base initialement de la confiance et ensuite de *meugu*, c'est-à-dire une relation personnelle de dévotion qui nous permet de dépasser nos hésitations.

La confiance est indispensable car la tentative pour trouver des systèmes d'assurance, pour se sécuriser s'avère futile. C'est un saut sans parachute. Pourtant, le lien essentiel avec le guide, le lien qui unit un disciple à son maître, est la dernière sécurité, en tout cas l'ultime chose qu'il ne faut jamais abandonner. C'est la corde d'assurance dans l'escalade, ce qu'on appelle en sanscrit le *samaya*. Aussi longtemps que le *samaya* n'est pas rompu, l'on n'est pas fondamentalement en danger. Mais celui qui renie son maître et qui développe l'attitude dans laquelle il se dirait « je sais mieux que lui, je n'ai plus rien à voir avec lui, peu importe ce qu'il dit », celui-là romprait par là son *samaya* et serait dans la pire situation possible, voué à ce qu'on appelle dans la tradition les enfers *vajra*, c'est-à-dire l'erreur irrémédiable.

En tout cas, il faut commencer par une attitude de confiance avec la certitude que plus on lâche prise, plus on se rapproche de sa nature de bouddha : on plonge tout simplement en celle-ci.

POUR APPROFONDIR

Lama Denis Teundroup

Dialogue avec un Lama occidental. Entretiens avec Philippe Kerforne. Éditions Dervy. Nouvelle édition parue sous le titre *Le Dharma et la Vie.* Éditions Albin Michel, collection « Spiritualités vivantes ».

La Voie du Bouddha. Kalou Rinpoché. Éditions du Seuil, collection « Points Sagesse ».

Revue *Dharma,* éditée par :
L'Institut Karma-Ling
Hameau de Saint-Hugon
Arvillard
73110 LA ROCHETTE

Arnaud Desjardins

Tous les ouvrages d'Arnaud Desjardins sont parus aux Éditions de La Table Ronde.

TABLE DES MATIÈRES

Cet ouvrage a été réalisé par la
SOCIÉTÉ NOUVELLE FIRMIN-DIDOT
Mesnil-sur-l'Estrée
pour le compte des Éditions de La Table Ronde
en octobre 1993

Imprimé en France
Dépôt légal : octobre 1993
N° d'édition : 2720 - N° d'impression : 25196